礼赢天下：中华与世界礼仪全览

名家手笔，打造最权威的礼仪百科！
深入浅出，成就举手投足间的魅力！

学生礼仪是青少年学生在校园内外接受教育过程中所应遵守的行为规范和所应具备的礼仪修养。每个在校学生在学习过程中和参加校内外活动过程中都必须要遵守礼仪规范。学习礼仪是提升学生基础素质、促进学生全面发展、健康成长的必修课。本书分专题介绍了各种学生礼仪知识，包括仪容、仪表与举止礼仪、课堂学习与课间活动礼仪、课外学习、复习礼仪、参加班级活动、文体活动和重要仪式的礼仪、与老师交往、同学交往的礼仪。本书对广大青少年学生成长成才具有实用性的帮助，是一本不可多得的礼仪学习手册。

学生礼仪

舒静庐 主编

STUDENTS' ETIQUETTE

羡慕别人有魅力？
《中华与世界礼仪全览》助你一臂之力！

涵盖日常、商务、职场方方面面，高端大气上档次的礼仪百科！

以礼赢人心，以礼赢天下，展中华之传统，扬世界之精华

《中华与世界礼仪全览》让你一览礼仪之天下

上海三联书店

图书在版编目（CIP）数据

学生礼仪／舒静庐主编．—上海：
上海三联书店，2014.7
ISBN 978 – 7 – 5426 – 4850 – 1

Ⅰ. ①学… Ⅱ. ①舒… Ⅲ. ①礼仪—青少年读物
Ⅳ. ①K891. 26 – 49
中国版本图书馆 CIP 数据核字（2014）第 144067 号

学生礼仪

主　　编／舒静庐

责任编辑／陈启甸

特约编辑／田凤兰　袁　梅

监　　制／吴　昊

出版发行／上海三联书店

　　　　　（201199）中国上海市都市路 4855 号 2 座 10 楼

　　　　　http：//www. sjpc1932. com

印　　刷／三河市同力彩印有限公司

版　　次／2014 年 9 月第 1 版

印　　次／2021 年 3 月第 9 次印刷

开　　本／787 × 1092　1/16

字　　数／228 千字

印　　张／16. 00

ISBN　978 – 7 – 5426 – 4850 – 1/G. 1346

定　价：26. 80 元

目 录
Contents

目　　录

✳ 第二章　尊重老师：与老师交往的礼仪 ✳

一、与老师日常交往的礼仪

目　录

❋ 第四章　与同学交往的礼仪 ❋

一、同学交往的礼仪

二、结交新同学的礼仪

三、异性同学交往的礼仪

❋ 第五章　参加会议和团体活动的礼仪 ❋

✳ 第六章 参加文体活动的礼仪 ✳

一、观看文艺演出的礼仪

二、观看体育比赛的礼仪

三、参加体育活动及比赛的礼仪

❋ 第七章 参加典礼和重要仪式的礼仪 ❋

❋ 第八章　家庭与宿舍生活及就餐礼仪 ❋

一、家庭生活中的礼仪

二、宿舍生活中的礼仪

三、学校餐厅就餐的礼仪

学生礼仪

绪 章

学生礼仪塑造优秀青少年

优雅的礼仪风度不是天生的，需要从小培养。对广大学生来说，校园和家庭的生活就是一个大课堂，每一个与人接触和交往的机会都是培养礼仪的实际锻炼。因为要融入社会，与他人交往，都要求你必须讲礼貌、懂礼仪。

礼仪看似只是一些细节，表现得失礼却能让你失去很多。青少年学生从小就能学习和掌握礼仪常识，不但能够使自己学会自尊自爱、尊师敬老，而且能够让自己从小懂得热爱祖国、遵纪守法，日常行为更加规范，在今后的成长道路上，使自己成为知书达理、真正适应祖国需要的人才。

一、学生需要从小注重礼仪学习

对于学生来讲，培养礼仪是人生中一门必修课。礼仪是学生道德修养的体现，对学生的健康成长起到了非常重要的矫正与规范作用。一个不懂得文明礼仪的学生，即使知识学得再多，其未来的人生也未必是完美的。因此，广大青少年学生，应当从小学礼、知礼、行礼，为人生打下良好的素质基础，以成为一个文明有礼的未来的优秀人才。

1. 学生礼仪培养文明的新一代

古人云："不学礼，无以立。"礼仪不仅是立身处世之本，也是一门待人交友的学问，是每个人一生都需要研习的必修课。

如今的青少年学生大多为独生子女，从小就是家人的重点保护对象，一部分人养成了唯我独尊的心态，不尊重长辈、老师和其他同学，凡事以自我为中心，若遇与他人有分歧时，不作丝毫谦让，导致难以融入集体之中。一些青少年学生与人相处时容易情绪冲动，动辄出言不逊、恶语相向、拳脚相加。他们对待学校和老师的管理不是从积极的角度加以冷静分析，而是抱着逆反的心理不予配合。一些青少年学生由于从小缺少对形象美的正确认识及追求，对仪表、仪态方面美的标准认识模糊，盲目追星，赶时髦，平时不注意自己的举止姿态，被社会称为是垮掉的一代、脑残的一代等等。

当前，对广大青少年学生进行礼仪教育十分迫切和必要。**普及学生礼仪，将直接有助于提高广大学生的文明素质**。具体来说，加强礼仪训练，有助于提高学生的自身修养。普及学生礼仪，将促使广大青少年学生从一点一滴的小事着眼，从检点自身的一举一动着手，逐步提高其自身修养；并有助于维护学校的形象。

今天对青少年进行学生礼仪的教育培养，具有深远的意义。

◇ 进行学生礼仪教育培养，是弘扬我国优良的礼仪文化传统的
　客观需要

我国的礼仪文化有着完整的体系和丰富的内容，前人给我们留下了宝贵的礼仪文化遗产。几千年来的礼仪实践，在我国积淀了丰富的礼仪文化成就，并对世界文化特别是中国周边国家的文化产生了深远的影响。作为炎黄子孙，我们有责任、有义务将之继承并发扬光大。

◇ 进行学生礼仪教育培养，是促进青少年全面发展的成长需要

对于正在成长的青少年学生来说，为人处事是人生最关键的一门功课。通过对广大青少年学生进行礼仪教育，教会他们为人处事的一般原则，培养他们乐观、豁达、健康的心理素质，训练他们善于合作、热心参与、善于交往、善于应变的能力，提高他们的人文素质，为他们将来走向社会更好地发挥才能，拥有更多的成功机会创造条件。

◇ 进行学生礼仪教育培养，是适应素质教育和精神文明建设的
　内在要求

当前基础教育正面临着由应试教育向素质教育转变的重大改革，素质教育要求学生在德、智、体、美、劳诸方面都得到全面发展，而德育放在首位。礼仪属于德育范畴，又深寓着美育教育，是德育中的基础教育。它从人类最基本的行为入手，教会人们在规范自身行为的同时，培养高尚的道德情操。所以说，礼仪教育是德育教育，是实实在在的精神文明建设，是学校实施公民道德建设，培养"爱国守法、明礼诚信、团结友善、勤俭自强、敬业奉献"的有高尚道德素养的合格公民的重要途径。

礼仪提醒

我国著名思想家颜元说："国尚礼则国昌，家尚礼则家大，身尚礼则身修，心尚礼则心泰。"身居礼仪之都，应为礼仪之民。知书达理，待人以礼，应当是当代学生的一个基本素养。

2. 文明素质与礼仪之风需要从小培养

对青少年学生的礼仪教育是青少年素质教育的重要内容之一，历来为我国思想家和教育家所重视。孔子强调："质胜文则野，文胜质则史。文质彬彬，然后君子。"其意是说，一个人如果只重品质朴实，而不重仪表礼节文雅，社会显得粗野；只重仪表礼节文雅，而缺乏质朴的品格，社会显得虚浮。只有两者结合，才是一个有教养的人。

文明礼貌、礼仪修养是青少年应该特别注意养成习惯的第一件大事。我国古代礼仪教育特别强调从小抓起，养成习惯，做到体貌兼习，行为美与心灵美相统一。

春秋时期的大思想家、教育家孔子就非常重视学生在日常行为方面的培养教育，他要求学生衣冠整齐，走有走姿，站有站相，坐有坐态。为人处世要彬彬有礼，温文尔雅。《史记·孔子世家》中说："孔子以诗、书、礼、乐教弟子，盖三千焉，身通六艺者，七十有人。"其中"六艺"指的是礼、乐、射、御、书、数，而"礼"则为"六艺"之首。

管仲所作的《弟子职》是我国第一部学生守则，被列为学生尊师礼节和学习、生活方面的行为规范。

宋代教育家朱熹从教40余年，他编写了《小学》、《蒙童须知》等教材，对少年儿童进行礼仪教育。

南宋学者王应麟所著《三字经》，可以说是我国流传时间最长、范围最广、影响最大的一本礼仪启蒙教材，被联合国教科文组织选入儿童道德教育丛书。《三字经》**中提出："为人子，方少时。亲师友，习礼仪。"就是说，做儿女的，正当年少时，就要拜师访友，学习礼仪。**

清代学者李子潜编写的《弟子规》则以学规、学则的形式规定了学生从早到晚饮食起居、言谈举止、待人接物等方面的礼仪规范。书中写道："晨必盥，兼漱口，便溺回，辄净手。冠必正，纽必结，袜与履，其紧切。置冠服，有座位，勿乱顿，致污秽。……年方少，勿饮酒，饮酒醉，最为丑。步从容，立端正，揖深圆，拜恭敬。……凡出言，信为先，诈与妄，奚可焉。话说多，不如少，惟其是，勿忘巧。刻薄语，秽污词，市井气，切戒之。"

古人提出关于礼仪修养的这些教育思想、教育理论和行为规范与准则，对今天的青少年仍有很好的教育意义，对广大学生的健康成长都大有裨益。

我国近代、现代史上也有许多伟大人物，在礼仪修养方面造诣都是很深的，他们的作风、为人处世的方式态度都堪称为我们的楷模。例如，周恩来总理是举世公认的最有风度的领导人之一，对于他多方面的良好修养，人们只能用"无与伦比"来赞美。周恩来在天津南开中学读书时便特别注意自己的礼仪修养，他把现代著名教育家张伯苓提出的："面必净，发必理，衣必整，纽必结。头容正，肩容平，胸容宽，背容直。气象：勿傲、勿暴、勿急。颜色：宜和、宜静、宜庄"，作为规范自己言谈举止的座右铭。周恩来待人处世仪态亲切，非常直率，镇定自若而又十分热情。他优雅的举止，极富魅力的气质风度给人留下深刻难忘的印象，凡是与其接触过的中外人士无不为他的风度、学识所倾倒。

> **礼仪提醒**
>
> 对成长中的学生而言，内强素质，外塑形象，如果从小就能以礼待人，那么就会在素质修养上得到极大提升，从而为日后成才打下坚实基础。

3. 学生礼仪是学生健康成长的行为指南

在当代社会，礼仪是个人良好形象的表现，是人类文明进步的重要标志。它作为在人类历史发展中逐步形成并积淀下来的一种文化，在各个不同的时期和领域，始终约束和规范着人们的行为，对于提高人的素养，促进社会和谐、文明与繁荣，发挥了重要的作用。伴随着我国教育改革的不断深入，在全面倡导素质教育的今天，礼仪教育可以正确地引导广大学生的学习进步与社会交往，引领广大学生成长成才。对每个学生而言，学习和遵守学生礼仪，在人生成长的道路上，都具有十分重要的指导作用。

◇ 有利于提升学生的个人素质

学生时代是学知识、爱锻炼、增长才干的基础阶段，从小在礼仪修养

方面注重培养，就会为今后的人生奋斗积累宝贵的素质财富。一个知书不达礼，知识水准和道德水准严重不协调的学生，不可能成为优秀的人才。近年来，不少青少年学生中由于缺乏教育引导，不懂礼、不行礼、与礼仪相悖的行为日益加剧。在为人处世上缺乏起码的礼仪常识，如不会问候、不会谦让、不会尊重师长、不遵守诚信等。诸如此类不良行为的存在已严重损害了青少年的形象，成为他们健康成长的障碍。因而重视并加强对青少年学生的礼仪教育，促进广大学生思想水平和综合素质的提高，已成为当前青少年教育中的一项迫切任务。

◇ 有利于提高学生的交往能力

"物以类聚，人以群分"，没有谁能够与世隔绝，于是就有了交际。任何社会的交际活动都离不开礼仪，而且人类越进步，社会生活越社会化，人们也就越需要礼仪来调节社会生活。当代青少年学生随着年龄的增长和生活环境的变化，自我意识有了新的发展，他们十分渴望获得真正的友谊，进行更多的情感交流。因此，通过人际交往活动并在交往过程中获得友谊，是适应未来新的生活环境的需要，是从"依赖于人"的人发展成"独立"的人的需要，也是青少年学生成功地走向社会的需要。事实上，在校学习期间，能否与他人建立良好的人际关系，对青少年的成长和学习有着十分重要的影响。同时，礼仪本身就是一种特殊语言，学生只有学习和掌握礼仪的基本知识和规范，才能顺利开启各种交际活动的大门，建立和谐融洽的人际关系。

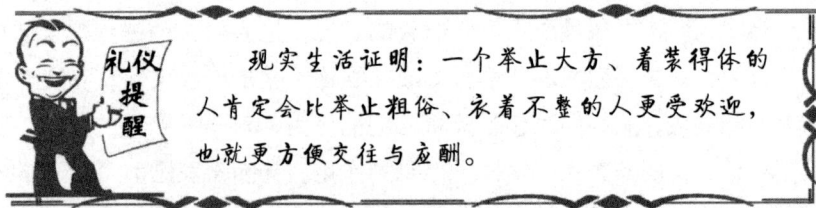

礼仪提醒

现实生活证明：一个举止大方、着装得体的人肯定会比举止粗俗、衣着不整的人更受欢迎，也就更方便交往与应酬。

◇ 有利于解除学生的成长烦恼和心理困惑

当今的青少年学生，人人都有成长中的烦恼，同时，他们对社会普遍存在一些心理困惑，比如如何与同学、老师打交道，如何建立良好的人际关系，如何尽快地适应校园生活等现实问题。一个具有良好的心理承受能

力的学生在校期间遇到各种情况和困难时，能始终保持沉着稳定的心理状态，迅速采取最合理的行为方式，化险为夷，争取主动。相反，一些缺乏良好的心理承受能力的学生，在校期间常会出现心神不定、坐卧不安的状况。那么，对学生进行礼仪教育，让学生掌握符合社会要求的各种行为规范，既可以满足学生未来走向社会的需要，也能更好地培养学生尽快适应社会环境的能力。

◇ 有利于培养学生的道德素质

通过学生礼仪教育，让广大青少年学生明确言谈、举止、仪表和服饰的各种礼仪规范的重要性，通过文明有礼的举止来反映出个人的思想修养、文明程度和精神面貌，是学习礼仪的目的之一。学生的礼仪素质，是在社会生活中、在社会舆论中形成并巩固的。**学生礼仪教育对思想道德素质的培养和提高具有重要意义**。礼仪帮助人们约束自我、尊重他人，自觉处理人与人之间、人与社会之间的关系，有助于形成良好的社会公德与道德品质。所以，对学生从小就不断强化礼仪习惯的培养和训练，使他们养成良好习惯，懂得尊重他人、懂得谦恭礼让、懂得和谐共处，十分有益于学生形成良好的思想道德素养。

4. 学好学生礼仪，优化人生美化社会

中华民族自古以来就非常崇尚礼仪，号称"礼仪之邦"。古人始终坚持这种理念："不学礼，无以立。"就是说一个人要有所成就，就必须从学礼开始。可见，礼仪教育对培养文明有礼、道德高尚的高素质人才有着十分重要的意义。

在当今的青少年学生中，不少人对应有的礼仪不重视，礼仪观念淡薄，导致思想品德滑坡。一些人在学校里不会尊重他人，不会礼让，不讲礼貌；在社会上不懂怎样称呼他人，甚至随心所欲，满口污言秽语；在家里不懂孝敬长辈，唯我独尊、为所欲为等现象屡见不鲜。这些现象不得不引起我们的深思：自古以来"礼仪之邦"的美称，会不会断送在当今的青少年手中。可见，**在青少年学生中深入开展礼仪教育，重塑中华民族"文明礼仪"的新形象，培养文明有礼的新一代，对于美化人生与美化社会，**

都是十分必要和非常重要的。

◇ 以礼仪规范人生，人生必然光彩

作为青少年学生，学习礼仪，可以提高自身道德修养和文明程度，更好地显示自身的优雅风度和良好的形象。一个彬彬有礼、言谈有致的人，在其人生道路上将会如沐春风，受到人们的尊重和赞扬，而且他自己就是一片春光，给别人、给社会带来温暖和欢乐。孟德斯鸠曾说："礼貌不仅使有礼貌的人喜悦，也使那些受人礼貌招待的人喜悦。"礼仪教育是培养造就未来人才的重要内容，其作用是其他形式不可替代的。

青少年如果从小就能懂得并且运用不同场合的礼仪知识，就能够更容易地与社会人群打成一片，使他们倍感亲切自然，感受到你对他们的熟悉、理解和尊重，从而乐于接纳和接近你。凭着良好的礼仪的素养，未来人生的门路可以更宽，朋友可以更多，在今后人生中就可以更有作为，这些是从书中难以学到的。所以说，礼仪本身作为人际关系的一把特殊钥匙，能够较轻易地打开未来人生的成功之门，从而使自我的人生更加光彩。

◇ 以礼仪美化生活，社会洒满阳光

礼仪不仅可以美化人生，而且可以美化生活，美化社会。生活中有许多口角、摩擦、矛盾、争斗，都是起因于对小节的不注意。**而文雅、宽厚能使人加深友情，增加好感**。注重言语礼仪，可以有一个和睦、友好的人际环境，注重行为的礼仪，可以有一个宁静、洁净的生活环境，可以促进人际关系的和谐，也可以美化人生、美化社会，因此礼仪习惯的培养是精神文明建设的一项重要内容。

学习礼仪的一个突出效果就是会使人变得平易近人，使枯燥的日常生活变得充满乐趣。从校园生活来讲，如果每个学生都注重学习礼仪，一方面可以培养自我良好的品德行为，通过礼仪教育，从尊敬国旗、国歌开始培养爱国主义的情感，在日常行为中按照学校礼仪的要求规范自己的一言一行，经过长期的熏陶，就能逐渐养成良好的礼仪习惯，形成良好的思想品德。另一方面，可以树立学生的良好形象。讲礼貌，注意个人的仪表，穿着打扮和谐得体，会使男同学显得朝气蓬勃，积极向上；女同学显得端庄活泼，朴素大方。同学之间、师生之间彬彬有礼，整个校园气氛将更加和谐、文明。

总之，青少年学生在成长过程中，需要学习的东西很多，而礼仪教育是青少年学生成长过程中必不可少的重要内容。**任何一个长期生活在礼仪习俗和文明环境中的青少年学生，都自觉或不自觉地受到礼仪的熏陶和约束，久而久之就会养成文明有礼有教养的人。** 由此可见，开展学生礼仪教育的根本目标是要引导和帮助广大青少年学生自觉遵循社会道德规范以及相应的礼仪形式，提高自我的文明意识，养成文明行为的习惯，促使良好社会风尚形成，使人与人之间、人与社会之间达到高度和谐与有序，让文明之花在校园开放，让我们的社会充满和谐与温馨。

延伸阅读：

学礼仪才能好就业

据相关调查，在人才招聘会上，言谈儒雅、服饰得体、仪表端庄、神态大方、礼仪到位的大学生更能受到用人单位的青睐。相反也有不少因礼仪"缺失"而落聘的。这也就是说，在市场经济大潮之下，社会对学生的个人素质提出了更高的标准和更加具体的要求。在就业竞争日趋激烈的背景之下，有必要对学生礼仪尽早加以普及与规范。梁启超有一句名言："少年知礼则国家壮大。"当代学生是祖国的未来，民族的希望，肩负着中华腾飞的重任，大学生的健康成长关系到国家的前途和命运。

二、学生学习礼仪的基本方法与途径

文明有礼有教养的人，都是从小进行学习和培养的。青少年学生学好用好礼仪知识，需要掌握其正确的方法，按照科学的培养途径，知行合一，自觉实践，就会显著提升自己的文明素质和礼仪修养。

1. 掌握学生礼仪的基本原则

学生礼仪，是指学生在校园交往和活动时应该共同掌握和遵循的正确的社会行为规范。它是社会主义精神文明建设的重要内容之一，是社会公德的具体体现，每一个同学都应该自觉遵守。

学生礼仪的内容十分丰富，具体体现在平等待人、团结互助、敬老爱幼、尊重女同学、尊师重教、移风易俗、爱护公物、保护环境、遵纪守法等诸多方面。学好学生礼仪，首先要准确理解和把握其中的基本原则。

◇ 尊重他人

青少年学生学习礼仪，首先要以学会尊重他人为起点。礼仪本身就是尊重人的外在表现形式，礼仪从话里来，话从心中来，只有从内心尊重人，才会有得体的礼仪言行，尊重他人是人与人接触的必要和首要态度。**古往今来的人生实践都验证了一条重要的人生道理：只有尊重别人，才能受到别人的尊重和信赖，才能在今后走出光彩人生路。**

◇ 遵时守约

遵时守约是指约会要事先发出邀请，不论是邀请方，还是应邀方，一旦答应，就应该按时履约，遵守时间，信守诺言。身为学生，要从小懂得，做人不能失信。一旦答应了别人，无论什么理由，不遵时守约都是不礼貌的。中国传统文化提倡做人与人际交往都要以信义为本，提倡"一诺千金"。特别是今天，在整个社会普遍缺失诚信的大环境中，遵时守约更为重要，不讲究诚信，就会污染了青少年学生最宝贵的道德品质，就不会有真正的朋友，就不会有未来人生的进步。

◇ 一视同仁

一视同仁是指尊重交往对象，对任何交往对象都要公平对等，给予同等程度的礼遇。不允许因为交往对象与自己的好恶或关系亲疏远近而有所不同，厚此薄彼，区别对待，给予不同待遇，甚至歧视别人，都是不文明的无礼表现。这是学生礼仪中的基本要求。

礼仪提醒

一个人如果与人交往有亲有疏，对地位低的人表现出傲慢、冷漠，而对地位高的人曲意逢迎，这是不礼貌的突出表现。对待任何人都应公平大方，不卑不亢，主动友好，热情又有所节制。

◇ 宽容自律

宽容自律，是要求学生在人际交往中，既要严于律己，更要宽以待人。要多容忍他人，多体谅他人，多理解他人，学会为他人着想，善解人意。**豁达大度、容纳意识和自控能力是现代青少年应具备的基本素质。**只有能理解人，才能做到宽宏大量。千万不要求全责备，斤斤计较，咄咄逼人。

◇ 尊重习俗

我国是一个多民族国家，在一个学校里，既有汉族的学生，也有回族的学生，还有其他少数民族的学生。同学与同学之间也要注意少数民族同学的习惯，如果在他们面前毫无顾忌，也是一种不尊重人、不礼貌的表现。学生礼仪的基本常识，就是要注意"入乡随俗"，尊重各地区、各民族、各个国家、各种人群乃至各个家庭的礼俗习惯。

◇ 和谐适度

和谐适度的原则，是要求使用礼仪一定要具体情况具体分析，因人、因事、因时、因地恰当处理。**应用礼仪时特别要注意做到把握分寸，认真得体，不卑不亢，热情大方，有理、有利、有节，避免过犹不及。**分寸感是礼仪实践的最高技巧，运用礼仪时，假如做得过了头，或者做得不到位，都不能正确地表达自己的自律、敬人之意。因此，一定要做到和谐适度。

当代青少年，千万不要以为，学生以学文化为主，懂不懂礼仪无关紧要，专门学习礼仪更是多余的，这些看法是错误的。我们要不断加深对礼仪的重要性和必要性的认识，认识提高了，学习礼仪就会成为一种自觉的追求而不是额外的负担。总之，礼仪是人类文明的标尺。人类需要礼仪；人类社会离不开礼仪，反过来说，也只有人类才懂得礼仪。今天，礼仪不仅是人类心灵之美的展现，也是每一个青少年学生在人生中的一门必修课。

2. 学好学生礼仪的基本要求

"人无礼不立，国无礼不兴。"一个学生的言行举止，往往表现出个人礼仪素质的高低。作为新时代的青少年，都应"勿以善小而不为，勿以恶小而为之。"在校学习期间要处处遵守学校的各项规章制度，按学生礼仪的基本要求规范自己的言行举止，做一个文明有礼的好学生。

◇ 仪容礼仪的总要求：仪态端庄，自然大方

学生的日常着装要符合年龄特点，特别是符合学生身份，整洁大方。少先队员、共青团员依照规定佩戴红领巾或团徽。学生一般不化妆、不戴饰物、不烫发，男生不留长发。参加集会、听讲时坐正立直。坐立时要头正颈直，上体与座椅靠背基本垂直。立直时要抬头挺胸，上体、双腿与地面垂直。**行走时要稳健，姿势正确，步幅适中，稳健有力。在楼道、教室行走时，慢步轻声；在街道上，靠右行走；不摇肩晃臀，不多人勾肩搭背行走。**待人接物中，表情自然，动作大方。

◇ 交往礼仪的总要求：待人热情，彬彬有礼

青少年学生培养礼仪，热情待人，必须着重从以下几个方面练习。

●微笑：是对他人表示友好的表情，不露牙齿、嘴角微上翘。

●鞠躬：是下级对上级、晚辈对长辈、个人对群体的礼节。行鞠躬礼时，脱帽、立正、双目注视对方，面带微笑，然后身体上部向前倾斜自然弯下，低头眼向下看。有时为深表谢意，上体前倾可再深些。

●握手：是与人见面或离别时最常用的礼节，也是向人表示感谢、慰问、祝贺或鼓励的礼节。握手前起身站立，脱下手套，用右手与对方右手相握。握手时双目注视对方，面带微笑。一般情况下，握手不必用力，握一下即可。

● 鼓掌：是表示喜悦、欢迎、感激的礼节。双手要有节奏地相击，鼓掌要适时适度。

● 右行：在校园、上下楼梯、楼道或街道上行走时，靠右侧行进。

● 礼仪：遇到师长、客人、长、幼、妇、残、军人进出房门时，主动开门侧立，让他们先行。

◇ 谈吐礼仪的总要求：称谓得体，语言文明

谈吐举止文明，是仪表的综合要求。与人交谈时，态度诚恳，语言文明。

称呼他人要使用尊称（敬称）：长辈、友人或初识者称"您"。对师长、社会工作人员要称呼职务或"老师"、"师傅"、"叔叔"、"阿姨"等，不直呼其姓名。对他人提出要求时说"请"；与人打招呼时说"您好"；与人分手时说"再见"；给人添麻烦时说"对不起"；别人向自己致谢时回答说"没关系"；得到别人帮助表示感谢说"谢谢"。

◇ 校内礼仪的总要求：尊重师长，行为规范

进校第一次见到师长，要止步立正鞠躬问候："老师好！""校长好！"人多时，可以点头示意问候；见到同学，可点头致意，招手问好。上下课起立。站在座椅一侧，双手自然下垂，向老师行注目礼。课上准备提问或回答问题先举手。正确动作是：端坐座位上，右肘放在桌面上，上臂上举，右手五指并拢，指尖向上，等老师允许再起立发言。进入老师办公室或居室喊"报告"或敲门，声音以室内人听见为适度，在社会交往中，进入他人房间也须先敲门，未经允许不得擅自入内。

◇ 家中礼仪的总要求：尊老敬老，礼待宾客

在家庭生活中要做到：互敬、互信、互学、互助、互爱、互让、互勉、互谅。

就餐先请长辈入座，自己方可就位，就餐中也要礼让他人。

离家前，向家长打招呼："我走了，再见！"归家说："我回来了！"

见家长离家或归家，主动招呼，递接物品。

宾客来访，要起立迎接，面带笑容，主动问候："您好！""欢迎您来！"回答客人提问要起立。为客人让座、送水；客人与家长谈话时要回

避；客人离去，起身送至门外。

> 礼仪提醒
>
> 礼仪是一定地域的人们在长期的共同生活中逐渐约定俗成的，因此，不同地域，不同民族，不同国家，常常有不同的礼仪习俗和礼仪规范。如果青少年学生不懂这些，就会在与人交往中容易出现"无礼"的表现，甚至造成很坏的影响。

3. 学生培养礼仪修养的有效途径

在现实生活中，知礼、守礼、行礼的人会赢得别人的尊敬和信任，反之，非礼、无礼、失礼的人往往为社会所唾弃。作为当代青少年学生，更应从小注重礼仪修养。学生良好的礼仪修养，不是天生的，要通过后天的勤学苦练自觉养成。学生的礼仪规范不仅是一种外在的行为表现形式，还与人内在的道德、文化和艺术修养密切相关，是其内在的道德、文化和艺术修养的反映和折射。因此，培养广大青少年学生的礼仪修养，要遵循正确的途径，掌握有效的方法。

◇ 广泛阅读，使自己博闻多识

加强文化艺术方面的修养，对提高学生礼仪素质大有裨益。而文化艺术修养的提高可以大大丰富礼仪修养的内涵，提升礼仪品位，并使礼仪水平不断提高。

一般来说，讲文明、懂礼貌、有教养的人大多是科学文化知识丰富的人。这种人逻辑思维能力强、考虑问题周密、分析事物较为透彻、处理事件较为得当，在人际交往时能显示出独有的魅力而不显得呆板。相反，文化修养较低的人，缺乏自信，给人以木讷、呆滞或狂妄、浅薄的印象。因此，只有自觉地提高文化修养水平，增加社交的"底气"，才能使自己在与人交往中彬彬有礼。

我国礼仪文化源远流长，古代、近代、现代的典籍载有浩繁的有关礼仪的知识。随着我国改革开放的不断发展，对外交往将会更加频繁。世界各国的礼仪风俗千差万别，青少年学生有必要注意搜集、整理、学习和领会，以利于在实践中运用，久而久之，能使自己的礼仪修养提到新的高度。

◇ 加强艺术修养，提升审美品位

艺术是通过具体、生动的感性形象来反映社会生活的审美活动。艺术作品蕴涵着丰厚的民族文化艺术素养，更凝聚着艺术家的思想、人生态度和价值取向。因此，青少年学生在欣赏艺术作品时，必然会受到民族文化的熏陶，同时也受到艺术家的人生观、世界观、价值观等方面的影响，倾心于艺术作品所描绘的美的境界之中，获得审美的陶醉和感情的升华，思想也得到了启发，高尚的道德情操和文明习惯就会培养起来。因此，要有意识尽可能多地接触内容健康、情趣高雅、艺术性强的艺术作品，如文学作品、音乐、书法、舞蹈、雕塑作品等，它们对青少年学生提高礼仪素质大有裨益。

◇ 注重道德修养，提高思想境界

伦理修养是指一个人的意识、信念、行为和习惯的磨炼与提高的过程，同时也是指达到一定的境界。伦理是礼仪的基础。"有德才会有礼，无德必定无理，修礼宜先修德"。现实生活中，为人虚伪、自私自利、斤斤计较、唯我独尊、忌妒心强、苛求于人、骄傲自满的人，对别人不可能诚心诚意、以礼相待。**因此，只有努力提高伦理修养，不断地陶冶自己的情操，追求至善的理想境界，才能使人的礼仪水平得到相应的提高。**

◇ 贵在实践，自觉践行学生礼仪

学习礼仪要重在实践。一个人的礼仪只能在言行中反映出来，不说不动就不能反映出某个人有没有礼仪，每个人都要在理解礼仪要求的基础上，敢于在日常的言行中、平时的待人接物中展现自己文明有礼的形象。一些学生平时也知道要讲文明、懂礼貌，但在公共场合或遭遇到不是很熟悉的人时，其礼仪规范就无法发挥，这是他们缺乏自信的表现。学生在应用得体的礼仪言行的同时，也是自我良好形象的塑造，要敢于展示一个有礼、自信、文明的自我，并且充分利用各种场合、机会去表现这一点。

礼仪
提醒

青少年学生仅仅从知识上懂得礼仪的含义和内容，而不在实践中运用是远远不够的，礼仪修养关键在于实践。修养，既要修炼又要培养，离开实践，修养就成为无源之水、无本之木。

第 一 章

仪容、仪表与行为
举止礼仪

仪容仪表展示着个人的精神风貌，行为举止反映着人的文明素质。青少年学生要树立良好的形象，展现自己的个性之美，就必须要讲究自己的仪容仪表，端正自己的行为举止。一个仪容整洁、仪表端庄、行为有礼、举止文明的学生，一定是个积极向上的阳光少年，一定会受到老师、同学和其他人的欢迎。

一、学生仪容仪表礼仪

仪容仪表是一个人文明教养的展示，靓丽青春需要从讲究仪容礼仪开始。当代青少年学生，很多人爱美却不得要领，想美却不知礼仪。只有学会掌握并运用仪容仪表的礼仪规范，才能充分展现自我的个性之美与优雅得体的文明素质。

1. 追求协调、自然的仪容美

青少年学生既要心灵美，也要外表美。青少年学生的仪容美，应做到自然、协调、美观。

自然是仪容美的最高境界，它使人看起来真实而生动，不是一张呆板生硬的面具。

仪容的协调包括以下三个方面：一是全身协调，即脸部仪容与发型、服饰相协调，力求取得完美的整体效果。二是角色协调，针对学习和生活中扮演的不同角色，对仪容进行不同的装扮。三是场合协调，即仪容、发型要与所在的场合气氛要求一致。

青少年学生要使自己的仪容达到协调、自然，美观大方，有必要根据自己的仪容特点，进行恰当的整理与修饰，做到"内正其心，外正其容"。在仪容的修饰方面要注意五点事项。

◇ 仪容应当干净

要勤洗澡、勤洗脸，脖颈、手都应干干净净，并经常注意去除眼角、口角及鼻孔的分泌物。要换衣服，消除身体异味，有狐臭要搽药品或及早治疗。

◇ 仪容应当整洁

整洁，即整齐洁净、清爽。要使仪容整洁，重在持之以恒，这一点与自我形象的优劣关系极大。

◇ 仪容应当卫生

讲究卫生，是公民的义务，注意口腔卫生。早晚刷牙，饭后漱口。不能当着客人面嚼口香糖；指甲要常剪，头发按时理，不得蓬头垢面，体味熏人，这是每个人都应当自觉做好的。

◇ 仪容应当简约

仪容既要修饰，又忌讳标新立异，"一鸣惊人"，简练、朴素最好。

◇ 仪容应当端庄

仪容庄重大方、斯文雅气，不仅会给人以美感，而且易于使自己赢得他人的信任。相形之下，将仪容修饰得花里胡哨、轻浮怪诞，是得不偿失的。

礼仪提醒

青少年学生对自己的仪容进行必要的整理与修饰，要做到"内正其心，外正其容"，保持端庄整洁。干净、卫生、整洁，是仪容的起码要求。仪容修饰要做简洁、明快、朴素、实用，不需要过分雕琢，一切以简朴自然为出发点。

2. 选择适合自己的发型

头发位于人体的"制高点"，在人的仪表中占有举足轻重的地位。因此，保持良好的仪容礼仪要从头发做起。

头发整洁、发型大方是个人礼仪对发式美的最基本要求。整洁大方的发式易给人留下神清气爽的印象，而披头散发则会给人以委靡不振的感觉。无论男女学生，只要所选的发式与自己的脸型、肤色、体形相匹配，与自己的气质、身份相吻合，就是合适的发式。**决定发式美的许多因素是个人所无法随意改变的，但通过对不同发式的选择，可以充分展现自己美的部分，从而起到扬长避短的作用。**

◇ 发型选择要符合学生身份

青少年学生的发型应自然、简便、整洁，显示出青少年学生朝气蓬勃的精神状态。

● 学生头发必须符合学生身份和性别特征；

● 男女生头发均应干净整齐。不准烫发或将头发染成除黑色以外的其他颜色。不准模仿各种古怪发型；

● 男生不留长发，要求：鬓角处不能过耳中部，两侧不能盖耳，后部头发不能遮衣领，前额处不过眉；

● 男生不准剃光头和留毛刺头，不准蓄胡须；

● 女同学的发型以短发、童发或者束发为宜。这样可给人一种清新、活泼、纯真和稚气之感；

● 中学生们每天都会有一定的运动量，应该勤洗头；

● 不要在头发上使用发胶、啫喱膏、发蜡等，特别是不干净的头发。

◇ 发型选择要扬长避短

比如说留刘海，能突出你漂亮的眼睛。但是如果你有非常好看的前额，还是梳起来的好——因为应该让别人看到你的前额。最简单的方法是你可以对着镜子拨弄自己的头发，看一看，想一想，究竟是长一点儿好还是短些好；是有刘海好看还是露前额好看；卷一些好呢还是直直的好——要知道，最有名的理发师也就是这样来为顾客设计发型的。

● 圆型脸：合适的发型应该是把圆的部分盖住，显得脸长一些。

● 长脸：主要是选一个发型使你的脸看上去没有那么长。好好地利用刘海，头发在头顶不能高，以免增加脸的长度。

● 心型脸：要确保头发盖住尖尖的下巴。

● 梨型脸：要尽量用头发盖住脸下端大出的部分。

● 方型脸：一般头发不要剪得太短，也不要剪太平直或中分的发型，这样会使脸显得更方。

选择合适的发型也是一门学问，谁都不会相信许多人梳同一个流行的发型会好看的。如果你看到谁的发型很好看就想学，这是很不明智的。你应该按照自身的条件去考虑。

延伸阅读：

发型选择的两个原则

青少年学生进行发型选择要遵循以下两个原则。

◇ 发型选择要与脖颈相协调

●粗而短的脖子：在额头使用倾向刘海，发顶梳高，造成长度的效果，两边梳成波浪显得修长，平滑贴头的颈线强调了背视及侧视修长的效果。

●长脖子：用柔和的发波和卷花盖住脖子，头发应留到颈部，避免发型高过颈背。

◇ 发型选择要与头型相符合

发型设计的目的之一是要利用巧妙的头发整型与安排，克服头型的缺陷，产生椭圆形头型的效果。设计发型时应仔细研究顾客的头型，然后用一张椭圆形图加在上面，哪边有扁平现象，就应该调整哪边头发的厚度，以补足该区域。当然，这并不意味着所有的发型设计都应是椭圆形，也可根据不同的头型设计出多种时髦的发型。

3. 在校着装要规范，多穿校服

学生在学校里衣着严谨是对教师起码的尊重。课堂教学是一个严肃的场合，学生穿着随便是对教师和学术殿堂的不尊重。培养学生在校注重着装这一细节问题，对今后他们踏上社会工作也有利。

青少年学生的穿着必须要符合学生的身份。校园给人的感觉是自由而快乐的。但这并不代表就可以不将着装礼仪放在心上，胡乱穿着。切不可忘记自己学生的身份，穿着得体才是最关键的。

从实际的教育实践来看，校服是绝大多数学生的首选。

其一，校服可以使学生在身份感上区别于社会其他人，因而对学生自身有了约束力。比如像荣誉感、遵纪守法、文明礼貌这些方面，校服都可以起到内在约束的作用，一种象征的作用，对学生起到一种潜移默化的培养作用。

其二，校服还可以产生一种平等感。因为学生现在的家庭收入状况很不一样，在攀比比较盛行的时代，如果一个学校的学生能穿一样的服装，那么同学相互之间的感觉是平等的，容易形成一种合作、团结、相互尊重的精神。这对培养学生艰苦朴素的品质，避免攀比之风在校园里出现都有积极意义。

其三，校服还有教育的功能。**学生穿学生装对于推进学校校园文化建设是非常有益处的**。学生装统一的穿着对学生有教育的功能，比如说培养学生的团队精神。

其四，穿校服对学生有规范行为的功能。由于学校是一个特殊的地方，它不同于外面的社会，而学生正在学习成长的过程中，因此无论从哪个方面来讲，对学生的行为都应当进行规范。

其五，客观地讲，穿学生装对学生还有一种保护的功能。

礼仪提醒

学生着装应遵循大中小学生日常行为规范的要求，穿戴要整洁、朴素、大方。提倡穿校服。对鞋袜要像对衣服一样重视，不能身上漂亮而鞋袜污脏，皮鞋应保持鞋面光亮，平时穿着不要随便拖沓。

4. 牢记着装的六大禁忌

青少年学生讲究仪表美特别重要的一点，是要规范自己的着装礼仪。最基本的礼仪要求，是庄重、大方、整洁。一般而言，青少年学生着装有以下几忌。

一是忌脏。即忌懒于换洗衣服，使自己的衣服皱皱巴巴。

二是忌露。即不宜过多地暴露本应"秘不外宣"的躯体部位。在比较正式的一些场合，通常不宜身穿露胸、露肩、露背、露腰以及暴露大腿的服装。

三是忌透。即外穿的衣服不能过于单薄透明，以致内衣若隐若现。

四是忌短。即不能穿着过于短小的服装，不应将肌体部位暴露出来。

五是忌紧。即不宜穿着紧紧地包裹着自己身体的服装。

六是忌异。即忌着装过分怪异奇特。

5. 恰到好处地佩戴手表与眼镜

眼镜的出现是为视力有缺陷的人生活方便而发明的一种实用品，眼镜戴在脸上应当给人以协调的感觉，因此，选择眼镜时要考虑自己的脸型和肤色。

长脸型的人宜用阔边而略方的眼镜架，这样会使脸显得短些。

短脸型的人应选用无色透明框边的眼镜架，可以使脸显得长一些。

圆脸型的人宜用有棱角的方形镜架，而不能选择圆形镜框，那样会产生滑稽的感觉，好像大圆圈上画了两个小圆圈。

脸型过大或过小的人，选镜框要适中，男生的脸部轮廓较粗犷，棱角分明，适合配宽边大片的眼镜；女性面部线条柔和圆润，应选择轻巧别致的镜架。

皮肤较黑的人，应选用较为明亮的镜框；皮肤白皙的人则可选择浅色镜架；皮肤发黄，宜用暖色调镜架。

塌鼻梁应戴有高鼻托的眼镜，高鼻梁则宜低鼻托。

瞳孔间距较宽的人宜选用深色大镜框；较窄的则应选择中间有镜桥的透明浅色镜架。

二、学生行为举止礼仪

行为姿态是一个人礼仪修养的体现，一个人的文明程度，必然反映在他的行为姿态上。学生时期，正是为未来人生打基础的关键时期。每个学生从小就自觉以礼仪规范自己的行为举止，在校园学习和生活中表现出良好的文明修养，是今后走上成才之路必需的素质培养基础。

1. 站姿挺拔，线条优美

站立是青少年学生在参加学校活动和日常学习中的一种基本举止。站立时，相应的礼仪规范是应头正颈直，双眼平视前方，嘴唇微闭，下腹微收，挺胸直腰，双肩保持水平，两臂自然下垂，手指并拢自然微屈，左右手中指分别压在左右裤缝，腿膝伸直，下体自然挺拔，脚跟并拢，两脚尖张开夹角45°，身体重心落在两脚之间。站立后，竖看要有直立感，即以鼻子为中线的人体应大体成直线；横看要有开阔感，即肢体及身段应给人以舒展的感觉；侧看要有垂直感，即从耳与颈相接处至脚的踝骨前侧亦应大体成直线，给人以一种挺、直、高的美感。

男女生的立姿略有不同，形成不同侧重的形象。男生站立时身体重心放在两脚中间，不要偏左或偏右；双脚与肩同宽而立；双手可自然下垂，必要时可单手或双手在体后交叉。男生应站得英俊洒脱，挺拔舒展，精神焕发。女生站立时身体重心在两足中间脚弓前端位置，双脚呈"V"字站立；手自然下垂或向前向后交叉放置。女生应站得秀雅大方，姿态优美，一展青少年学生的良好形象。

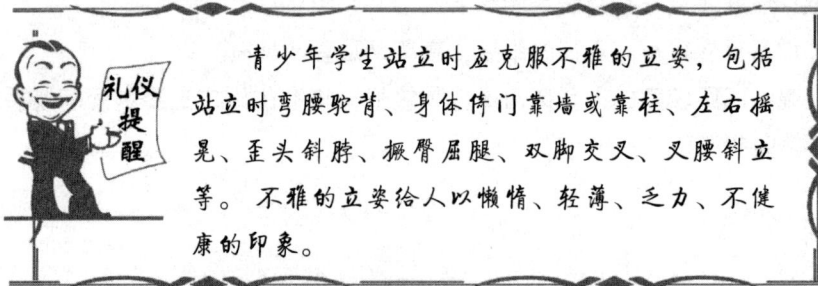

> **礼仪提醒**
>
> 青少年学生站立时应克服不雅的立姿，包括站立时弯腰驼背、身体倚门靠墙或靠柱、左右摇晃、歪头斜脖、撅臀屈腿、双脚交叉、叉腰斜立等。不雅的立姿给人以懒惰、轻薄、乏力、不健康的印象。

端正的脊柱是构成人体线条美的根本。脊柱本身并不是笔直的，从身体正面或背面看，脊柱是垂直的；从身体侧面看，脊柱是弯曲的，有一条正常的弧线；颈椎与腰椎向前弯曲，胸椎与骶椎向后弯曲。站立时，下颌微收，胸挺起，腰部立直，臀部肌肉以及腿部肌肉保持适度紧张状态，就能使人体脊柱的正常生理弯曲弧线保持正常和适度，即达到给人以端正直立的形象。

所以站立时，头要正直，有悬顶感，好像头顶被一根绳索悬吊着似的。站立时，要收臀，用力收缩臀部两侧肌肉和股肌，使之向大腿内侧包紧，并适度提髋向上。此时双腿直立，脚掌要用力下压，上下抵住帮助夹紧臀肌，可使躯干保持直立最佳状态；站立时，要收腹，在臀部收紧时，腰背肌肉会收缩向前，出现挺腹。这时小腹要向后收紧，把气向上提到胃的高度（用腹式呼吸），但不要提得过高，过高就会出现挺胸和身体僵硬状态。要使臀肌向前收缩和腹肌向后收缩的两种力量相互抵住向上拔高。

身体重心的作用不可忽视，身体重心向上的人，给人以精神振奋之感。重心偏低的人，常给人一种衰老和懒散之感。

2. 坐姿端正，安安稳稳

坐姿通常能够表达、传递一定的信息，人的坐姿不同，所表达的意义或所展示的思想情感就存在着差别。作为青少年学生，还要注意一些不规范、不礼貌的坐姿。

◇ 根据具体的语言环境选择恰当的坐姿

在比较严肃的场合，应当注意要采取正规坐姿，通常是身体挺直、双脚并拢或略为分开，手自然放在膝盖或椅子扶手上；在比较随意的场合下，坐姿也可以随便一些，如腿可以交叉叠放，手的位置也可以随意一些，上身可保持正直或稍微前倾，双脚不宜过于前伸，在无桌子或其他物体支撑的情况下，常可以肘撑膝，手托下巴，但要注意身体不要逐渐放松下落；**若坐在有靠背的椅子上，则应该坐在椅座中后部，腰背要自然地靠在椅背上。**

◇ 正确识别不同坐姿所表达的内涵

通常男生微微张开双腿而坐，是"稳重、豁达"的表示，而将一只腿架在另一只腿上，即跷二郎腿的坐姿常是"轻松、自信"的表示；女生并拢双膝而坐，则是"庄重、矜持"的表现；双腿交叉又配合双臂交叉的坐势则是一种"自卫、防范"的表示；4字型搭腿坐姿，所显示的往往是争辩或竞争性的态度；将腿自右向左交叉呈标准交叉姿势又常常表示的是紧张、缄默或防御的态度等，青少年学生应对不同坐姿所表达的含义有所认识。

◇ 注意纠正不规范、不礼貌的坐姿

要注意避免不规范、不礼貌的坐姿，如骑跨椅子的坐姿。据观察，骑跨椅子的人通常在人际交往中所显示的心态是在面临语言威胁时所做出的防卫行为或为显示自己压制别人谈话而做出的姿态，而这种坐姿经常给人一种放肆或处于主导地位的印象，因而是一种十分消极的人体语言信号。上身不直、左右摇晃或猛起猛坐，弄得桌椅乱响往往显得修养不够。**4 字型叠腿，并用双手扣腿，不断地晃动脚尖常常显示出的是过于傲慢、目中无人。**双腿分得太开，并且伸得太远也是不雅观的坐相。

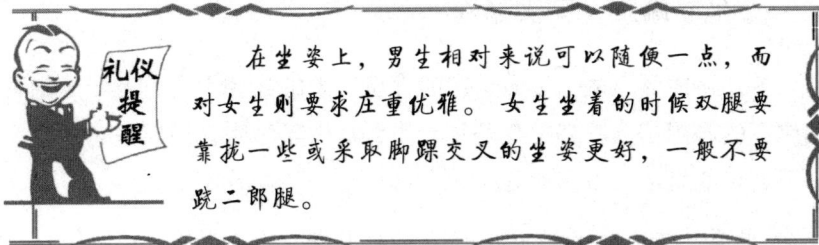

> 礼仪提醒
>
> 在坐姿上，男生相对来说可以随便一点，而对女生则要求庄重优雅。女生坐着的时候双腿要靠拢一些或采取脚踝交叉的坐姿更好，一般不要跷二郎腿。

3. 行姿优雅，自然和谐

行姿是人体所呈现出的一种动态，是立姿的延续。行姿是展现人的动态美的重要形式。青少年学生无论是日常生活或学习场合，走路都是"有目共睹"的肢体语言。

由于人们走路的样子千姿百态，各不相同，给人的感觉也有很大差别。有的步伐矫健、端正、自然、大方，给人以沉着、庄重、斯文的感觉；有的步伐雄壮，给人以英武、勇敢、无畏的印象；有的步伐轻盈、敏捷，行走如风，给人以轻巧、欢悦、柔和之感。

有些青少年学生由于不重视步态美或由于生理原因，逐步形成了一些不规范的步态：或摇头耸肩，左右摇动；或弯腰弓背、步履蹒跚，等等，都需要注意纠正。正确的行姿可表现青少年学生朝气蓬勃、积极向上的精神状态。正确的行姿，应以正确的站姿为基础。

什么是正确的行姿呢？规范要求是：上身挺直，头正目平，收腹立腰，摆臂自然，步态优美，步伐稳健。

青少年学生行走时，应上身挺直，头部端正，下颏微收，两肩齐平，精神饱满，表情自然。左脚起步时身体向前方微倾，走路要用腰力，身体重心要有意识地落在前脚掌上。行进时步伐要直，两脚应有节奏地交替踏在虚拟的直线上，脚尖可微微分开。左脚前迈时，微向左前方送胯，右脚前迈时，微向右前方送胯，但送胯不明显。双肩平稳，以肩关节为轴，两臂前后自然协调摆动，手臂与身体的夹角一般在10°～15°，摆幅以30°～35°为宜。

◇ 行姿的步幅

走路时步态美不美，关键在步幅和步位。所谓步幅是指行进时前后两脚之间的距离。在生活中步幅的大小往往与人的身高成正比，身高脚长者步幅就大些，身矮脚短者步幅也就小些。人们行进时，一般的步幅与本人一只脚的长度相近，即前脚的脚跟距后脚的脚尖之间的距离。

◇ 行姿的步位

步态美也与步位有关。所谓步位，是指行走时脚落地的位置。如前所述，走路时最好的步位是两只脚所踩的是同一条直线，而不是两条平行线。

◇ 行姿的步速

步速稳健也是步态美的又一重要问题。人们行进的速度取决于人的兴奋程度，兴奋程度高，步速也快；兴奋程度低，动作则迟缓。**要保持步态的优美，行进的速度应保持均匀、平稳，不能过快过慢、忽快忽慢。**在正常情况下，应自然舒缓，显得富有朝气和充满自信。

◇ 行姿的步韵

步韵也很重要。行进时，膝盖和脚腕要富于弹性，腰部应成为身体重心移动的轴线，双臂应自然轻松一前一后地摆动，保持身体各部位之间动作的和谐，使自己走在一定的韵律之中，显得自然优美，否则就失去节奏感。

◇ 行姿的步态

步态是一种微妙的语言，它能反映出一个人的情绪。当心情喜悦时，步态就轻盈、欢快，有跳跃感；当情绪悲哀时，步态就沉重、缓慢，有忧伤感；当踌躇满志时，步态就坚定明快，有自信力；当生气时，步态就强硬、愤慨。人们往往可从步态中觉察出人的心理变化。

步态还要分场合。**脚步的强弱、轻重、快慢、幅度及姿势，必须同出入场合相适应**。在室内走路要轻而稳，在公园里散步要轻而缓，在阅览室里走路要轻而柔，总之，步态要因地、因人、因事而宜。

延伸阅读：

青少年学生行姿小贴士

无论是在日常生活中还是在社交场合，走路往往是最引人注目的身体语言，也最能表现一个人的风度和活力。文豪巴尔扎克曾经说过："巴黎的女性是走路的天才。"不管她们的身材高矮或穿着如何，由于具有优美的走姿，都可以展现自己绰约的风姿，使其显得俏美。军营里，总是那么严谨有序而充满活力，是因为军人们个个步履方正稳健，团队行进又整齐规范。那么，我们青少年学生在校园内行走，需要掌握哪些方面的知识和遵守哪些礼仪常规呢？

（1）并行。两人并行，并排行走，尊贵的位置在右边；三人并行，尊贵的位置则在中间；四人并行，最好分前后两排行走或单列前行。

（2）陪同引导。在陪同引导对方时，应注意方位、速度、关照及体位等方面。如双方并排行走时，陪同引导人员应居于左侧；如果双方单行行走时，要居于左前方约一米左右的位置。另外，陪同人员行走的速度要考虑到和对方相协调，不可以走得太快或太慢。这时候，一定要处处以对方为中心。每当经过拐角、楼梯或道路坎坷、照明欠佳的地方，都要提醒对方留意。同时也有必要采取一些特殊的体位。如请对方开始行走时，要面向对方，稍微欠身。在行进中和对方交谈或答复提问时，把头部、上身转向对方。

（3）上下楼梯。坚持"右上右下"原则。上下楼梯、自动扶梯的时候，都不应该并排行走，而要从右侧上下。这样一来，有急事的人就可以从左边的急行道通过。

（4）课间活动时间，要轻声慢步，在走廊上可以两人一排并列行走，如有三人时，按前后顺序排成一列行走，严禁三人及三人以上并列一排行走，以免影响楼道正常通行。

（5）放学后离校时，所有学生到校门至膳食中心主干道，自觉按两路纵队排列队形，严格按照"持卡两人行"的规定，将离校卡拿在手上依次打卡后离校；住读生或丢失离校卡需离校的学生必须在班主任处获得请假条后走专用通道离校。

（6）放学时，学生从教室里有序出门，走靠近教室的楼道依次下楼；出操时，各班走学校规定的楼道，两列纵队下楼；操场出操和集会疏散时，按规定的校园通道和楼道，两列纵队返回教室。

4. 蹲姿典雅，切勿随便

在公众场合，人们从低处取物或俯身拾物时，弯腰曲背，低头撅臀，或双腿敞开、平衡下蹲，尤其是穿裙子的女士下蹲两腿敞开，在国外被视为"卫生间姿势"，既不雅观，更不礼貌。从行为礼仪角度讲，蹲姿类似于坐，但它并非臀部触及座椅。蹲姿又有些类似于跪，但它又不是双膝同时着地。以下几种蹲姿可供广大青少年学生借鉴。

◇ 交叉式

交叉式蹲姿主要适用于女生，尤其是适合身穿裙子的女生在公共场合采用。它虽然造型优美但操作难度较大。这种蹲姿要求在下蹲时，右脚在前，左脚居后；右小腿垂直于地面，全脚着地。右腿在上、左腿在下交叉重叠。左膝从后下方伸向右侧，左脚跟抬起脚尖着地。两腿前后靠紧，合力支撑身体。上身微向前倾，臀部向下。

◇ 高低式

其主要要求是下蹲时，应左脚在前，右脚靠后。左脚完全着地，右脚脚跟提起，右膝低于左膝，右腿左侧可靠于左小腿内侧，形成左膝高右膝低的姿势。臀部向下，上身微前倾，基本上用左腿支撑身体。

采用高低式蹲姿时，女生应并紧双腿，男生则可适度分开。若捡身体左侧的东西，则姿势相反。这种双膝以上靠紧的蹲姿在造型上也是优美的。

◇ 半蹲式

半蹲式蹲姿多为人们在行进之中临时采用。它的基本特征，是身体半立半蹲。其主要要求是在蹲下之时，上身稍许下弯，但不宜与下肢构成直角或者锐角。臀部务必向下。双膝可微微弯曲，其角度可根据实际需要有所变化，但一般应为钝角。身体的重心应当被放在一条腿上，而双腿之间却不宜过度地分开。

◇ 半跪式

半跪式蹲姿又叫做单蹲姿。它与半蹲式蹲姿一样，也属于一种非正式的蹲姿，多适用于下蹲的时间较长，它的基本特征，是双腿一蹲一跪。其主要要求是下蹲以后，改用一腿单膝点地，以其脚尖着地，而令臀部坐在脚跟上。另外一条腿应当全脚着地，小腿垂直于地面。双膝必须同时向外，双腿则宜尽力靠拢。

5. 手势规范，注意场合

人的手势，可以表达一定的信息、思想甚至感情。手势，即人们的手臂所做的动作，以及它们在特定的情况下按照规定或习惯所处的特殊位置。对青少年学生来讲，手势的应用主要应注意以下三点。

一是手势规范。即是指手势在正式场合运用时，应当合乎标准和惯例。

二是尽量少用。**在校园及各种活动中，应当表现得含蓄稳重，青少年学生手势若用得太多，动作的幅度若过大，通常就会使人觉得这种手势有些夸张，有些不够稳重，有些故作姿态。**

三是不可滥用。不加节制地、无意识地乱用或滥用手势，如在别人讲话时莫名其妙地挥手，指手画脚等，既有可能让人产生反感，也可能会给别人留下装腔作势、没有涵养的印象。

青少年学生宜在常用挥手的方式向别人表示自己的问候、致敬、感谢。当你看见熟悉的人而又无暇分身的时候，就举手致意，可以立即消除对方的被冷落感。挥手时要掌心向外，面对对方，指尖朝上，而且千万不要忘记伸开手掌。

有些手势会令人反感，严重影响形象，比如当众搔头皮、掏耳朵、抠鼻子、咬指甲、手指在桌上乱写乱画等，青少年学生要注意避免使用这些手势。

延伸阅读：

手势不可乱用

手势是人类最早的沟通方式，它在人类没有语言之前，就已经存在了。但说起手势，在不同国家、不同地区、不同民族之间，由于文化习俗的不同，手势的含意也有很大差别，甚至同一手势表达的含意也不相同。所以，手势的运用只有合乎规范，才不至于引起误会。

比如：掌心向下的招手动作，在中国主要是招呼别人过来，在美国是叫狗过来。

竖起大拇指，一般都表示顺利或夸奖别人，但也有很多例外：在美国和欧洲部分地区，表示要搭车；在德国表示数字"1"；在日本表示"5"；在澳大利亚就表示骂人"他妈的"；与别人谈话时将拇指翘起来反向指向第三者，即以拇指指腹的反面指向除交谈对象外的另一人，则是对第三者的嘲讽。

6. 微笑真诚，合时适度

微笑应是发自肺腑、发自内心的笑，应该笑得真诚、适度、合时宜。

微笑不仅在外表上能给人以友善之意，而且还可以最真实地表达自己的热情，甚至还能够打破僵局，产生巨大的感染力，以影响交往对象。把真诚友好的微笑贯穿于青少年学生日常交际活动的全过程，是对青少年学生礼仪的基本要求。

◇ 微笑发自内心

微笑是发自内心的快乐。当一个人心情愉快、兴奋或遇到高兴的事情时，都会自然地流露出这种笑容。这是一种情绪的调节，是内心情感的自然流露，绝不是故作笑颜、假意奉承。发自内心的微笑既是一个人自信、真诚、友善、愉快的心态表露，同时又能制造明朗而富有人情味的生意气氛。

发自内心的真诚微笑应是笑到、口到、眼到、心到、意到、神到、情到。

延伸阅读：

微笑可以给对方良好的第一印象

一些心理学家研究表明，初次交往留给对方的印象，往往是非常强烈、鲜明的，并对以后的交往产生重要影响。因为初交是在互不了解的背景下进行的，对方的言谈话语、举止行动、仪表相貌等对于自己大脑记忆屏幕来说都是新的信息，对感观的刺激也很强烈，留下的印象也就特别清晰而深刻。

美国雷·朱恩博士在《联系：最初四分钟》一书中说："人们何时决定结交新的朋友呢？在他们相聚的最初四分钟之内。"可见人际交往中第一印象和最初印象是多么重要了。而微笑就能给对方留下一个非常好的印象。

微笑，是青少年学生在人际交往中的"润滑剂"，是一种广交朋友、团结友爱的有力手段，是美好、愉悦、健康、热情心灵的流露，是善良、友好、赞美、包容的象征。微笑作为社会交际中的重要方式，它的作用不容忽视。

◇ 微笑适度

微笑虽然是人们交往中最有吸引力、最有价值的面部表情，但也不能随心所欲，想怎么笑就怎么笑，不加节制。微笑的基本特征是齿不露、声不出，既不要故意掩盖笑意、压抑喜悦影响美感，也不要咧着嘴哈哈大笑。**笑得得体、笑得适度，才能充分表达友善、诚信、和蔼、融洽等美好**

的情感。

◇ 微笑适宜

微笑是"世界通用语言",但也不能走到哪里笑到哪里,见谁都笑。微笑要适宜,比方说:特别严肃的场合,不宜笑;当别人做错了事、说错了话时,不宜笑;当别人遭受重大打击、心情悲痛或痛苦时,不宜笑。微笑要注意对象,两人初次见面,微笑可以拉近双方的心理距离。

7. 举止文明,禁忌勿忘

青少年学生的举止行为要做到文明、端庄、自然、大方、稳健,给人一种美的享受,就要注意在日常学习生活中的一些禁忌。

◇ 勿随手乱扔垃圾

在大街上我们常常看见有人随手把瓜果皮或纸屑等扔在地上,这是应当受到谴责的不文明的举止之一。

◇ 勿失声清喉咙或随地吐痰

随地吐痰是非常没有礼貌而且绝对会影响环境、影响他人身体健康的行为。因为**吐痰是最容易直接传播细菌的途径。**

◇ 勿当众打哈欠

在他人面前打哈欠,给对方的感觉是:对他们谈话没有兴趣,已感到很不耐烦了。如果在大庭广众下控制不住打哈欠,一定要马上用手盖住你的嘴,接着说:"对不起。"

◇ 勿在公共场合抖腿

有些人坐着时会有意无意地双腿颤动不停,或是让跷起的腿像钟摆似的来回晃动,而且自我感觉良好,以为无伤大雅。其实这是不文明的表现,也是不优雅的行为。

第 二 章

尊重老师：与老师交往的礼仪

尊师重教自古以来就是中华民族的传统美德，"善之本在教，教之本在师"。教师是知识、伦理道德、价值观念的传授者。在社会上承担着"传道、授业、解惑"的责任，理应受到尊重。

在古代，老师是最受人尊重的人之一，就连统治天下的君王也十分尊重自己的老师。古人都能做到这样，我们作为一个拥有良好教养的人怎能不尊重传道授业解惑的老师呢？尊重老师，首先要讲礼仪，有礼貌，并以学生的自觉行动体现在与老师交往的过程中。这既是身为学生的应有本分，也是良好教养的文明表现。

一、与老师日常交往的礼仪

青少年学生在校学习期间，与老师的接触与交流的时间，甚至超过了父母。很多优秀学生的体会是，老师是自己人生的指路人。学生只有以文明有礼的良好教养，建立起和谐的师生关系，才能更有益于学有所得，学有所成。而无礼对待老师，师生关系紧张，往往是学习进步的绊脚石，也十分不利于个人成长与成才。

1. 尊敬老师有助于学生的成长

我国自古就有尊师重道的美德，常常将老师与父亲相提并论。父母赐予子女生命的本质，而老师则是学生精神本质的指路人，因此有"一日为师，终身为父"一说。

老师是学生在学习道路上的引路人，有了老师的指导，学生在学习上就能够少走好多弯路。老师的重要作用在于对知识的关键进行点拨，是学生学习的外围推动力，因此，学生在学习的过程中要重视老师的作用，上课时认真听讲，多听从老师的指导，这样做对学生的学习有很大的帮助。

有了老师的帮助，学生就能够更加自信，使自己的学习成绩提高得更快，提高得更好。

从文豪鲁迅在书桌上悄悄刻下的"早"，到当代知名学者李敖几十年不忘师恩，重返大陆后与自己当年的小学老师相聚，单膝跪地向老师行礼，都说明老师在他们心中的位置和分量。这些人都是近代或当代的著名学者，可以说他们在学习上的成就已经远远超过了他们的老师，可是他们依然对老师尊重有加，在老师面前，他们依然将自己当作学生。

知识是经过不断地积累才传承下来的。面对浩瀚的知识海洋，再聪明的人也难免望洋兴叹，不知从何入手。想想看，文、史、哲、数、理、化，林林总总，科目繁杂，如果没有人进行指导和传授，没有人为他人指

明努力的方向，就凭某个人瞎蒙乱撞，能学会多少呢？

所以说，老师是每个学生成长过程中十分重要的人。

任何学生都有老师，任何老师都是最值得尊敬的人。有人将老师比作园丁，说她每日辛勤操劳，只为了花朵有朝一日能娇艳地开放；有人将老师比作蜡烛，说她燃烧了自己，照亮了别人。其实，老师比这些比喻都要高尚。

人一生下来，就本能地感知这个世界，学会了哭和笑，体验了快乐和悲伤。但是，有一些事情，是我们的本能找不到的，比如说知识和精神。是老师，将我们带进了一片更为广阔的天地，让我们知道什么是原则，什么是应该追求的目标，什么是爱，什么是憎……所以说，没有老师，人就不是一个完整的人，充其量不过是一个有思维的动物。

在古代，老师是地位高尚的职业。即使是高高在上的皇帝，每周也有固定的老师授课。在老师授课的时候，他也必须放下皇帝的架子，恭恭敬敬地站在老师的面前，如果老师对他的学习不满意，照样可以责罚他。

有时候，老师的一句话，一下就可以让人明白一个道理，而这个道理如果靠自己去悟，恐怕要花上几十年的时间！

要想从老师那里淘得更多金，尊重是关键。有时候，从老师的眼神中，就能领悟到自己的努力方向——赞赏的眼神证明已经有些成绩了，责备的眼神证明还要"更上一层楼"。而这一切，必须建立在充分地尊重老师的前提下。如果不尊重老师，又怎么能体会、领悟到这些深层次的沟通呢？又怎么能从他那里得到于己有益的道理和知识呢？

仔细想想，如果有一个人经常和他人作对，总是捣乱，那么当他遇到麻烦的时候，还会不会有人帮助他？在学校里，尽管有很多调皮的学生经常不听老师的话，但是，他们在遇到问题需要老师帮助的时候，老师还是会指点他们的。

"师父领进门，修行在个人。"**一个老师教的学生有很多，他也不可能对每个学生都尽心尽力地调教。如何将老师脑袋里的"金子"挖出来，变成自己的，可就要看自己的表现了。**

变成老师眼中的"红人儿"其实很简单，沟通与交流也没有想像中的那么麻烦。只需要上课的时候眼睛盯着老师，下课的时候认真完成作业就可以了。只要持之以恒地做下去，就会引起老师的注意，老师也会将他的本领统统传授给自己心爱的学生，而这样得到的，一定比其他同学多得多！

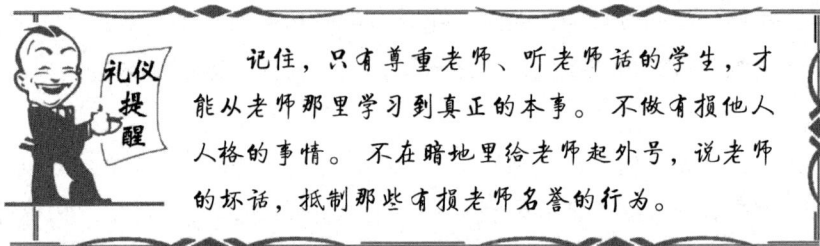

> 礼仪提醒
>
> 记住，只有尊重老师、听老师话的学生，才能从老师那里学习到真正的本事。不做有损他人人格的事情。不在暗地里给老师起外号，说老师的坏话，抵制那些有损老师名誉的行为。

2. 与老师建立良好的师生关系

师生关系是影响学生学业成功与否的因素之一。倘若老师在学生学习的过程中通过言传身教影响学生的心理与兴趣，发现学生的专长，将能引领学生走向成功之路。

许多名人在学习过程中都与老师保持着融洽的师生关系，受到了老师的影响和帮助。数学家华罗庚便是如此。

华罗庚上初中时，数学老师发现他的数学作业经常涂改，很不整洁。但他研究了涂改处后发现，这些涂改反映出这个学生在探索解题时的多种思路，体现了积极思考的可贵精神。因此，他表扬了华罗庚的探究精神，并在课后热心辅导华罗庚。在老师的悉心指导下，华罗庚钻研数学的兴趣越来越浓，渐渐走上研究数学的道路。

语言学家王力也是如此。

上小学时，王力班上有两位老师，陶老师一口博白方言，讲起课来字句和谐清润，声音婉转动听、韵味无穷；而冯老师一口道地的客家话，读课文显得抑扬顿挫，富有鲜明的节奏和乐感。同样的语句和意思，由两位老师说出来，妙趣横生、各有风味。语言中的玄妙和无穷魅力使小王力着迷，并给他留下了深刻的印象。加上老师们学识渊博，性情耿直，在治学和为人上都为他带来深刻的影响。后来王力选择语言学为自己的治学之本，以《博白方言研究》为博士研究论文，这与小学两位老师的熏陶大有关系。

在师生关系中，学生往往是被动的一方，老师则承担鼓励、发现与帮助的主动角色。但对天才优等生来说，他们会主动与老师沟通，让老师来理解自己、关注自己，并帮助自己。**身为新时代的青少年学生，不能坐等老师的发现与帮助，必须懂得自己采取主动，与老师进行交往沟通。**

与老师交往沟通不必讲究技巧，重要的是主动。因为每个老师都希望与学生多交流、多沟通，了解学生的思想，以便给予更好的帮助。尤其是成绩中等的学生，更要加强自己的主动性。因为许多老师都表示，成绩特别好与特别差的学生，老师自然会留心，可是成绩中等的学生却往往容易被忽视。其实，成绩中等的学生是非常有潜力的，如果我们能主动出击，赢得老师的帮助，就能早日跻身成绩一流的学生行列。

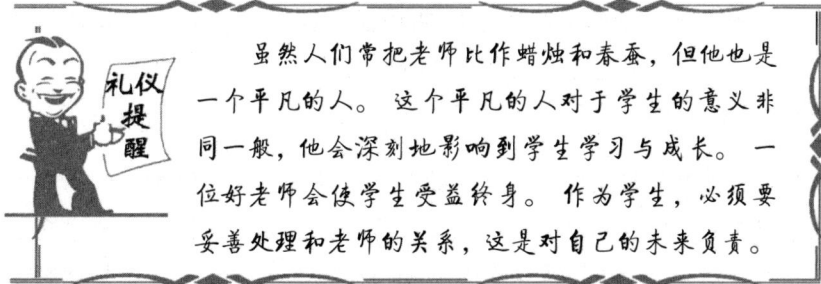

> 礼仪提醒
>
> 虽然人们常把老师比作蜡烛和春蚕，但他也是一个平凡的人。这个平凡的人对于学生的意义非同一般，他会深刻地影响到学生学习与成长。一位好老师会使学生受益终身。作为学生，必须要妥善处理和老师的关系，这是对自己的未来负责。

3. 处理与老师关系的三项原则

人与人之间的人格尊严是平等的，即使是老师和学生之间也是这样。新型的师生关系，应当是一种民主、平等的师生关系。在这一基础上，学生必须把握以下三大准则。

◇ 尊敬老师

古话说："一日为师，终身为父"，之所以学生必须尊敬老师，一方面是由于他所从事的这种职业的高尚性；另一方面，尊敬他人、尊敬长辈是中华民族的传统的美德，也是一个人在心智上走向成熟的标志之一，是一种道德行为。

都说老师是人类灵魂的工程师，的确是这样，当学生还懵懵懂懂的时候，老师是那个给予学生知识、品德，牵着学生们的手帮助学生们走向成熟的引路者。很多人在年过花甲之后回忆起往事时，常常会满怀深情地谈起以前的老师，**老师所给予学生的东西是学生一生都在享用的财富，也往往是等到学生成年之后才能体悟到的。**

◇ 理解老师

老师也会犯错误，在课堂上讲错了题，批评过于严厉，对学生有偏心等等。这些都是一个普通的教师很容易出现的错误。**当老师犯错误时，作为学生最好换个角度看问题，站在老师的立场去想想。想想老师为什么会生气，想想自己如果是老师会怎样处理这个问题。**这样，就能理解老师的许多做法，原谅他所犯的错误。

也可以去找老师谈心，和他交流一下自己的想法，听听他怎么说。当然，也有一些极个别的老师出现的错误是原则性的，甚至已经触犯了法律，这时就应该向其他老师、学校领导或者是家长寻求保护。

◇ 心态平等

师生关系首先是人与人之间的关系。老师年龄比自己大，学科专业知识比自己丰富，社会阅历比自己深，又是自己的引路人，管理自己在学校里的学习生活；但这并不意味着老师和自己的关系就是统治者与被统治者之间的关系。

所以，学生和老师交往的时候，重要的是心态上要平等。**平等意味着两个层面，一方面没有必要去畏惧自己的老师，另一方面也不能轻视老师付出的劳动。**平等的原则适用于任何人际关系的交往，在步入社会以后，面对领导、同事，和他们交往的时候，也必须先有一个前提：我们在人格上人人平等。

礼仪提醒

以欣赏的眼光去看待老师，欣赏他们的渊博知识，欣赏他们的为人处事……这是学生对老师最大的信任与尊敬。

4. 提高素质，做老师喜欢的学生

让老师喜欢自己，和拍老师的马屁是完全不同的，实际上这是积极处理人际关系的一种方法。老师总是说，他热爱班里的每一个学生。可实际上，一个班里五六十人，即使老师主观上想一视同仁，公平地对待每一个学生，客观上也不可能做到，这就像爸爸妈妈对自己的双胞胎儿女也不可能做到完全公平一样。

最优秀的老师也是如此，虽然他深刻地知道，公平对于学生而言是十分重要的，但是他依然会有自己的个人偏好。有的学生可能会认为，老师喜欢的都是成绩好的学生。的确，成绩优秀的学生，如果他同时修养好，品德好，没有老师不喜欢的。但是，对大多数老师而言，他绝不会以成绩作为评判一个学生的惟一依据。那么，老师究竟喜欢什么样的学生呢？

- 真诚坦率，不撒谎。
- 开朗乐观，有童心。
- 遇事能够为别人着想，不自私。
- 有错就痛痛快快地说：我错了。不狡辩，不抵赖。
- 对事物有爱心，热爱天地间的一切生命。
- 喜欢主动接近老师，帮忙做些力所能及的事。
- 能真诚地理解老师的甘苦，关心老师，体贴老师。

上述几点，只是加强学生自身修养的一个准则。作为学生如果能够照着上面所说的去做，切切实实地把自己培养成为一个具有良好道德修养的人，一定会让所有的老师都喜欢自己，将来也会被社会认可。必须提醒的一点是，千万别学那些溜须拍马的伎俩去讨好老师，那样做不仅腐蚀了自己的灵魂，也不可能真正得到老师的喜欢。

5. 见到老师，要主动地问候

向老师问好是尊师最基本的体现。**学生遇到老师问声好，是对老师的一种报答，一种安慰，一种尊重。**一声亲切的问候，可以化解老师一天的疲劳。那么见到老师应如何主动问候呢？

- 遇见老师应主动停下，微微鞠躬问好；分别时，主动说再见。
- 遇见两个以上老师，问"老师们好"。
- 排队在行进中遇见老师，由领队带领全体同学问"老师好"。
- 在校外遇到老师时，应主动和老师打招呼，不得故意回避。

在现实生活中，虽然大多数同学见到老师都会主动向老师问好，但是也有一部分同学在看到老师迎面走来时，绕道而行，就像"老鼠见了猫"一般；还有同学一进校园就低着头溜边快走；更有甚者在老师从他身边走过且主动叫到他的名字后，才不情愿地回一声"老师好"。同学们的表现真是千奇百怪，但是哪些是礼貌的举动，想必我们每个人心中都明镜一般，一清二楚。

王老师是一所初中的政教处老师，说到学生向老师打招呼的问题，王老师有很多话说：大多数学生能做到主动和老师打招呼；但很多学生只是和认识的老师打招呼，而遇到不教自己课的老师就不闻不问；还有的学生只挑自己喜欢的老师问好，不喜欢的老师就装作没看见。

"不是不想打招呼，只是有点儿怕老师。上周的物理考试我才考了60多分。我怕老师见了会问。"初二的小冬不好意思地说，"我觉得尊敬老师不一定要说出来，不向老师问好并不代表我不尊重老师。"另一个初一学生小允说："有时向老师问好，老师好像没听见，要不就点点头，好像也没有什么反应，问不问好都一样嘛！"

学生要尊重老师，这种尊重首先体现在礼节上的尊重。因此，学生见到老师要有礼貌，要能够做到主动热情地打招呼。

6. 进老师的办公室，要做到礼貌有加

办公室是教师们备课、教研和交流的工作场所。在学校进出老师的办公室是极为寻常的事情。有时为了送作业本，或请教问题，或为其他事情常需要到教师办公室。但是进出教师的办公室也有一定的礼仪讲究。

◇ 不要冒昧进入

作为学生，一般是不可以随便出入教师办公室的。冒昧造访，冒失进入，不单单会影响自己要找的老师，也会影响其他的老师。因此，**进入办公室之前，必须先敲门或喊报告，待老师允许后，才可以进去。**

◇ 掌握好造访时间

去老师办公室，应掌握好时间，没有紧急的事情，去老师的办公室应该在上课前下课后或者是放学后，待的时间也不宜过长。

◇ 不要影响其他老师办公

有事去老师的办公室时，进入后脚步应尽量放轻，与老师的交谈声音不要太大，以免影响办公室内的其他老师办公。

◇ 不要中断老师手头上的工作

如果老师手头上有事情正在忙或正与人作重要交谈，应躬身站立一侧，等老师办完事或谈完话后再与老师交谈，切忌探头探脑。向老师交作业本、试卷等要在办公桌上摆放整齐。

◇ 不能随便乱翻东西

乱翻老师的东西，表示对老师不尊重、不礼貌，是很不道德的行为，也会影响老师的教学活动。老师的教科书、参考书、备课本、作业本、考试卷等一般都会放在办公桌上或抽屉里，如果被翻乱了，老师的教学工作就会受到影响。老师的抽屉里还有一些东西是需要保密的，比如说未启用的试卷，不公开的学生成绩表、日记本、信件、钱包等。如果乱翻这些东西的话，丢失或试卷泄密都会给老师或者学校的工作带来不良的影响。

礼仪提醒

如果你确实想看看老师的某样东西（老师的隐私物品除外），也应先征求老师的意见，得到允许后方可翻阅。在老师办公室不要私自打开或使用老师的电脑。

◇ 不要停留太久

老师每天既要备课，钻研教材、又要给学生批改作业、试卷，还要和其他教师交流教学经验。因此，老师每天的工作安排都是有计划性的，如果学生长时间停留在老师的办公室里，就必然会给老师的工作带来影响。因此，**每个同学都不要长时间待在教师办公室中，更不要因为一点点的小事、琐事就去办公室找老师。**

◇ 脚步轻轻离开

告别老师时，应先倒退两步，然后再转身出去，将门轻轻带上。尽量不要发出声响，要轻手轻脚，保持安静，不要给其他老师的正常工作带来影响。

7. 每逢教师节，要主动真诚地祝贺

教师节是学生感谢老师的一个最好的机会，但是不一定只有礼品才能表达我们的谢意，让我们来看看下面这些学生是怎么做的吧！

镜头一：操场上，正在上体育课的同学们，用整齐洪亮的声音喊道："祝老师节日快乐！"尽管这份礼物不算贵重，但从年轻的体育老师激动的表情上可以看出这份礼物其实很合老师心意。

镜头二：教室里，黑板上写着给老师的祝福，老师看到这温馨的话语时先是惊讶，紧接着是满面的笑容。

镜头三：教了20年英语的章老师说，她今年教师节收到了一张学生为她画的漫画肖像，画像中惟妙惟肖的神态让她一想起就会忍俊不禁，而且这是学生亲手制作的，所以章老师动情地说："比起那些贵重的礼品，我更喜欢学生亲手做的小制作，一张贺卡、一幅图画、一张剪纸……这些孩子们亲手做的小礼物我都乐于接受，而且会珍藏起来。学生发自内心对老师的尊重与感谢才是我们最想得到的礼物。"

镜头四：又快到教师节了，已上初中的君奕正和几个好友讨论送什么礼物给老师。君奕："不知道'慈禧太后'喜欢什么东西？"好友："是啊！听说'慈禧'喜欢花，要不就送鲜花吧！"君奕她们口中的"慈禧太

后"正是她们的班主任刘老师，因为刘老师向来以严厉著称，因此，被班上的同学称为"慈禧"。

其实，给老师送什么礼物并不是最重要的，关键还是要同学们从心底尊敬自己的老师，不要像君奕她们那样，虽然是在讨论给老师送什么教师节礼物的问题，却张口闭口地"慈禧太后"，**如果我们抱着这样的心态为老师庆祝节日，即便是送上再贵重的礼物也是毫无意义的。**

尊师重教是我国的传统美德，但随着时代的变迁，少数人开始用纯粹的利益来衡量各种东西，过去师生间那种亦师亦友的美好关系也在这种衡量下变了味。

作为学生，不要用礼物的贵重与否来衡量与老师的关系，发自内心的尊重，真诚地道一声"老师，您辛苦了！"就是给老师最好的礼物。教师节是表达社会和学生对老师一年来工作的肯定和感谢的节日。借教师节的名义送礼，不仅不能很好地表达对老师的谢意，还会使学生之间产生一种相互攀比的心理，助长不良社会风气。通过教师节送礼，一些学生会认为礼品、金钱可以买到"老师的关照"，发生什么事都可以通过金钱、关系摆平的观念，长此以往，势必对学生的成长产生不利影响。此外，富裕的家庭出手阔绰，贫困的家庭也许不会给老师送礼，这极易在学生中产生攀比心理和贫富落差，给学生造成心理问题，在成长阶段形成种种不良的生活观念。

向老师表达敬意是正确的，为了让教师节简单、环保并有意义又不失温馨，同学们可以这样做：

● 亲手为老师制作一张贺卡、一幅图画、一张剪纸等，而不是花大价钱买不实用的东西。

● 为老师写一篇文章，写一首诗词，或者素描一幅肖像画都是不错的选择。类似这样的方式既经济节俭，又能传递你内心的真情实感。文章可以不怎么精彩，肖像甚至可以不怎么相像，但你的感情却依然真挚诚恳，丝毫不逊色。

● 利用手机、网络等方式发送祝福短信、邮件或者网上赠送礼物也都是不错的方式，轻松简单而且具有创意，如果你的礼物能别具特色，自然再好不过。

●组织班里的几个或者所有的同学举办一个小型聚会，让老师在欣赏你们的才艺表演时，享受到快乐和祝福，这种方式也能表达你们的感谢心声。

此外，努力学习，争取最优异的成绩，对老师而言，也是一种感谢。当你的成绩飞快进步时，相信老师一定会为你感到自豪和骄傲。当自己因为取得优异的成绩而受到表扬、感到高兴的时候，别忘了适时地向老师表达自己的谢意，"老师，真的很感谢您一直以来对我的关心，我一定会继续努力的。"**每个老师听到这样的感谢话语都会异常欣慰，因为他们的努力终于有了收获。**

延伸阅读：

教师节送礼的注意事项

●不要送过于贵重的礼物，会显得太功利，多半会被拒绝，而且对自己也是个负担。

●千万不要直接去问老师喜欢什么礼物，这样多半会遭到拒绝，诚意也会受到怀疑。

●不要去打听其他同学送什么，更不要攀比，礼物只是代表尊敬的心意。心诚即可。

●除去价码标牌及商店的袋装。

●最好用包装纸将礼物包装起来，有时细微的地方更能显出送礼人的心意。

●如果礼品较为新颖，有必要向老师说明具体用途、用法，以便老师对你送的礼物更加了解。

●送老师礼物时，可以说"这是我特意挑选的""相信您一定会喜欢"。不要说"我随便买的""您凑合着用吧"之类的客套话，它会使你的心意一下子变轻、变淡。

8. 服从老师管理，不要顶撞老师

由于有些同学在课堂上违反纪律。影响学习，因此免不了受到老师的提醒与批评。但这些受到批评的同学往往心里十分不高兴，认为当着全班同学批评他，是故意拆他的台，让他丢了脸，从而对老师满肚子怨气，更有甚者。还当场顶撞老师，态度恶劣。显然，这些都是十分错误的、没有修养的行为。

有过失的同学，应该怎样理解和对待老师在课堂上的提醒、批评呢？

首先应认识到，一堂课，只要有一两个人在那里窃窃私语或做小动作，都会使整个班级的学习气氛受到破坏，影响老师的讲课情绪。这时，老师及时的提醒与批评是理所当然的，这也是老师的职责所在。假如老师对这些不良现象不闻不问，放任自流，这样的老师便不配称为老师。这种不负责的表现，害了你自己也害了其他同学。《三字经》上说："教不严，师之惰。"教师本来就是以培养品德学识皆优的新人为天职的，若培养对象出现明显过失时却放任不管，这样的老师实在就谈不上是称职的了。明白了这一点，也就明白了：**当老师在课堂上提醒批评不守纪律的行为时，即使是点名批评到自己，也不应忿忿不平地认为是故意让自己出丑，而是应该愉快地接受。并立刻改正。**

当然，有的同学由于生性好动，有些坏习惯不容易一下子改过来。但无论如何，对老师在课堂上及时的提醒与批评，我们决不能不当一回事，更不能因此顶撞老师。相反，应时时克制自己，重视老师与同学的提醒，尽力纠正缺点和坏习惯，做一个讲文明守纪律的优秀学生。

◇ 及时认错

如果自己违反了班规校纪，应该及时向老师承认自己的错误，不要试图掩盖或是隐瞒自己的错误。

◇ 不说气话、怪话、脏话

犯了错误以后，老师批评你时，不应对老师说气话、怪话、脏话。比如，对老师说这样的话："我什么都不想说，随便你怎么处置"、"不要以为你是老师，我就怕你"等等。

◇ 态度要端正，虚心接受老师的教诲

犯了错误，老师批评你时，应该态度端正，虚心接受，不能强词夺理，也不能挖苦或是讽刺老师，更不能跟老师记仇，伺机报复老师，那是非常错误的行为。

◇ 不要忘了说"谢谢"

犯了错误后，老师苦口婆心地教育你，是为了让你认识到自己的错误，以免在今后的学习和生活当中再犯。所以，在老师教育完你后，你应真心实意地向老师道一声"谢谢"。

◇ 服从学校工作人员或是宿舍管理员的管理

学校的工作人员和宿舍管理员虽然不是自己的任课老师，但也应该尊重他们，如果违反了校规校纪或是宿舍管理条例，应该自觉接受他们的批评和教育并加以改正，不能顶撞他们。

> **礼仪提醒**
>
> 人都会犯错。问题关键在犯了错误后的态度上，不能犯了错误后死不认错。处于成长阶段的学生，老师在自己做错事的时候及时指出、纠正，对自己的成长来说是非常有益的。所以，当面对老师的批评时，学生应当心怀感激。

9. 真诚地化解与老师之间的误会

师生之间有时会产生误会。例如老师在某件事错怪了学生，极易引起学生对教师的反感；如果学生对这种反感的情绪不加克制，就会导致师生之间的冲突，使师生关系恶化。当一个学生面对与老师的误会时，怎样处理才算得当呢？以下是几点建议。

◇ 冷静

当老师误会自己之后，一定要冷静、要克制，根据当时的环境和条件，可以解释的则进行解释，一时不便于解释的可暂时放下，留待以后找机会再解释，这样可防止事态的进一步恶化。

◇ 解释

老师误会学生一般都是因小事而起，一旦事情真相浮出，问题就会得到解决。学生可以在课后或其他能够与老师独处的时候，向老师作解释，但态度要诚恳；如果觉得这件事不方便自己来解释，也可以请同学或班干部代自己向老师解释，以消除老师在一时一事的认识上的偏差。

◇ 体谅

当老师因错怪而误会自己时，一定要懂得谅解他。**因为老师每天面对的是几十个学生，繁重的工作难免会使人心烦意乱，有时会出现不冷静的情况**。尤其老师的错怪仅仅是出于误会，完全没有恶意。

◇ 忘记

如果是因为一些小事老师误会了自己，并且老师并没有因此而对自己产生不良的印象，那么这种小事不如就让它过去吧。这样的遗忘对于自己的心理健康也有很好的帮助，即便是一些很严重的事情，在向老师澄清之后，也不必始终耿耿于怀，随着时间的流逝，任何事情都会烟消云散。

10. 千万不可产生对老师的敌对情绪

敌对是个体遭受挫折引起强烈不满时表现出来的一种仇视、对抗、不相容的消极情绪状态。如果某位学生对自己的老师产生了敌对的倾向，就会对这位老师持不友好的态度。老师不能给他提意见，即便对他的赞扬他也认为是挖苦，甚至会由此做出一些报复、破坏的举动来。这种情况的产生往往有以下几种原因。

其一，可能是由于学习压力过大引起的。在传统教育体制下，学生们都知道，"考考考，老师的法宝；分分分，学生的命根"。一个学生能不能成材，只有分数说了算。**因此，很多学生，尤其是毕业班的学生承受的压力非常大，常选择用敌对态度来发泄自己的不满情绪**。他们不仅对老师、家长有敌对倾向，甚至常常对着无生命的东西宣泄不满，如摔书本、损坏公物等。

其二，这可能是由老师的教育方式不当引起的。有些学生常觉得自己在老师那里受到了不公正的待遇，自尊心受到伤害，心里充满着怨恨而无处发泄，便以消极的敌对方式来宣泄不满。

其三，学生逆反行为也可能是引起师生敌对情绪的原因。中学生正处于从儿童向成人的过渡时期，身体发育很快，自我意识增强，具有很强的独立感，认为自己是大人了，不愿再像小学时期那样很多事情都听从老师。老师的管教往往被他们视为一种束缚，因此容易产生逆反心理，事事和老师对着干。

实际上，学生对老师产生敌对倾向，受害最大的却是自己。具有敌对倾向的学生虽然看似对老师毫不在乎，实际上内心却是痛苦和不安的。学生如果把自己摆在与老师对立的位置上，心理上容易产生孤独和寂寞。**更重要的是，这种敌对情绪的存在会影响学生的学习效果，耽误学生的青春。**所以，如果学生已经对某位老师产生了敌对情绪，一定要尽快消除它。不妨从以下几个方面来努力。

首先，要增强和老师彼此之间的了解。敌对情绪往往是因为师生互相不了解而引起的。可以采取主动的姿态，多与老师沟通，让老师多了解自己，从而也对老师增添一些了解。这样就可以化解误会，就不难发现，老师并不像自己想像的那样充满了恶意和偏见。

其次，如果的确是老师伤害了自己，对自己不公平，也应当采取积极的姿态来保护自己，那就是寻求其他老师和学校的帮助，而不是消极的对抗。

最后，要善于发挥自己的优势。有些敌对情绪是由自卑情结引起的，如果自己处于这种情况，那么就需要提升自己的自信心。要知道，任何人都有自己的优势，或许自己的学习成绩并不好，但能歌善舞、能写会画、体育能力出众，只要尽情发挥这些优势，这也是成功。

礼仪提醒

作为学生，要切记，与老师敌对，对自己是毫无益处的，应该用积极的方式去面对与老师的矛盾，并努力地去化解矛盾。

11. 讲究方法，巧妙地向老师提意见

老师是知识的传授者，老师在学生面前，要具有一定的权威性，这样才能够被学生所信服。但老师也是常人，也难免会发生一些失误。学生可用诚恳的态度对老师的错误提出意见。但在提意见时一定要注意做到以下几个方面。

◇ 要注意把握提意见的时间

如果在听讲时发现老师讲话有误或有不当之处，也最好不要马上发表意见，一是避免打断老师的思路，干扰教学进度，或者分散其他同学的注意力；二是不要当众太让老师难堪，这也是处世为人中一个基本的原则。

当老师对你有所误解，或者提出了并不正确的观点，而老师正在气头上，或者正在兴奋头上，这时候最好不要直接向老师提出自己的意见。**可以把时间往后拖一拖，缓一缓，待事情过去后，老师情绪平静下来，再和老师详谈。**

◇ 要注意选择提意见的地点

最好不要在公众场合，也就是有学生、其他老师甚至有校领导的情况下，直接当面挑战老师的权威，让老师颜面无存。这样的情况后果只有两种可能：一种是老师表面上采纳了你的意见，但是心里却对你产生了反感，另一种是老师根本不能容忍你的这种做事方式，甚至继续自己的行为，还对你进行一番批评。与其在众目睽睽的课堂之上当面指出老师的错误，倒不如选择在课下找个没人的地方单独向老师表明自己的观点。

◇ 方式宜委婉不宜直接

任何人在接受别人的不同观点。或者面对自己观点的反对之声时，总是比较容易接受委婉且不伤及自己颜面的方式，没有人喜欢别人直来直去地否定自己。**因此，在向老师提意见时最好用商量、礼貌的语气，采用间接一点的方式表明自己的观点。**"我觉得是不是应该这样"、"我的看法是"类似这样的句子都是比较委婉的表达方式。

作为学生，当你向老师提出自己的意见时，最好是从心底带着对老师的敬意，这样老师就一定能够感受到你的诚意。切忌冒冒失失、随随便便地就说老师这里不对，那里不好。自己在尊重老师的同时也一定会得到老师的尊重。

◇ 不嘲笑老师的偶然错误

当老师偶尔出现错误，比如，写错了字，错了发音或是说错了一句话，我们不应该嘲笑，讽刺或是在班上带头起哄，那是不尊重老师的表现。

◇ 不故意刁难老师

当老师出现错误后，不应该故意刁难老师，比如，要老师把以前读错的字再读一遍，或是马上要求老师给自己或全班同学道歉。

◇ 用语要文明

指出老师的错误，用语要文明，应该这样说："老师，对不起，您有个字写错了。"不能用这样的语言："喂、哎，你把××字写错了。"

◇ 不要进行人身攻击

指出老师的错误时，切不可进行人身攻击，比如说这样的话："你不配当我们的老师"等等。

12. 老师家访时，一定要热情礼待

遇到老师到家里家访，作为学生，一定要和父母一起，对老师予以热情的接待。

◇ 认真准备

当老师要来家访时，一般会提前告诉学生，学生也应该及时告诉父母，打扫好房间，让父母留出时间与老师见面交谈。

◇ 热情迎接

当老师快要到达时，你应提前到车站或自家楼下迎接。把老师带进家里后，应马上给老师安排座位，同时为老师端上饮料或茶水，然后把父母的情况简单告诉老师。

◇ 认真聆听

当父母和老师交谈时，学生不应该溜出去玩，而应静静地站在旁边聆听，尽量不要插嘴。同时，对老师和父母指出的缺点要做好记录，以便以后及时改正。**如果老师和父母的交谈需要学生暂时回避一下时，学生应静静退到里屋去。**

◇ 不要妄自猜测

对任何老师任何时候的家访学生都应持欢迎的态度。要知道，老师来家访是为了与家长交流我们的情况，是为了我们好，一定要体会老师的良苦用心。

◇ 礼貌相送

当老师家访完毕离开时，应对老师的家访表示感谢。老师离开时，学生应把老师送到楼下或是车站。

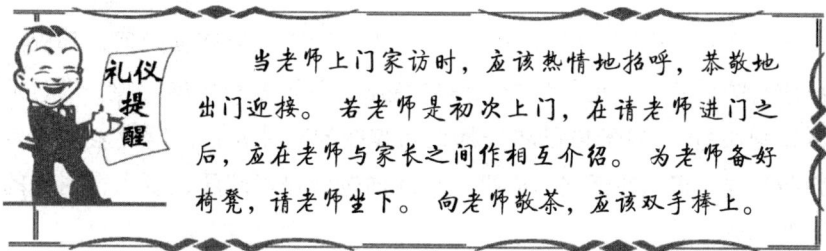

礼仪提醒

当老师上门家访时，应该热情地招呼，恭敬地出门迎接。若老师是初次上门，在请老师进门之后，应在老师与家长之间作相互介绍。为老师备好椅凳，请老师坐下。向老师敬茶，应该双手捧上。

二、把老师变成自己的学习教练

师者，所以传道授业解惑也。老师是学生学习与成长过程中最重要的引路人与指导者，因此，学生必须尊重老师。在和谐的师生关系中多向老师求教，多与老师沟通，多请老师指正，这是高效率学习的正确态度。尽管每个老师都有不同的个性，作为学生，还是一定要努力去理解和信任老师。一个善于把老师变成自己学习教练的学生，学习必然会出类拔萃。

1. 虚心求教，听从老师的教诲

在校期间，每一名学生都应该养成刻苦学习、勤于思考、拥有独立见解的好习惯，并要善于向老师积极求教。

古人云："师者，所以传道、授业、解惑也。"每一位老师，必定都会因自己的学生学有所成而感到欣慰。**因此，学生通过努力学习取得优异的成绩，就是对老师的最好回报。**

教育学生，是每一名教师的天职。古人云："教不严，师之惰。"教师对学生的批评与帮助，既是其教书育人的神圣职责使然，同时也是其关心、爱护学生的一种十分具体的表现。面对教师的批评，学生理当端正认识、听从教诲。虚心接受指教。

一般而言，教师对学生所进行的教育，无一不是出于善意。仅仅就此而论，学生就应该虚心地听取老师的教诲，并对教师给予自己的关怀表示感谢。

当老师对自己进行指导帮助时，无论老师本人的态度如何，都应该表现出应有的耐心。一定要保持清醒的头脑，并采取正确的态度，"有则改之，无则加勉"。**对于自己和老师之间存在的某种误会，以及老师对自己的判断失误，可以在适当时心平气和地向老师作出解释，以求得对方的谅解。** 要充分理解老师。

"人非圣贤，孰能无过。"在老师与学生进行接触的具体过程中。老师在教学与其他方面难免会出现这样或那样的失误。例如，记不清楚学生的名字，在教学过程中出现严重的口误、笔误或者操作失误，等等。

对于这些方面的问题，学生一定要予以理解，并且不应以此作为拒绝听从老师教诲的借口。如果遇到此类情况，学生的正确表现应当是若无其事，千万不要哄堂大笑、起哄闹事，不可公然嘲笑老师，切勿顶撞老师，不可令其难堪。

勤奋学习、早日成才，始终都是老师对学生寄予的最大期望，而好学上进、刻苦读书，则是学生对老师的最好回报。作为学生，无论是从学习知识的角度，还是从尊敬老师的角度来讲，上课时都必须专心致志地听讲。这也是对教师付出的心血所表示的尊重。教育学生是每位教师的天职，教师对学生的批评、帮助，是其教书育人的神圣职责，也是其爱护、关心学生的一种具体表现。对于老师的教诲，每一名学生都应端正认识，虚心加以接受，并且要表示感谢之意，不可不屑一顾。

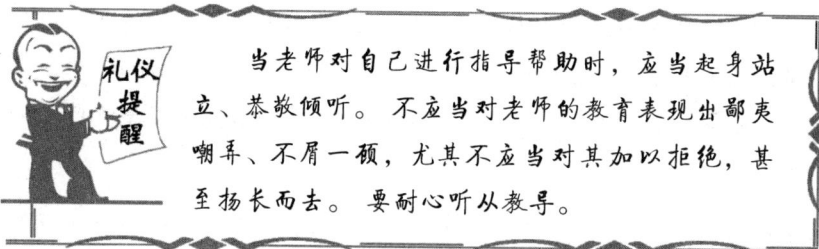

> **礼仪提醒**
>
> 当老师对自己进行指导帮助时，应当起身站立、恭敬倾听。不应当对老师的教育表现出鄙夷嘲弄、不屑一顾，尤其不应当对其加以拒绝，甚至扬长而去。要耐心听从教导。

2. 勤学好问，从老师那里淘更多的金

从老师那里淘更多的金，差不多是每个少年的共同想法，然而，到底怎样才能实现这一目的呢？

有两个人拜同一个老师学艺。老师教给他们的都是一样的课程，可是，过了一段时间后，他们的技艺水平却有了很明显的不同。

有人问这位老师："是你传授技艺的时候有所偏向吗？为什么会有这么大的差距呢？"

老师回答说："我根本没有什么保留和偏向，只不过他们学艺的时候，一个人总是敢于就疑难发问，他自然就要多领悟一些。而另外一个，总以为自己的水平已经不错了，一副不耐烦的样子，还时不时和我唱反调。这样不尊重我的教学，又能从我这里学到什么呢？"

好问是一种美德，不懂就问也是对老师的一种尊敬，每个老师都欣赏好学上进的学生。也许某位学生不是最好的，但努力去使自己做得更好，这同样会让老师感到欣喜。

在校园生活中，假如学生在学习中碰到困难，敢不敢去问老师？可能

是因为老师讲过而自己没有记住不好意思去问；可能是出于畏惧心理而不敢去问。这样碰到难题就跳过去，学习成绩肯定提高不了。**再说，老师也欢迎学生提出问题。这样可方便老师了解自己的教学效果，有利于下一步的教学。**

老师也是普通人，学生多问问题不但不会引起老师的反感，反而利于师生沟通，说不定和老师还能成为好朋友呢！解除了思想上的压力，碰到不懂不会的，大胆地去问老师，就一定会成为一名不懂就问的好学生。

和谐的师生关系，需要师生双方在沟通中增进了解，教师当然要主动了解学生，关心学生；学生有什么问题，心里有什么想法，也要主动找老师请教，主动找老师谈心，让老师了解自己，不懂就问才能与老师进行良好的沟通。

某校初二年级有个同学叫徐明。他有个怪毛病，课堂外活跃得像条龙，但见到老师就成了哑巴虫，遇到难题也不敢问，因此，学习成绩老是在中游徘徊。他说："问老师难为情，要是问题太简单，也怕人家笑话。"

有这种心理的学生确实不少，它阻碍了师生之间的有效沟通。

应该说，学生有强烈的自尊，在乎他人的评价，这有好的一面，能帮助学生认识自己，积极上进；但过分自尊，太在乎他人的看法，如死要面子，不懂也不问老师等，就会走向反面，对自己的学习进步和身心成长十分不利。

正确的心理认识应该是：**学生不懂问老师是天经地义的，好问是一种诚实好学的美德；人家笑话，那是人家的事，自己完全不用理它。**

延伸阅读：

学生怕问老师的原因分析

学生怕问老师可能有多种原因，如与老师的关系不好，这就需要改善师生关系。一般情况下，主动问老师问题是改善师生关系的极好途径。有的同学常常挨老师的批评，就不敢问老师了，这就需要鼓起勇气，尤其是第一次问老师时。

还有的同学可能只害怕问异性老师，这是青春期对异性老师产生的性心理反应，感到不好意思造成的。其实，对异性老师有些好感是完全正常的，不必感到害羞，坦然处之就会变得自然。

也有的同学有些自暴自弃，认为反正学不好，问也是多余的，混混过去算了。这种观念是错误的，是一种妨碍学生自身进步和师生之间友好关系的有害心理，作为学生，应当努力克服这种不良的思想。

3. 灵活变通，听课要"因师而异"

在听课活动中，一个学生要面对各学科教师，不同的教师有不同的性格特点，不同的教学习惯、教学方法。面对不同风格的老师采用同样的听课方法是学生在实际听课过程中最常出现的失误，因为这样往往无助于提高听课效率。其实，听课方面也应该"因师而异"，只有这样，才能在听课的过程中做到有效沟通，高效学习。

◇ 怎样适应"脱轨型"老师

所谓"脱轨型"，是指一味地追求课堂活跃，以至于偏离了主题，跑得没边没际，甚至和学习一点都沾不上边。 例如，上课时会一连说好几个笑话，逗得同学们笑声不断，但实际上同学们并没有从中学到很多实际、有用的知识。尤其是到考试的时候，许多同学因为脑中一片空白而无从下笔，甚至会有一种受老师骗的感觉。

遇到这种情况，学生必须由被动变为主动，清醒地把握住自己，明确自己这一节课到底需要掌握一些什么知识内容。

北京市某中学学生就是用变被动为主动的办法来适应英语老师的。他的英语老师刚大学毕业两年，讲课时，总是一上来就说几个笑话，逗得大家哈哈大笑，然后东拉西扯，常常课还没讲多少下课铃就响了。这个学生一直很苦恼，因为他觉得学不到东西。怎么办呢？转学吗？换班吗？这都不现实。后来，他想了一个往回"拽"、往回"捡"的听课办法。

这个办法具体是：预习时，将该课的知识点列成表，听课时从老师的话语中找，找到一个划掉一个，用这种方法往课本回归。老师没讲到的，下课后去问老师，或者自己再认真看看。这么一来，一节课不至于稀里糊涂地混过去，总算是沙里淘金地能学到一点东西了。

◇ 怎样适应"教科书型"老师

所谓"教科书型"，是指上课内容以教科书为主，讲起课来滔滔不绝，但没什么新鲜内容。学生听课时，很容易打瞌睡，效果不好。

当遇到这样讲课的老师时，为了防止自己打瞌睡，事先必须下一番工夫好好预习，弄清这堂课将学习什么内容，这一堂的重点和难点是什么。

天津市某中学一学生就深深地领教过这样的老师，他的政治老师从来都是照着课本讲课，讲得同学们都快睡着了，听课效果特差。但他最后还是想出了相应的解决办法来应对这位老师：首先，头天晚上认真预习，弄清这一节课的中心内容、基本框架；其次，带着问题去听课，一边听老师照本宣科，一边在心中发问："这是个重点，怎么没讲到呢？"这么一来，原来枯燥无味的听课过程就变得生动有趣起来，而且还容易跟上老师的思路；第三，听这种课，笔记基本不用做，课本上都有，不过在老师读课文的过程中，可以划出重点和难点来，以便于以后的复习。

◇ 怎样适应讲课快的老师

教师讲课快是一种普遍现象，在多数情况下，教师是为了赶教学进度而不得不这样做。所以，学生一定要想办法改变自己。**认真做好预习工作是至关重要的。明确了听课的重点**，上课时认真地听，听课质量就会大大**提高**。如果还不行，就课后补，仔细消化一下，直到弄懂为止。

礼仪提醒

在中学阶段，学生的课程较多，接触到的老师也很多。老师们的讲课风格远不止上述三种，每个学生都要学会总结方法，努力使自己适应各学科任课老师的方式和风格。只有适应了，才能使自己的学习兴趣和积极性调动起来，才能把这门课学好。

4. 诚恳地对待老师对自己的批评

作为学生，免不了在有过错的情况下会受到老师的批评。老师的批评可以让学生能够更深刻地认识到错误行为的危害，能帮助其纠正自己可能尚没有意识到的不良习惯。这是对青少年一生的成长都有益的事情。

某校初二学生艾嘉不知从什么时候迷上了电子游戏机。开始时，他站在旁边看，后来学着亲自操作，越玩越上瘾，上课常常迟到，放学后就急忙跑到电子游戏厅里去玩，有时一天能玩四五个小时。有一次，艾嘉玩某个游戏上了瘾，竟忘了上课的时间，等这个游戏结束，第一堂课已经上过了。他不敢到学校去，怕见了老师不好交待。后来，他心一横，想："我干脆接着玩，玩到放学时回家，第二天再编个谎骗过老师。"于是艾嘉玩了整整一天，下午很晚才回家。妈妈问他怎么放学这么晚，他胡乱说了一通打扫卫生一类的理由，算是把妈妈骗过去了。第二天，他又撒谎说自己昨天病了，没法来上学，于是又轻松地骗了老师。就这样，他常常旷课，常常撒谎，使老师有些怀疑了。一次家访，老师问到艾嘉的身体情况，他妈妈很奇怪老师为何问这样的问题。经老师细致调查，终于发现艾嘉制造的一个又一个的骗局。

老师严厉地批评了艾嘉，艾嘉也终于认识到自己的错误，后来再也不旷课了，也不再迷恋电子游戏机了。

老师批评你，一般来说，总是因为你有了过错，其目的就是帮助你改正错误。因此，当你犯了错误之后，首先应该对老师的批评以诚恳的心态虚心接受。学校是学生集中的地方，每个同学都应该严格要求自己，否则学校正常的秩序就难以维持。

礼仪提醒

老师不仅有教书的责任，而且还有育人的责任，而严格地要求、指出并纠正学生的错误正是老师对学生关心和爱护的体现。

当然，老师对你的批评有时也有可能是由误解产生的，但是，既然你知道老师是出于爱护才批评自己的，那么，即使老师一时批评错了，你也不应立即与老师争辩起来，而应找适当的时机向老师说明情况。人们常说严师出高徒，许多有成就的人都是在老师的严格教育下成才的，所以，他们一直到老都不忘儿时老师的教导。如果你上课不认真听讲，老师装作没看见；让背课文，没背，老师也不检查；作业没作完或做错了，老师也不纠正……长期这样下去，你的学习会好吗？一旦毕业之后你走上工作岗位，看着身上从小积累起的不良习惯，就会很自然地回忆起上学阶段的学习，心里肯定会认为当时的老师不负责任。学生犯了错误，任何一个负责任的老师都不会视而不见、无动于衷。因为此时，宽是害，严是爱。而对老师的批评指正，每个理解老师良苦用心的同学，都会诚恳地接受，主动地改正。只有那些对学生不负责任的老师，才会漠视学生的错误，听之任之；也只有那些对自己不负责任的学生，才会拒绝老师的批评，坚持错误不肯悔改。**如果学生想走好未来的人生路，诚恳地接受老师的批评，虚心地改正错误是万万少不得的。**

5. 虚心听取老师对自己的忠告

在老师忠告自己的同时，也是师生之间的一种沟通和交流，这令老师和你曾经紧张的关系得到一种缓解，大家的心情也会因此而好起来。

某市二中初三（1）班的学生俞智敏，因为沉溺于武侠小说和功夫片，一心想做少林弟子，曾多次向父母提出要出家做和尚练一身武功。父母苦口婆心地劝说他，他听不进去。没办法，父母便向他的班主任张玉老师求助。张老师把俞智敏叫到办公室里，进行了一番语重心长的开导，并忠告他说："像你这样，中武侠小说和功夫片的毒的中学生很多，小说和影片不过是虚构，现实社会并非那样。如果你执意要出家会碰个大钉子的！"但是，此时"武"迷心窍的俞智敏哪里听得进这些"逆耳忠言"，嘴上含含糊糊地应付了几句。过了一个月，经过偷偷摸摸的一番准备，俞智敏怀揣500元，离家出走，去寻找他梦中的"武林圣地"。走时他给父母留下了张纸条，说："爸爸妈妈，我走了，你们不要找我，待我武功学成后一定回家，请放心。"父母看过留言条，哭作一团，亲戚朋友分头到安庆、芜湖、合肥、武汉等地寻找，均不见人影。然而出走的第二十四天，俞智敏回来了，人又瘦又黑，身上脏得不像样子。

俞智敏因听不进班主任的逆耳忠告，上演了一幕"离家出走学武功"，最终落魄而回的闹剧！忠言很少有顺耳的，不逆耳恐怕就不是忠言了。看到你成长中的偏差，最心疼的是父母，最着急的是老师。然而很多同学却听不进老师的忠告和提醒，甚至误以为老师挑自己的毛病，这势必影响与老师的沟通，致使接受不了老师的批评和忠告。其实，每个老师总是希望把自己的经验告诉给学生，一旦发现了学生的错误，总想找机会提出忠告，使之改正。老师们常常会说："你到办公室来，我和你好好谈谈。"可是有很多同学都很厌烦这种"说教"，在听老师说话时，有时目光溜向了别处，有时手脚不停地移动，左耳朵听进、右耳朵冒出。这时老师就会中止自己的谈话，感觉到他是在对牛弹琴，枉费了一片好意。老师在失落的同时，会对这样的学生感到很失望。其实，**老师的忠告都是有针对性的、非常必要的。他既能纠正你某些过激的观点，又可以帮你在学习上找到一条便捷的途径**。你可能会这样认为："不！我需要思想上的自立，我要走自己的道路，我知道该怎样做！"其实，这种想法与老师的观点根本不冲突，老师的忠告只是提醒你少走弯路而已。你没有必要表现得那么反感，虚心地接受一下别人的意见，是不会有什么坏处的。只要你的行为在这之后稍微作一下改变，老师就会有一种成功的喜悦。这是长辈们的普遍心理，老师会觉得自己的忠告加上你的努力对你成功起到了十分重要的作用。面对你专注的表情，老师一定会满怀欣喜。

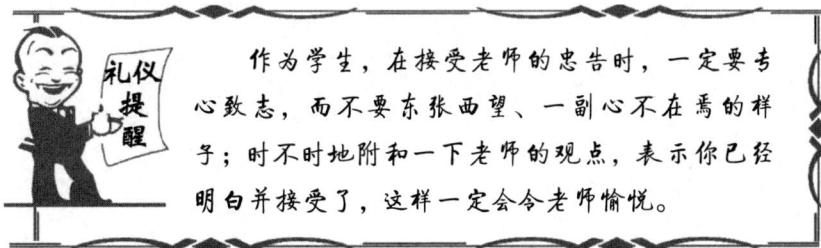

礼仪提醒

作为学生，在接受老师的忠告时，一定要专心致志，而不要东张西望、一副心不在焉的样子；时不时地附和一下老师的观点，表示你已经明白并接受了，这样一定会令老师愉悦。

即使是老师讲的许多道理自己已经听过了，你也不要这样说："这些我早就知道了，您不必说了。"这样说是很不礼貌的，也会破坏与老师沟通的效果。另外，谈话结束后，你不要忘记坦率、真诚地说一句："谢谢老师，我马上就会按照您说的去改变自己。"这样，你在获取人生经验的同时，也增强了对老师的了解和信任。

第 三 章

课堂学习与课外
学习的礼仪

学习是学生生活中最主要的内容，也是青少年成长中最重要的任务。无论是课堂学习还是课外学习，要想取得优秀的成绩，不仅需要勤奋用功，专心致志，掌握学习方法，而且还需要在各项学习活动中讲究礼仪。讲究礼仪规范，不仅对提高学习效率大有帮助，而且对学生的人生成长同样是大有益处。

一、在课堂上上课的礼仪

1. 提前准备，按时上课

学生提前做好准备，按时上课，既是对老师的一种尊敬和礼貌，也能为本节课取得良好的教学效果奠定良好开端。

在听到两分钟预备铃响以后，在教室外活动的同学应立即进入教室。不能因留恋于正在进行的户外活动而对预备铃声听而不闻。

进入教室后，马上在自己的位置上就座，并迅速地拿出这节课要用的课本、笔记本和其他文具用品，在课桌上摆放整齐，静候老师的到来。

如果铃响之后，学生们还跑进跑出，教室里乱哄哄的，一片嘈杂，就会影响老师的上课情绪，学生自己也不能迅速进入状态。

正式的上课铃声响过之后，老师走进教室，在讲台前站定。

老师示意上课后，班长或值日生要号令"起立"，全班同学迅速起身立正，双眼注视老师。老师喊"同学们好！"同学们喊"老师好！"

老师向同学们回礼并示意大家"请坐"，同学们轻轻落座，恭听老师讲课。听到上课铃声后，应迅速走进教室，准备好课本、文具等学习用品，安静端坐，恭候老师的到来，这是对老师最起码的尊重。老师走进教室，班长要喊"起立"，全班同学应立即起立并立正站好，向老师鞠躬问好并行注目礼，待老师回礼后方可坐下。

有时候，学生确实会遇到特殊情况，不得已只好在上课后才进入教室。这时候，**因事迟到的同学不能"破门而入"，应先在教室门外喊报告或敲门，待老师允许后再进入教室。**回座位后，尽量不要发出声响，更不能为了掩饰自己的窘况，反而故意做出惹人发笑的举动。坐下之后，取出课本和笔记，然后迅速集中精力听讲。

2. 上课要做到专心致志

课堂上，只有高度集中注意力，才能跟上老师的思路，抓住知识的重点，加深理解与吸收。而注意力不集中则会使课堂效率降低。听课时，眼睛要盯着老师的板书；老师讲解时，眼睛注视着老师的动作与表情；思想上与老师保持一致，紧跟着老师的感觉走，然后全神贯注地边听、边思、边记。这些都是要指导学生学会听课必须做到的最基本要求。

要提高学习效率，专心听课，学生应从以下几个方面入手。

◇ 端正课堂学习的态度

既然课堂学习是学生获取知识的主要渠道，那么课堂学习应该是学生学习生活的一种需要。心理学知识告诉我们：需要是人的一切活动的动力和源泉，人所体验的需要越强烈，由它引起的活动越有力。**学生只有产生了课堂学习的需要，他才可能形成渴求课堂知识的欲望，那种在课堂厌学的情绪也就不复存在了。**同时它还会促使学生从各学科学习的需要出发，听好每一节课，学好每一门学科知识，而不会从兴趣出发去听课和学习。即使有时遇到棘手和枯燥无味的学习问题，或者当自己身体有所不适时，也会调动意志的力量，以强烈的求知意识去控制自己的注意力，进而专注地完成课堂学习。

◇ 尽快进入学习状态

上课的铃声一响，学生就应迅速进入学习的积极状态。利用从预备铃声到正式上课的两分钟时间，学生可以回忆与本节课衔接的老师讲过的上节课内容，也可以回忆预习课文的思路和没有解决的问题。由于一上课就回忆和思考需要迫切解决的问题，自然会很快进入角色。有经验的教师为了调动学生的注意力，尽快切入课题，往往上课一开始便会启发性地提出问题，引导学生思考，这时学生应顺着老师的思路，把自己带入课堂。**许多会学习的学生很注意听课的开头和结尾，其中，注意开头就是使自己尽快进入学习状态的有效方法。**

◇ 全神贯注地听课

有的孩子以为上课只要人进了教室，并且还做了课堂笔记，那就是参与课堂学习了。这实际上只是在外表形式上参与了课堂学习。少数学生在课堂上神情飘忽，东张西望；或者人虽端坐，却呆若木鸡，面部毫无表情；一些学生还可能上课做小动作、玩东西、讲话、传纸条、和邻座的同学挤眉弄眼、给老师或同学画肖像，等等。这些都是最为典型的人在课堂而神不在课堂。试想，这样的听课状态如何能实现学习的高效率？

心理学知识告诉我们：人在注意某一事物时，大脑皮层的相应区域就会产生一个优势兴奋中心，这个优势兴奋中心是大脑皮层对刺激物进行分析和综合的核心，因而能对注意到的事物产生清晰和完整的反映。同时由于兴奋与抑制的相互作用，大脑皮层其他区域所受的刺激在一定程度上受到抑制，因而会忽视同时存在的其他事物。如果大脑皮层同时有几个兴奋中心，就会出现注意力分散的现象，即通常所说的分心和走神。

牛顿在思考问题时把手表当鸡蛋放进了锅里，陈景润冥思苦想"哥德巴赫猜想"撞到树上还连声说"对不起"！这都是因为他们在思维活动中注意力高度集中（即专注）的缘故。专注是学习和思维活动中的一项优良品质，人只有在专注时才能进入最佳学习状态，思维才能高度活跃、敏捷，有时甚至会产生灵感。因此，**学生在课堂上应排除一切干扰，克服一切不良习惯，全神贯注地听好每一节课。**

◇ 掌握课堂注意力的调换

人的注意力不可能长时间地保持固定的状态，而是经常间歇地加强或减弱，这就是指注意力的稳定性。学生的持续注意力一般在 20 分钟左右，随着年龄的增大，注意力的保持时间也在延长。根据注意力的这一特点，有经验的教师常常在一堂课内以几种不同的形式组织教学，如讲授 15 分钟新课后，安排一定时间的讨论或进行随堂训练、穿插一些演示实验操作、在短暂的时间内以诙谐的语言调节一下课堂气氛以避免出现听课疲劳状况，维持注意力的稳定性。父母应教学生们掌握这一规律，主动跟上教师课堂上对注意力调换的节奏。

有的学生不重视注意力的调换，往往一堂课下来觉得很累。也有的学生注意力调换以后，不能随着教师的节奏重新回到原来的学习中来，如教师已经停止实验操作开始讲授新课，而这些学生的注意力仍停留在已做完的实验上，或是仍停留在教师安排的某些有趣的课堂插曲上，而不能根据新的学习要求，主动地将注意力从一个对象转移到另一个对象上。同注意力的稳定性一样，注意力的转移也是注意力的一项重要品质。因此，**学生在平时的学习实践中应有意训练自己的注意力，以培养良好的注意力品质**。

◇ 做到听和讲的同步

听课不专心，老师讲授的知识没有学会，考试自然不会得到高分。每堂课的教学内容、进度，是教师根据教学大纲的要求，课前就已经拟定好的。学生听课的过程中出现问题，若不能当即提问解答，可以先放下（如在有关问题的笔记处打"?"——存疑），继续听讲后面的问题。切忌死死纠缠着某一问题一个劲地往下想，结果中断了听课的连续性，造成一步掉队、步步跟不上，应使自己的听与教师的讲同步。至于遗留的问题，可以在其后适当的时候课内提出，或在课后与老师、同学讨论来求得解答，有的时候前面遗留的问题会在后面的听课中自动解决的。

> 礼仪提醒
>
> 实践证明，听课时存疑，带着某些问题听课，会使后面的听课更专注，思维更深入和活跃，且往往能提出一些较为深刻的学习问题。

3. 遵守课堂秩序十分必要

遵守课堂纪律是对学生最基本的礼仪要求。作为学生，应该在课上控制自己的一言一行，懂得尊重老师的劳动，尊重别的同学接受教育的权利。

然而，上课遵守纪律却被一些学生所忽略。有的学生甚至还把在课堂上公然违反纪律当作是自己个性的一种体现。其实这些学生在放纵自己的同时，也在伤害了老师的心。

一位小学语文老师讲："现在有的学生很聪明，领悟能力强。上课自己听懂了，就开始不遵守纪律，一会儿和旁边的同学说说话，一会儿又接接老师的话茬，老师除了要把课讲好外，还要花费许多心思用在维护课堂纪律上，有时候真觉得力不从心。更重要的是，课堂纪律不好会严重影响讲课的质量。"

另一位中学数学老师也说："有些时候老师在讲台上正讲得投入，学生却在底下开起了小会，不知是在讲笑话还是在干什么，逗得周围同学哈哈大笑，一点都不把老师放在眼里，每当这时候。我讲课的激情一下就全没了，感觉自己受到了伤害。"

学生违犯课堂纪律，主要是以下几个方面的原因。

其一，缺乏纪律观念，不知道该不该做，加上年龄特点——好奇，模仿力强。看见别人怎么做，自己也去做。

其二，缺乏自制力。这类学生知道自己所做的事情不应该，但是却控制不了自己，或者这一次教育改正了，下次又犯，无法坚持。

其三，容易受情绪的困扰。例如遇到挫折，压力过大，对教师的抵触等，这些都会导致学生上课不听讲，甚至严重违犯课堂纪律。

学生要做到遵守课堂秩序，必须做到以下几个方面。

首先，上课的铃声一响，学生应端坐在教室里，恭候老师上课，当教师宣布上课时，全班应迅速肃立，向老师问好，待老师答礼后，方可坐下。**学生应当准时到校上课，若因特殊情况，不得已在教师上课后进入教室，应先得到教师允许后，方可进入教室。**

其次，在课堂上，要认真听老师讲解，注意力集中，独立思考，重要的内容应做好笔记。当老师提问时，应该先举手，待老师点到你的名字时才可站起来回答，发言时，身体要立正，态度要落落大方，声音要清晰响亮，并且应当使用普通话。

再次，听到下课铃响时，若老师还未宣布下课，学生应当安心听讲，不要忙着收拾书本，或把桌子弄得乒乒作响，这是对老师的不尊重。下课时，全体同学仍需起立，与老师互道："再见。"

4. 课堂上应紧跟老师的思维

学生在课堂上一定要坚持集中注意力，在课堂上每一个45分钟都坚持紧跟老师的思维。要用一种坚忍不拔的毅力与意志控制自己的惰性，从而培养一种良好的听讲与学习的习惯。

为什么要强调紧跟老师思维去积极地听讲呢？因为学生只有采取积极的态度，充分地让大脑兴奋起来，而不是让大脑麻木地跟着老师的思维跑，或者开小差、打瞌睡，才能很好地、最大效率地提高听讲效果。**预习工作让学生对要讲的内容有了一个基本了解与理解，但不要松懈自己听讲的神经。**相反，通过预习后的听讲，自己要对"似曾相识"的内容有更深入的理解，并对每次讲解时重复的内容开始记忆、掌握。

听讲时很重要的一点，就是"超前思考、比较听课"。不仅要亦步亦趋地听老师讲，而且要深层次地紧跟老师的"思维"，即有时思路要走在老师语言的前头，特别是当老师提问或讲解例题时，自己要在知晓正确答案前，或老师在板书的较慢过程中抢先思考与运算。这样，不仅锻炼了思维的敏捷性，还有较强的成就感，从而提高听讲的兴趣。经过大脑思考过的东西，才能较扎实地理解并掌握。

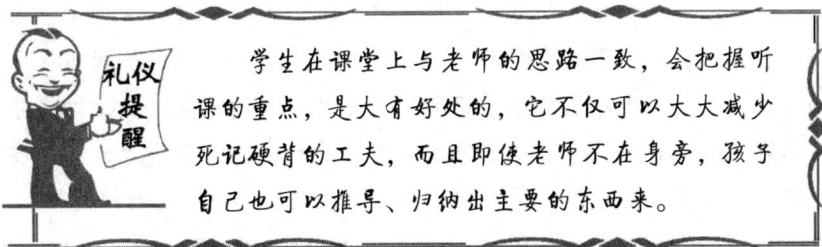

> **礼仪提醒**
>
> 学生在课堂上与老师的思路一致，会把握听课的重点，是大有好处的，它不仅可以大大减少死记硬背的工夫，而且即使老师不在身旁，孩子自己也可以推导、归纳出主要的东西来。

不少学生听课时不是埋头自思，就是埋头做笔记，思想不能与老师保持一致，这是一种很不好的听讲方法。**听课时，思想上必须与老师讲解的思路保持一致，听老师对事物是怎样分析、推理的，听老师解决问题用的是什么方法、技巧，听老师对问题有哪些提问和解释，这样才能把握住听课的重点。**千万不可脱离老师讲课的轨道，一旦脱轨，就会造成学习上的"翻轨"。

把思路理清，就是要在教师的启发引导下，搞清上课时的思维程序、思维形式、思维方法和思维规律，其目的是向老师学习如何科学地思考问题，以发现自己的思维能力和进一步提高学习效率。

上海市某优秀学生曾说："老师讲的大部分内容我已掌握了，但老师分析问题、解决问题的逻辑思维方法我还没学到手。我听课的目的，就是把自己的思维方法跟老师的进行比较，找出差距，培养自己的思维能力。"可见他已使思维从单纯地了解知识上升到学习抽象思维的高度了。

课堂上学生的思维活动要跟上老师的思路。有经验的教师提出问题、分析问题、解决问题，都有一套方法。他们的思路，是按照教材的系统，依据认识的客观规律的。**会听课的同学，一方面是学知识，另一方面就是学思想方法、学处理问题的能力。**

延伸阅读：

带着问题听课

学生带着问题听课适用于新授课、综合课。上课前要认真预习，阅读教材，把不懂的问题记下来。这样，上课时老师讲些什么，哪些自己已知道，哪些需要弄明白，可以做到心中有数。上课时，听讲就有了针对性，已经明白的问题听了等于复习一次。到自己不明白的问题，就听得格外仔细、认真。如果老师对这处难点讲得不细、不透彻，还可以在课堂上及时提问。自己不会的东西，也常常是大多数同学不会的东西，既代表了同学们的心声，又帮助老师了解学生情况，抓住教学中的重点难点。如果学生提的问题不具有普遍性，老师征求别的同学的意见，大家认为没必要在课堂上再讲一遍了，那也不要紧，学生还可以在课后再个别向老师请教。

5. 适应不同老师的讲课方式

听不同老师讲课就跟学不同学科一样，都要抓住不同老师讲课特点，唯有如此，才能取得最佳的学习效果。正所谓"知己知彼，百战不殆"。

每一位老师都有自己的性格特征，这种特征在很大程度上决定了他采取一种什么样的讲课方式。**不可能每一位老师都采取同一种讲课方式，而他的讲课方式也绝对不可能适合每一个人。所以，学生必须对各科老师做到熟悉和了解，适应他的讲课特点。**这样，听讲的时候，才能有效地沟通，提高学习效率。

以下介绍老师三种类型的讲课方式及学生的应对方法。

◇ 听"口若悬河型"讲课：宜事先抓重点

口若悬河型的讲课，一般可以分为两种：一种是以教科书的内容为主；另一种是以自己的备课笔记为主。但两者的共同特点都是讲起课来滔滔不绝，几乎不给学生自己思考的时间。

以教科书的内容为主的讲课，全部内容都在书本里，因此有的学生听起课来就不太认真，觉得听不听老师讲课都无所谓，反正都在书本上，自己一翻就什么都知道了。于是出现了这样的两种现象：一种是老师在课堂上讲，学生自己在底下看；另一种是老师在讲这一学科，学生在教科书的掩护之下，偷偷地学别的学科。这样造成的结果就是学生对老师持不屑一顾的态度，对于该掌握的知识往往掌握不了。

对于以自己的备课笔记为主的讲课，大部分同学的注意力和精力都会集中在记课堂笔记上。因为老师自己的备课笔记，虽然是以教科书上的内容为纲要，但随之也加入了不少自己总结归纳的东西，这些内容在教科书上找不到，所以，同学们都忙着记笔记。如此一来，虽然细节都记得清清楚楚，但是却往往抓不住重点。

为了适应以讲授教科书内容为主的老师，学生首先要做的就是端正态度。同样都是教科书上的内容，但老师讲解和自己看那绝对不是一回事。你事先必须花一番功夫做好课前的预习，对这堂课将学习什么内容，哪些是重点，哪些是非重点，做到心里有数。这样，在老师讲解的时候，适当地做些笔记就可以了。适应以讲授自己备课笔记为主的老师，同学们可以自己事先选购几本有关的参考资料，因为老师总结的许多知识都是参考资料上的。这样，在课前进行预习，对于即将要讲的内容有个大致的了解。如果时间允许的话，还可以将参考资料上一些自己认为比较重要的知识摘录到笔记本上，然后和老师所讲的进行对照。

礼仪提醒

在做笔记的时候，只要记录自己没有发现的一些问题就可以了。用节省出来的时间思考并消化老师所讲的内容，会大大地提高学习的效率。

◇ 听"脱轨型"讲课：要先细啃课本

所谓的脱轨型讲课是指老师越讲越偏离主题，以至于到最后跑得没边没沿，和所学内容一点都沾不上边。

听这样的讲课，学生往往不会觉得课堂枯燥无味，因为老师脱离课本，讲些让大家感兴趣的东西，甚至会引得同学们笑声不断。可是在笑过以后，下课了，就会发觉大脑里一片空白，这一堂课其实什么东西也没有学到。

遇到这样的老师讲课，导致许多学生的学习不见效率，这其中固然有老师的责任，但学生把自己放到了被动的地位，任由老师牵着鼻子走，也有责任。

如果能做到无论老师偏离主题多远，学生仍旧围绕中心运动，结果肯定就大不一样了。**学生首先应该做到在预习的时候详细地阅读课文，抢先一步，提前对老师即将要讲的内容有个大致的了解把握**。这样，无论老师脱离主题有多远，也都能清醒地把握住自己，知道自己在这一节课到底需要掌握一些什么知识内容。这样，学生就可以变被动为主动，而不至于被老师牵着鼻子走了。

◇ 听"飞弹型"讲课：要转守为攻

有的老师上课偏重于提问，对这种老师的讲课，称为飞弹型讲课。

飞弹型讲课中的提问可分两种形式，一种是按着点名册上的顺序进行"地毯式"的轰炸；另一种就是采用"突击式"，冷不丁地提问某个同学，让学生防不胜防，更无从做准备。

对回答不上问题的同学，有的老师会微笑着示意学生坐下，有的或许会随口批评几句。被老师提问，却又回答不上来，这被许多同学视为是丢面子的事情，觉得自己很无能。因此，有许多同学一遇到这样的老师上课就胆战心惊，生怕自己被提问到。

学生在课堂上有这种心理，就必然会影响到听课的效率，因为学生的大部分精力都在思考老师要是提问到自己怎么办，还怎样集中思想听课？

上课点名回答问题，是提高学习成绩最有效的一条途径。老师往往选择较具价值和代表性的问题进行提问，这可以加深同学们理解。虽然有许多同学对老师课堂上点名提问表示反感，但不得不承认的事实是，越是经常被点名的同学，他的实力就越是相对强一些，而且这种能力是不断增长的。

有的同学非常害怕被老师点到名，当老师点到别人的时候，就会长长地吁一口气，在心里暗自庆幸。他们为什么会这样呢？原因很简单，就是他们对老师提问的问题，不能确定是否能答得上来，心里没底，对自己没有信心和把握；**而一些经常被点名，并且也乐于被点名的同学，因为自己在课前花了功夫预习和做准备，在课堂上又认真听讲了，相信自己一定能够回答老师的问题，而且他们也把老师的提问当成给自己的一次机会。**若是学生一到上课的时候，就把头低得不能再低，怕被老师提问，这样逃避不是办法，日子久了，老师看穿了你的心思，可能就会不再提问你，那时你就永远地失去了机会。

礼仪提醒

老师提问问题，答对答错这并不是最重要的，没有哪一个人能保证自己回答得永远正确，错了又何妨？学习是允许人出错的。主动回答问题，这不仅是增加自己的锻炼机会，也是在储备实力。

6. 勤于动笔，认真做好课堂笔记

好头脑不如烂笔头。课堂笔记对巩固知识、锻炼记忆有很大帮助作用，做笔记要巧于记的时机和方式，不要只强调记得"漂亮"，更不能抄别人的笔记。

做课堂笔记是一个很重要的学习技巧。

笔记是一份永恒的记录，可以给日后温习带来方便。对于一些难度极大、需要课后反复思考的科目，这种方便性尤其明显。这份永恒的记录，可帮助我们克服大脑记忆方面的限制。一堂课下来，即使是再聪明仔细的学生，最多也只能回忆课堂内容的大概结构，大部分细节很快就会淡忘，特别是那些资料性比较强的内容（如图表、数字、公式等）更容易被遗忘。为了充分消化和理解，记录听课内容非常必要。

做笔记能充分调动耳、眼、手、心等器官协同工作，可以有效地帮助学习。表面看来，做笔记会妨碍听课——一边聆听，一边又要写，似乎永远都是比老师讲课落后，但只要能够处理得当，两者便可兼顾。

学生为了做好课堂笔记，应做好以下几点。

◇ 备足笔记本

学期初便应准备十多个较大的活页笔记本，保证每一科目至少有一个笔记本。不同科目的笔记本，大小可略有不同，但须保证笔记本的纸张充足。

◇ 做详略得当的提纲式笔记

做笔记不是要将所有东西都写下，我们需要的只是"详略得当"的提纲式笔记。

做笔记究竟应该完整到什么程度才能算详略得当呢？对这个问题很难作出简单回答。课堂笔记，最详可逐字逐句，有言必录，最略则寥寥数笔，提纲挈领。做笔记通常在这两种极端之间，笔记的详略要依下面这些条件而定。

讲课内容——对实际材料的讲解课可能需要做大量的笔记。

对讲授的主题是否熟悉——越不熟悉的学科，笔记就越需要完整。

所讲授的知识在教科书或别的书刊上是否能够很容易看到——如果很难从别的来源得到这些知识，那么，就必须做完整的笔记。

做提纲式笔记因不是自始至终全都在埋头做笔记，故可在听课时把时间更多地用于理解所听到的内容上。事实上，理解正是做好提纲式笔记的关键。

礼仪提醒

课堂笔记的内容一般包括这四个方面：一是老师讲的重点、要点、难点与疑点；二是基本理论和公式的解释、说明、推导与结论；三是基本观点、论据、论证；四是老师对某些新问题的新见解及老师对问题的分析思路、方法和技巧等。

◇ 科学分配注意力

分配听课时的注意力可分为三种方式。

● 把全部注意力放在做记录上。这时，记忆退居次要地位，听课几乎变成了听写，这样听课必然导致对很多问题缺乏理解。

● 用 50% 的注意力听教师讲解，用 50% 的注意力做记录。这样做，学生会理解并记住大部分内容。

● 用 90% 的注意力集中听讲，并积极动脑思考，只用 10% 的注意力做简要的笔记。也因为这个原因，我们主张学生在听课的时候记提纲式笔记。

◇ 层次分明，一目了然

好的笔记让人一看就知道这一节课解决了哪几个问题，重点是什么，难点是什么。这就要求：记录内容一定要有条理、有层次，分段分条记录，不要将几个问题掺杂在一段文字中。

◇ 多留空间

不要吝啬纸张，每页的上下左右，都要留适当空间，以便温习时加上自己的心得、疑问或者其他补充资料。此外，**绘图要大而清楚，论点之间要有充足的空位，以增强笔记的"视觉效果"，便于温习。**

◇ 利用符号和缩写

笔记通常都是只给自己看的，因而可以随意使用任何符号或速记办法，大大加快记录速度。比较常见的通用符号和缩写有：

∵ ——因为

∴ ——所以

＞——大于

＜——小于

＝——等于或与……相同

≠——不等于或与……不相同

◇ 准确记录

知识的第一印象很难改变。实验研究证明，一个学生在首次记录中发生错误，即使以后给他正确的信息，他也很难改正原来的错误。所以，做笔记时，资料一定要正确，比如抄板书时就要小心，不要错漏。此外，**下课后要尽快翻阅笔记，将不明白或不肯定的部分加上记号，并请教老师，及时补正。**

◇ 整理笔记

课堂笔记要尽快整理，使要点突出，这对巩固知识十分重要。笔记的充实整理包括两点：一是把课堂上漏记或记错的内容补充上去或改正过来；二是理清纲目，突出重点、难点，用概括的语言将本节学习的内容串联起来，使记笔记成为一份经过自己提炼加工的、深化的和系统化的复习材料。

◇ 创造乐趣

要设法从整理笔记中找到乐趣，因为笔记本并不是把老师讲课内容作机械记录的载体。可以把参考书上查到的事、报上剪下的资料都收进笔记本中，如此"多姿多彩、变化丰富"，整理笔记就成为一件兴味盎然的事了，你会乐此不疲。

尤其是历史科，整理时要把它分为两大部分。

● 左页记录自己研究过、整理过的内容。

● 右页列出听课时整理的重点。这样，翻到任何地方，各种内容都能"尽收眼底"，对复习、考试都会有很大的帮助。

> 礼仪提醒
>
> 对某门学科特别擅长的同学所记的那门学科的笔记，肯定整理得和别人不太相同，青少年学生不妨向他们借阅笔记本，多多观摩。注意他们如何捕捉重点，编排方式有什么特别之处，然后把优点吸收，作为以后自己记笔记的珍贵指南。

7. 改掉课堂听课中的坏毛病

上课听讲，其目的是通过听课学到知识，认真和专注是听课的正确态度，任何错误的行为或习惯都会对听课造成不利影响，因此必须要加以摒弃和纠正。

为了充分利用课堂45分钟，学生一定要克服课堂听讲中常见的坏毛病、坏习惯。这些坏习惯可以归纳成以下几类。

◇ 认为某个科目沉闷而弃听

学生一旦认为某堂课不够生动，便立刻"关掉"自己的耳朵，不去聆听。这种举动通常都是基于无知，而不是理智。

一个好的聆听者，即使面对着看来十分沉闷的一堂课，也会细心聆听，以找出重要的资料及思想。

◇ 对老师有偏见而不听

学生可能喜欢挑剔讲课者的不是，如衣着落伍、声调呆板、乡音未改等，从而推断：这样一个老师，说不出什么重要的东西。抱着这种偏见去听课，不可能取得良好的效果。

一个会听讲的学生，知道授课不同于时装表演，知道人无完人。他会仔细地寻找知识，而不是把注意力放在挑老师的毛病上。

◇ 只听热闹，不想门道

学生要是只听事例，对原理、定理等，却认为只不过是其他人的看法罢了，不屑一顾，恐怕就有麻烦了。

一个会听讲的学生，希望看到事实怎样印证原理，例子怎样印证定理，论据怎样印证论点等。因为事实的重要性只在于它能联系原理、定理等。

礼仪提醒

有些同学贪图舒服，无所用心。懒于理解老师讲课的复杂理念及论证，认为太过于麻烦及辛苦。须知学习不是娱乐，一个会听讲的学生，要充满求知欲，渴望了解并掌握老师证明论点的方法，不会害怕复杂、艰深的理念。

◇ 过分反应，因小失大

学生可能由于不同意课堂上老师的某个说法，以致错过了其余的课堂内容。

一个会听讲的学生，会用理智而不是情绪去聆听。不同观点暂且记下，待有适当机会才发问，决不影响听课。

◇ 千篇一律的笔记方式

学生可能尝试将每堂课用同一个笔记形式记录。由于只顾笔记的外观，而忽略了笔记的内容。

一个会听讲的学生，会因科目及授课形式的不同，来选择不同的笔记方式。

◇ 对敏感的字眼过分反应

学生可能一听到敏感的字眼，如"宗教""赌博""娼妓"等，便反应过敏，血压上升，甚至发火，聆听亦会结束。

一个会听讲的学生，即使听到一些敏感的字眼，仍会留心听下去，以便理解老师讲课中阐发的理念和论据。

◇ 三心二意，浪费思维速度

思维的速度比讲话的速度要快 4 倍以上。学生若因为这个事实，在听课的空隙胡思乱想或解决个人问题，结果打乱了听讲的思路，以致再也跟不上老师的速度，只好将余下的课堂内容放弃。

一个会听讲的学生，会利用他的思维速度及课堂上的停顿，去区分重要理念及有关的支持论据，将重点快速总结，并预测老师讲课的下一个要点。

◇ 人在曹营心在汉地假装听

学生的眼睛在望着讲课的老师，而心早已飞出了课堂。你认为回家看教科书完全可以代替课堂听讲。

一个会听讲的学生，知道每一堂课都很珍贵；知道每一堂课都是老师殚思竭虑精心准备的，其中有些东西在教科书里是找不到的。

◇ 心浮气躁，易受干扰

学生经常把附近的小干扰作为借口而不认真听课，如教室外的脚步声、咳嗽声、开门声、邻近球场打球声等。其实，这是心浮气躁的表现，如果学生能够全神贯注地听课，就是在抗拒各种干扰。说到底，要善于"驾驭"自己的心，锻炼自己的抗干扰能力。

延伸阅读：

课堂拒绝手机干扰

随着生活水平的提高，手机已经成为了再平常不过的通信工具。这种普及性不仅体现在成年人中，还在学生群体中不断蔓延。手机在给我们提供方便的同时也引发了一些不容忽视的问题，许多学生把手机当成了即时玩具，上课发短信、玩游戏、上网……手机污染已经成为课堂上不协调的景象。

目前中小学生中拥有手机已不是少数，他们用手机发短信、聊天、玩游戏……在学生手中，手机是多种功能的集合体，既是通信工具，也是玩具。

下午上课时间，老师在讲台前滔滔不绝，学生在座位上正襟危坐，从前方一眼望到后，一群很听话的学生，时而低头整理，时而抬头望师，仿佛完全融入了课堂；但从后面望，一群"聚精会神"的学生陆续地做着同样一个动作——低头发短信，而所谓的抬头只是在等待下一条短信的来临。

面对越来越多的课堂"拇指一族"，老师和学生更多的是反感。某重点中学高一学生曾峥就曾对记者说：

"我的同桌整天离不开手机，无论是上课下课，他总是在聚精会神地发短信，不知道哪来那么多短信要发，有时无聊了还玩手机里的游戏。虽然他把手机声音调到了振动，但是来短信时一振一振的，对我听课还是有影响。我觉得中学生用手机并没有什么，但是上课应该关机，不能打扰老师和同学。"

作为一个学生，杜绝课上用手机发短信或玩游戏不仅是学生与老师之间的相互尊重，更是人与人之间最起码的礼节。包括成年人都应该懂得这样的道理：开会、听课和一些安静的场合不应该使用手机，或者至少把手机调到振动，不随意接听电话。

二、参与课堂讨论的礼仪

1. 课堂讨论有助于活跃思维

课堂讨论学习，就是在课堂中用集体讨论方式进行学习的方法。学习实践证明，课堂讨论学习是合作学习中最基本的、也是最有效的方法。学生在学习上不能固步自封，闭关自守，应多与人讨论、交流。俗话说，理愈辩愈明。经过讨论及争论，即使很难很模糊的问题也能得到圆满的解决。

课堂讨论学习之所以有效，是因为：一个人的思路较窄，往往是能用一种方法解决问题，就不愿意再去想第二、第三种方案。几个人一起讨论，各自说出自己对问题的理解和解决问题的方案，可以集思广益，互相启发，使人一而再、再而三地重复考虑同一问题，从不同角度理解和解决同一问题，自然会使问题在大脑中留下较深刻的印象。讨论过程中，难免会有不同意见的争论或辩论。争论或辩论中，双方的大脑细胞都处于高度兴奋状态，一切能够为自己观点服务的知识都调动起来。肯定性意见，能强化原有思维链条的作用；否定性意见，可以使原有思维链条受到振荡。这种争论或辩论中的积极思考，可以增强记忆。在讨论过程中，通过对比、竞争，可以激发学习积极性，展开无形竞赛，提高记忆的主动性。

◇ 用争论增强效果

课堂讨论中的争论为什么能增强学习效果呢？这是因为，在争论一些问题时，大脑处于兴奋状态，争论越是激烈，就越能促使双方回忆识记过的材料。这样，在争论中，双方都加深了印象，错误的得到纠正，正确的得到承认，记忆由此得到了巩固。教育家加里宁对于争论曾有过精辟的论述。他说："当你们独自阅读时，你们只了解到一面。即使了解三面，还是没有了解到第四面。最后把四面全都了解了，可是哪知这东西不是平面，而是一个立方体，总共有六面。所以同别人一起讨论，能把思想磨炼深刻，能使思想丰富起来。"实际情况正是这样。**交谈争论某个问题，就等于一边在提取记忆，一边在检查记忆的准确性，同时又在贮存新的知识。**

再则，即使记得正确的知识，与人交谈争论也会延长贮存期。这是因为争辩强化了你头脑中对这一知识的记忆。

◇ 用辩论达到迅速进步

著名科学家杨振宁说，美国的教师鼓励学生提问，鼓励向最了不起的权威提出怀疑。美国的学生在学习中热衷于吸收各学科的成就，热衷于辩论，从而获得迅速的进步。而中国的学生在学习中往往是全盘接受，他们的老师就不喜欢学生的想法与自己有稍稍相悖之处，学生们习惯于接受而不习惯于怀疑和考证，他们以拥有丰富的知识而自豪。因此，杨振宁主张，中国的学生应该学习美国学生那种敢于怀疑、敢于创新，以兼收并蓄为主的学习方式，应该勤于辩论，把辩论放在与学习同等的地位上去。

◇ 用议论发展智力

所谓议论就是用讨论、议论的形式进行学习。培根所说的"会谈使人敏捷"，就是针对这种学习而言的。

用于读书学习的议论方法也称议读法。这种方法的主要价值首先在于它可以把自学发展为互学，扩大见识，加深理解，彼此提问，各抒己见，互相启发，能弥补独立阅读的不足；其次，可以发展评论和批判的能力，培养敢于思考、敢于争辩的性格。在议读时，要迅速明确议题的要点，迅速组织论据，具体论证，敏捷表达，这是发展智力的好方法。

2. 研究讨论有利于发挥创造性

研究讨论法的基本意思是指根据具体学习内容和学习目的，提出富有思考性的研究题目，先由学生个人独立思考、研究，然后互相研究，得出初步的认识、理解、判断和概括，再共同归纳、总结，得出正确答案，纠正错误，从而完成具体学习任务。

主要步骤如下：

◇ 第一步：提出问题

旨在创设主动探求的情境，活跃思维，使每个学生都感到利用自己已有的知识已无法解决当前面临的矛盾。

◇ 第二步：独立思考

带着问题，开始寻求解决问题的途径和方案，其主要活动是有针对性地阅读教材和参考书，从已获得的知识出发，借助联想，找出新旧知识间的联系，并创造性地运用基础知识。

◇ 第三步：互相研究

互相研究的具体形式可以根据研究内容的具体情形来确定。**展开研究的主要作用在于互相开导，以高带低，共同提高。**

◇ 第四步：回答问题

学生在互相研究的基础上各自说出自己的研究结论，没有找到结论的可以提出自己的疑难所在。

◇ 第五步：总结提高

对探求的结论进行分析、综合和归纳，把个别的、具体的结论变为系统化、条理化的知识。

延伸阅读：

实施研究讨论法的注意事项

实施研究讨论法时，需要注意以下几个方面。

一是确定的研究内容和要求要因学习目的不同而异。学习新知识，要围绕深入理解新知识而确定研究的内容；

二是以练习为主的学习，可以围绕一个或几个问题，从不同角度用多种方法处理问题而确定研究的内容；

三是以复习为主的学习，则围绕系统整理学过的知识而确定研究内容。确定的研究内容应与学科内容相符。每门学科要求研究的问题应当基本包括该学科所特有的各种类型的问题，并有利于孩子创造性的发挥。

3. 问题讨论广开信息交流

问题讨论是指围绕一定问题，通过共同讨论，获取知识，完成学习任务。

问题讨论法采取多向交流形式即教师和学生、学生和学生在一起共同展开讨论的形式进行，它是一种从学生集体内部、学生和教师之间的相互关系出发提出的一种综合性学习方法。该法的特色在于：**学习过程中教师与学生之间、学生与学生之间相互对话、相互呼应，广开信息交流的渠道，形成一种开放式的信息交流网络。**

实施问题讨论法的要点是：

● 提出问题，要从教材和学习者的实际知识水平出发，要能诱发学生积极参与学习过程。

● 进行讨论交流时，要注意把握时机，把讨论引向深入。

● 交流讨论的重点要放在教材中的重点、难点以及自学中发现的问题上，不能纠缠于知识的细枝末节。

4. 自学讨论使交流更加富有成效

自学讨论法的主要意思是：在个人自学的基础上以讨论的方式与他人交流学习心得或体会；彼此提出自学中所遇到的各种各样的问题，然后共同排疑解难，有针对性地进行探究。

自学讨论法的主要步骤是：

◇ 第一步

按自学提纲通读教材，了解教材的基本内容或概况。

◇ 第二步

提出讨论题，根据讨论题精读教材。

◇ 第三步

展开讨论。形式一般分为个别交流、小组交流和全体交流。

◇ 第四步

共同总结。运用自学讨论法必须注意以下几个方面的问题。

①自学情况的交流讨论要有步骤地逐项进行。**当学习内容比较简略时，可选用个别交流和小组交流的形式进行。**

②当学习内容较为复杂、疑点较多时，可采用全体交流的形式。

③学生要善于运用自学方法，确定自学的步骤，开展边读、边思、边议三结合的自学活动。在讨论交流的过程中，把读、思、议有机地糅合在一起，使交流更加富有成效。

5. 自觉地参与课堂上的讨论

积极参与课堂讨论，是活跃学生思维的有效方式，还能使学生体验到课堂学习的情趣。学生一定要珍惜讨论的机会，不做局外人，不闭关自守，自觉参与到小组讨论或全班讨论之中。

课堂上，我们常常会发现一些同学在回答问题或参与讨论时当"收音机"，不做"扬声器"。其表现为态度冷漠，对提问与讨论无动于衷或答非所问，思维进程总是落后于别人。要想在课堂上取得好的成绩，就要积极地参与课堂讨论。有经验的老师一般是不会把问题讲得非常明白透彻的，而是要同学们自己去探索，这样得出的结论才能够印象深刻。课堂讨论就是其中一种很有效果的办法，深受老师和同学们的喜爱。一位同学提起课堂讨论就禁不住眉飞色舞地说："积极参加课堂讨论使我真正自觉地融入到课堂中去，感觉自己真成了学习的主人，学习的效果特别好。"

因此，学生应以大无畏的精神，积极地参与到课堂讨论中去。不管参加哪种类型的讨论，都要认真做好充分的准备。要注意以下几点：

查看课程表，看看明天学的都是哪些课程，做到心中有数。

预习课文，找出不理解之处，做好标记（可标在课本上，亦可记在笔记本上）。

先分析一下课文中的重点内容，并记在笔记本上，当参与讨论时把自己的分析与别人的分析进行比较。

讨论的问题如果较多，可按重点问题的先后顺序排列，自己先试想一下解答问题的顺序、方法，记在笔记本上，做到多而不乱。

延伸阅读：

课堂讨论要讲礼貌

学生在课堂讨论中要有礼貌，禁用过激言辞，发言要清楚明白，有条有理，力求言之有据、声音洪亮，使人心悦口服。参与课堂讨论，站起来回答问题，对学生是一个很好的锻炼机会。答对了，得到老师、同学的肯定和鼓励，加深印象，有利于知识的巩固；答错了，经过老师的指点和同学的修正补充，有利于学生的进取。学生要大胆发表自己的见解，只要言之有理，相信老师和同学是会欢迎的。

当老师一提出议题，就要立即开动脑筋，积极思考，打好腹稿，准备发言。如果议题较大，可以先写出发言提纲，把要点列出来。这几种准备，并不是一成不变的，可让孩子根据自身情况灵活运用。

课堂讨论能促使学生积极思考，加深对所学知识的理解。即使发表的意见不对，也能及时发现自己的弱点，及时克服。讨论时学生听取了各种意见，自己容易受到启发而产生新的创意。讨论还能锻炼一个人的口头表达能力，提高人的辩论能力。

三、下课与课间活动的礼仪

课间休息的时间大概有十分钟。然而就是在这短短的十分钟里也有很多礼仪要求。例如，课间举止要文明，不准在走廊里乱跑乱撞，追逐嬉戏，大声喧哗；课间休息时可放松身体坐在座位上休息，也可到走廊里远眺让眼睛放松一下，但是不准在教室里打闹；在通道里遇到老师时，要主动给老师让路，并面带微笑地跟老师说："老师您请。"课间活动要文明高雅、相互谦让、注意安全，还要留够充足的时间给下节课作准备。

1. 有序下课，不争不抢

听到下课铃响时，若老师还未宣布下课，学生应当安心听讲，不可着急收拾书本，或把桌子弄得乒乓作响，这是非常不礼貌的举动。下课时，全体同学仍需起立，与老师互行注目礼，然后说"老师再见"，待老师离开教室后，学生方可离位。具体为：

下课铃响后，若老师还未宣布下课，学生应安心听讲或写作业。

不可故意发出任何声响来暗示老师。

有的同学没等老师讲完，就忙着收拾书本，关铅笔盒，收拾书包，弄得乒乓作响，这是对老师极不礼貌的行为。

当老师示意下课后，班长号令"起立、立正"，老师喊"同学们再见！"同学们喊"老师再见！"待老师示意解散后方可休息。

不能当老师一宣布下课，就"哗啦"一声拥向教室门口，你推我挤地争先跑出教室。

如果看到老师讲台上有作业本、地球仪或其他教具，课代表或其他同学要主动向前，帮助老师一起送回办公室放好。

若有其他老师前来听课，待听课老师离开教室后，学生方可离开。

礼仪提醒

铃声一响，有些同学就像出笼的小鸟一样，急急想飞出去。以为下课后便自由了，不管不顾地向教室门口冲去。殊不知，这样做不仅是对老师及其他同学的不尊重，而且也破坏了自己的好形象。

走出教室的顺序应该是老师先行，至少是当学生与老师同行时，应主动让老师先行走出教室门口，同学之间也应互相礼让，而不能拥挤。即使马上又要到另一座教学楼上课，也不应着急，从容有序才是学生应有的文明行为。

在走廊遇到客人和教师时，要按行走方向靠右侧面向客人、教师站

立，双手自然前握，向客人、教师问好、行礼。若在门口应主动为客人、教师开门，待客人、教师走过后，方可再行。

在走廊或楼梯，要自觉靠右侧行走，脚步要轻快，不出任何摩擦声，并做到以下几点：①不大声说话；②不喧哗，不喊叫；③不跑跳、不在走廊嬉戏玩耍；④不拉横排、不扯手；⑤不打口哨、不出怪声；⑥不吃零食、不扔果皮、不随地吐痰；⑦不到其他班门口找人；⑧不与外校人员接触；⑨不敲敲打打，爱护公物。

2. 上下楼梯，避免拥挤、奔跑

上下楼梯步伐要轻，注意姿态、速度，不能拥挤、奔跑。

上下楼梯，靠右通行，不应多人并排行走。这是国际通行的惯例。要坚持自右侧而上，自右侧而下的原则。这样一来，有急事的人，便可得以快速通过。

乘坐滚动扶梯要遵循靠右站立的原则，左侧留给急行的人。

引导受尊重的人，比如校领导、老师等上楼梯，请对方走在前面，下楼梯自己走在前面，这样可以保证对方的安全。

要减少在楼梯上的停留时间。**楼梯多是人来人往之处，所以不要在楼梯上休息、站在楼梯上与人交谈或是在楼梯上缓慢地行进。**

上下楼梯，应保持与前后人员的距离，以防碰撞。

若携带较多物品上下楼梯应等楼梯上人较少时再走，以免相互影响。

要注意礼让。上下楼梯时，千万不要同他人争抢。出于礼貌，可请对方先行。

上下楼梯时，头要正，背要伸直，胸要微挺，臀部要收紧，膝盖要弯曲。

3. 课间休息，积极地放松大脑

课间是同学们上过课后休息的时间，而在这短短的 10～15 分钟里也存在着很多礼仪问题。那么课间都有哪些礼仪要求呢？

上课时由于用脑时间较长，心跳减慢，大脑供氧不足，就会产生疲劳和困倦，从而使视觉和听觉功能受到影响，思考、理解和记忆的效率大打折扣。若不很好地休息一下，就会严重影响学习效果和身体健康。可是有的同学喜欢利用课间读书或做练习题，不愿到室外活动，认为那是浪费时间，这种做法是得不偿失的。

课间宜做如下活动，放松自己。

一是室外望远。眺望远处树木或建筑物，对放松眼部肌肉，预防近视大有益处。

二是做一遍眼保健操。这样，既做到了课间的轻松休息，又锻炼了身体，实为一举两得之措。

三是散步。边走边做深呼吸，同时用力摆动双臂，再做前后屈体及转体等腰腹部运动。这样，既活动了全身肌肉，又使血液循环加强，增强了新陈代谢。

四是做些体力负荷不大的游戏。做一些这样的游戏既能活动身体，又能调节神经。

五是跳绳、踢毽子、跳皮筋。这类活动适合在冬天进行。

课间10分钟的活动，主要是为了消除疲劳，改善大脑功能，为下节课做好准备。因此，切忌运动量过大，乃至大汗淋漓。应当注意的是，在上课前1～2分钟应停止运动，进入教室，做好听下一节课的准备。

4. 课间运动，消除上课疲劳

课间运动是学生时代一项重要的活动，也是劳逸结合提高学习效率的主要手段。校园里除学生外，还生活着许多教师和工人，他们都在为培养大家辛勤地工作着。老师的生活和工作方式与学生不尽相同，况且我们每个同学的生活方式和习惯也不尽相同。但个人的运动不能给他人带来不便。因此，课间活动必须遵循一定的礼仪，否则就会影响他人学习、生活和工作，甚至会造成场地、设施损坏。

课间运动以不影响他人、不损害场地及设施、不破坏环境、尊重所有人和物、有益于身心健康为标准。

◇ 不影响他人

课间 10 分钟的时间，是供同学们上卫生间，或放松身体坐在座位上休息的，也可到室外远眺让眼睛放松一下，呼吸新鲜空气或做简单的活动调整，以便下节课能更集中精力听课。上述同学的课间 10 分钟，有的在教室里嬉戏打闹、踢毽子、大声喧哗，甚至碰倒桌椅板凳，显然是不合适的。因为这既影响课间其他同学、老师休息，也影响楼上、楼下或相邻班级或办公室的工作，更有可能损坏桌椅板凳或其他教学设施。

◇ 到合适的场所运动

课间运动（特别是有器械的活动）一定要到指定活动场所去。在教室里或楼内踢毽子、打羽毛球，甚至踢足球，这显然不是一名高素质的学生的行为。如此做既损害了设施，也影响了他人。还有的同学带足球在路上踢，既影响行人交通，又会损害路边花草树木和路灯等公共设施。

◇ 爱护环境

同学们应爱护运动场所环境，保持干净、整洁，不在运动场所乱扔垃圾。喝剩的饮料瓶、矿泉水瓶等应带到指定垃圾点堆放，嚼过的口香糖应用纸包好放到垃圾筒里，不应留在场地，否则会影响环境卫生，影响他人运动。

◇ 运动有度

一是指运动量，课间时间短，大运动量后没有时间休息，会很疲劳，因此，不要剧烈运动，影响下节课学习；二是运动时间有度，不能因运动迟到甚至旷课。

5. 课间上厕所的礼仪

每到课间，都是厕所最"繁忙"的时候，此时，不起眼的如厕也有要注意的事情呢，比如：遵守秩序，不要拥挤，不要插队；注意不要将排泄物弄到便池以外；将厕纸放到指定位置，不要随意丢进便池，以免堵塞，给后面的人带来不便；动作要迅速，节约时间，给后面的同学提供方便。

当你用完厕所，就要即时放水冲洗。有的地方，即使贴了告示，有的同学还是一走了之。大家应知道，这是个坏习惯。所以，同学们一定要相互提醒才是。

另外，大家还应注意：用洗手间时要关门，用完洗手间时不用关门。

四、图书馆和阅览室学习的礼仪

1. 穿戴得体，遵守秩序

◇ 衣着整洁

学生在去图书馆时，一定要衣着整洁，遵守秩序。

有些同学喜欢穿着拖鞋、背心、短裤去图书馆，这样的打扮实在是"有碍观瞻"。女生最好不要穿高跟鞋。当然爱美的女生穿得过于"凉爽"也不太适合图书馆的气氛。

◇ 排队等待

青少年进入图书馆，不要拥挤，要依次排队，循序进入。借书还书时，也要注意排队。若工作人员忙不过来时，宜耐心等待。排队等待时，可以先把书翻到有条码页，以便节省工作人员时间。

◇ 不要为人预先占座

不要为自己的同伴预占位置，也不要去抢占暂时离开的读者的座位。

占座事小，影响却大。曾经有调查显示，有多达 86.3% 的学生都有过在图书馆或阅览室占座的经历。对于很多同学来说，占座的初衷也许是为了自己能有一个良好的学习环境与读书氛围，这本来无可厚非。但如果占着座却又空着座，这不仅浪费了"座位资源"，而且也损害了其他人的权利。

2. 安静为要，轻字当先

在图书馆里，走路脚步要轻，不要高声谈笑，尽量少说话；避免将座椅弄出声响；保持座位上的干净、整洁，不吃有果壳的食物。有些同学利用阅览室休息、打瞌睡，这样不仅占用了座位，也会影响周围的同学阅读，应该避免。

在图书馆里不要窃窃私语，更不要大声喧哗、打打闹闹。不能利用阅览室的座位休息、打瞌睡、睡觉。女性不宜穿着高跟鞋走动，"笃、笃"的脚步声在这里并不悦耳；移动椅子动作轻柔；说话、打手机也应尽量避免；不应带进食物或吃零食。碰到熟人时点头致意，如需交谈，应及时离开阅览室。

图书馆和阅览室是公共学习的地方，因此，每一个进入该地的成员，都要遵守相应的规章制度。走动时脚步要轻，以免影响到别人。

3. 爱护书刊，文明阅读

爱护图书应该是每个同学必须具备的行为准则。图书馆的书籍是公共财产，绝不能为了个人方便而随意损毁。阅览时不要往书本上画线，不要折角，更不能撕页。看书之前最好洗一洗手，以保持书的整洁。看书时需要记住哪一段，可以抄录下来，也可经允许后复印，但绝不能撕下。

查阅图书目录时，注意不要把图书卡片搞乱了，也不要在图书卡片上涂抹写字。**图书应逐册取阅，阅后立即放回原处。**同时占用多本图书，会影响别人的阅读。爱惜书刊，不损坏图书，不撕插页，不在图书上乱涂乱画，不折角，更不擅自带走图书杂志。同时，爱护图书馆里的公共设施，保持图书馆里的环境卫生，并听从图书馆老师的管理。

最后需要注意的是，离开阅览室时，应把自己的位子清理干净，将座椅向书桌靠右。

礼仪提醒

另外，在阅览室看书时，应一本一本地取下来看，不要同时占用几份书刊。阅读后要及时将书籍放回原处，以便他人阅读。

4. 及时还书，方便他人

借阅图书要及时归还，以便于其他人借阅。有的同学借到了心爱的书籍后，不仅爱不释手，迟迟不还，甚至还会将其据为己有，这是缺乏社会公德的表现。

有个别人借了一本"热门书"总想占为己有，迟迟不还，这也是缺乏社会公德意识的自私表现。当你借到一本书时，要抓紧时间看，并按时归还。心里应有"还有好多人也想看这本书"的观念，要多为别人着想。

借阅图书时，要看清注意事项和借书条上的要求，然后填写借书单。递交借书单后要耐心等一会儿，不要站在出纳台前催促。借阅图书要按时归还。

现在，一般图书馆中都有复印、照相等业务，如果因学习和工作需要某些资料，完全可以通过进行静电复印或照相获取，没有必要借书不还。

五、和同学结成学习伙伴的礼仪

同学之间，应该既是互相竞争的学习对手，又是互相促进的帮助伙伴。学生在中考与高考等的关键考试中，每个人都会面对优胜劣汰的选择，很多学生因此摆错了与同学们的关系，一味重视竞争、视所有同学为对手，因而缺少理解、合作和帮助。这对高效学习是不利的。学会在合作中促进学习，在学习中促进合作，既以积极的姿态欢迎竞争，又以友善的态度向他人学习，取长补短，这才是高效率学习的捷径。

1. 选择学习榜样，共同学习进步

每位学生都应该设计自己的座右铭来激励自己，树立远大的理想，确立明确的学习目的，获得学习动力。

座右铭上要写清三部分内容。

其一，自己最崇拜的人的名字。

其二，自己要追赶的同学的名字。

其三，针对自己思想弱点写一句医治这一弱点的格言。

假如某学生期中考试在班级排第40名，那么其合理的期末奋斗方向就应是追上第30~39名同学，能超过他们，你成了第30~39名，就是进步。

这样的竞赛，这样的追赶，取胜的希望值大，也就更能激发学生的学习积极性。

倘若鼓励第40名学生经过两个月的努力成为第10~20名学生就不太现实。因为同在一个班、同样的老师教，前面的学生一直努力，第40名学生以前也不是没努力，他自己也会感到两个月进入10~20名是开玩笑。由于根本没有可能达到那个过高的目标，目标便失去了激励意义。

追赶紧挨着自己的那些同学，这本身就是对自己的一个刺激，因为他的内心深处也一定不服这些同学。

"我以前比他们强，这次考试，我没认真复习政治，结果总分比他们少了3分，下次我一定能超过他们。"只有具有这种不服气的心理才容易激发竞赛的积极性。

许多先进学校、先进教师的经验都告诉人们：同龄人中的典型对学生更有说服力，这样的榜样会激励他们对比：人家能办到的事，我怎么不能。中国科技大学少年班的孩子们所以能够比别人早几年就进入大学，最重要的内部动因就是他们"心中都有一个他"。学生们都应从同龄人中选择学习的榜样，用他们的事迹来激励自己。这样的榜样离自己越近，激励作用就越大。在同龄人、身边人一点一滴的激励中，自己更远大的理想才有基础，才能逐渐实现。

许多人都说，学生阶段的朋友将成为我们一生的朋友。青少年学生处于一个特殊的成长阶段，他们需要更多的奋斗，也注定会经历许多伤害与挫败。因此，**学生在这个时期还需要与同学、朋友频繁而深入地交流，而就是这些甘苦与共的学习经历，足以成就许多一辈子的朋友**。今后，当要认真奋斗或遇到挫折时，不妨转过头去，给同行者一个微笑、一声问候，这样人生旅途也将更精彩。

2. 在学习中积极地相互支持

构成合作学习的重要因素就是积极的相互依靠、相互支持。没有相互依靠、相互支持，就没有合作。在合作学习的情境中，学生们有两个责任：一是自己学会所布置的学习材料；二是确保所有的小组成员都学会所布置的学习材料。这两项责任的技术术语就称为"积极的相互支持"，也就是"人人为我，我为人人"。

在合作学习过程中，要认识到，自己不仅要为自身的学习负责，而且还要为自己所在小组的其他同伴的学习负责。因此，**必须将自己的努力跟其他组员的努力协调起来以共同完成某个预定的学习任务**。

怎样才能形成积极的相互支持呢？简单地分组、一起活动不一定完全奏效。在一个小组中，以下的方式有助于积极的相互支持的构建。

◇ 设定相互支持的目标

为了使大家理解合作学习，小组成员之间应形成一种休戚与共的关系，并且关注彼此的学习状况，这就需要确立一个明确的小组目标，如："学会老师布置的材料并确保所有的小组成员也都学会这些材料。"小组目标其实就是一堂课的组成部分。

◇ 给予相互支持的奖励

当小组达到预定目标时，每个组员都可以得到相同奖励。每个人都可能希望增加共同的奖励来补充目标相互依靠。有时候，老师或者小组成员自己可以给整个组的成果论定一个小组分数，每个人的成绩则从测验中得出。假如全组成员的测验分数达到或高于某个标准，就可以再加分，或每个小组成员都可以获得额外的休息时间或一枚五角星等奖励。这样，就打破了由好同学包揽一切或小组成员各自为政的格局，可以推动小组成员互相帮助、共同进步。经常用这些方式庆祝小组的努力和成功可以提高合作的质量。

◇ 互相分享资源

由于每个组员只能获取完成任务所需的部分资源，因此必须将各个成员的资源整合在一起才能完成任务。如果要使合作关系更加有效，就应该集中各自有限的资料，互相分享资源，然后把这些资源集聚起来。

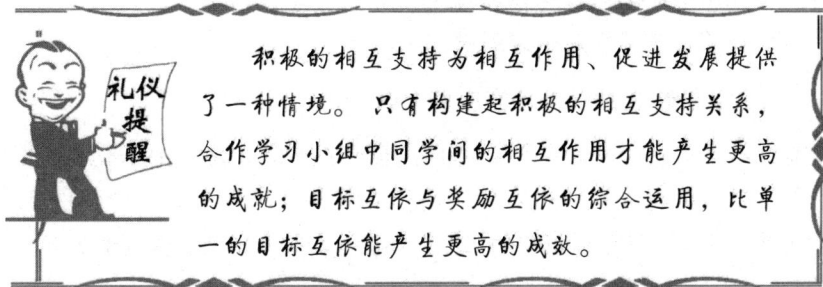

礼仪提醒

积极的相互支持为相互作用、促进发展提供了一种情境。只有构建起积极的相互支持关系，合作学习小组中同学间的相互作用才能产生更高的成就；目标互依与奖励互依的综合运用，比单一的目标互依能产生更高的成效。

积极的相互支持能引发小组成员为达成小组目标而互相关心、互相鼓励、互相帮助，即成员之间更加有效地互相交换所需的资源和信息，并积极加以处理；能给其他成员提供反馈，以提高他们未来的学习绩效；对其他成员的结论和推理过程提出质疑，以提高对所考虑问题的决策质量和思考深度；在行动中表现出信任他人和值得他人信任的品质，会激励大家为共同利益而奋斗。

3. 在合作中学习，在学习中合作

合作学习并非仅仅是学生们围坐在课桌旁，边做作业边说话，合作学习也不是学习小组在一起完成学习任务，由一个人承担全部作业，其他成员各行其是，最后大家都签上名字上交了事。真正的合作学习是要求学生们在身体上接近别的学生，而且还应共同讨论，彼此帮助，相互依赖等，这些对于合作学习来说都是十分重要的。

合作学习的核心是建立合作学习小组。日常学习中，学生经常在老师的组织下进行讨论，不过不难发现：当同学之间意见一致时，讨论就无法继续下去；只有当同学之间意见相反或互为补充时，讨论才能展开。因此，只有把有差异的同学组织到一起，才有合作学习的可能。

到底应该如何建立合作学习小组，教育专家提出了如下建议。

◇ 确定合作学习小组的规模

合作学习小组通常以2～6人为一组，其中4人小组最为灵活。因为可以随时调整为配对形式进行活动。**确定小组规模大小有一条规律：时间越短，小组规模应越小；小组规模越大，为各组准备的材料则越多，而且为确保小组效果所需的社会技巧也越多**。有时候也会根据材料、设备的拥有情况或任务的特性来确定小组规模。

◇ 把能力水平各不相同的同学分为一组

就某一学科而言，同一个学习小组里对某方面知识和技能掌握上有高、中、低三个层次的同学，在能力差别很大的学习小组里，同学们似乎有更深入的思考，能给出并接受更多的解释，在讨论材料时能有更深入的见解。

◇ 要保持小组之间整体实力的均衡

小组之间规范的竞争关系是维系小组合作学习的强大动力，同学们也会不断地体验到小组成功给自己带来的喜悦和快慰。而保持小组之间规范竞争关系的关键是小组之间整体实力的均衡。

◇ 差异明显缩小后重建合作学习小组

一般合作学习小组建立后两个月或更长一点时间，小组内成员之间的差异性会明显缩小，同学之间的讨论会出现不同程度的障碍，这时有必要重新组织小组。

总而言之，作为中学生，应学会不断结识新朋友，从内心深处接纳新朋友，在新的合作学习环境中不断取得进步。

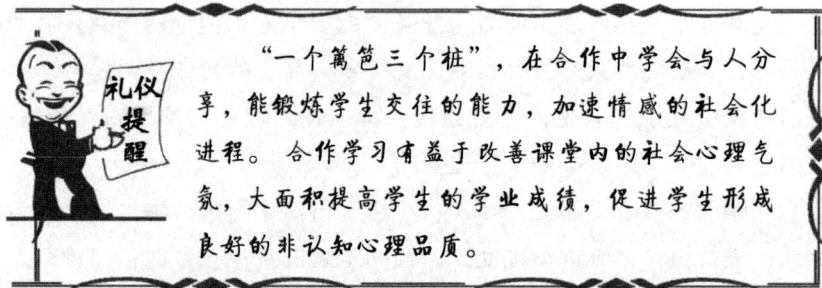

礼仪提醒

"一个篱笆三个桩"，在合作中学会与人分享，能锻炼学生交往的能力，加速情感的社会化进程。合作学习有益于改善课堂内的社会心理气氛，大面积提高学生的学业成绩，促进学生形成良好的非认知心理品质。

1. 做好合作学习中的准备工作

在目前的学习过程中，个体独立学习仍然占主导地位，在完成部分学习内容时采取合作学习方式，需要做必要的准备。主要有如下几项。

◇ 确立小组合作学习目标

由于学习内容的不同和老师教学方式的不同，小组合作学习目标也应作相应的调整，如以识记为主的内容，应当以全体成员都能背诵并能默写主要内容为目标；以理解为主的内容，应当以全体成员都能熟练掌握有关能力和技巧并能相互补充和提高为目标；**以应用为主的内容，应当以全体成员都能举一反三、触类旁通为努力目标。**

◇ 进行必要的角色分工

由于小组成员中各人的特长、爱好、性格、对知识和技能的掌握程度等方面都存在差异，因此在完成一个共同目标时，应作必要的分工。一般来说，小组应有这样几个角色。

- 总结人：负责陈述小组的主要结论和答案。
- 记录员：负责记录小组讨论的决议和编写小组报告。
- 检查者：负责保证小组成员都能清楚说出小组得出的答案或结论。
- 精确性裁判：负责纠正别人在解释或总结中的任何错误。
- 联络员：负责小组与其他小组、老师的联络和协调。
- 观察员：负责关注小组的活动情况，为改善或提高小组活动效率提供建议。

这些角色可以兼任，但必须全体成员参与，不得排斥任何一名成员的积极参与，同时这种分工不是固定的，应视具体情况作出调整。衡量的重要标准是让全体成员都有充分表现自己个性的均等机会。

◇ 有秩序地预习学习内容

预习是学习过程中重要的一环，是有效地进行课堂合作学习的不可或缺的条件，所以预习应在小组内有秩序地进行。合作学习的预习与一般意义上的预习有所不同，主要表现在以下几个方面。

预习是为实现小组共同目标而有组织地进行的。

在独立预习基础上进行了必要的交流，并对可能出现的疑难作出初步的分析。

对内容较多或难度较大的问题进行预习时，小组内需作一定的分工，如某同学负责某一部分内容，某同学负责查阅课外资料等，一般可采用先分后合、先合后分、有分有合等灵活机动的形式。

预习中出现难题，一般在小组内可达成一致意见，亦可保留个人意见，求同存异。

◇ 学习用品准备齐全

与个体学习和竞争学习不同，合作学习并不要求每个人都准备完整的学习用品，但一个小组必须有完整的学习用品，如某同学负责准备工具书，某同学负责准备实验器材，某同学准备笔记本等。还有一点与个体学习、竞争学习不同的是，组内必须准备一些活页纸，用于小组成员之间交流讨论，以方便整理材料。

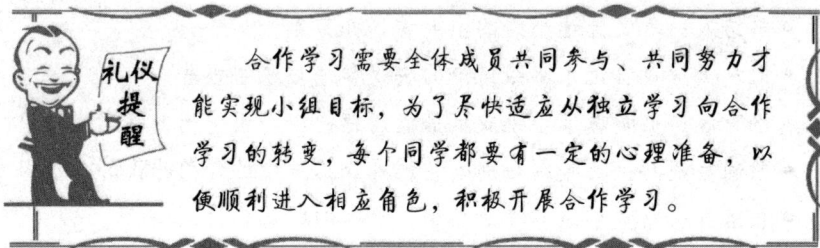

> 礼仪提醒
>
> 合作学习需要全体成员共同参与、共同努力才能实现小组目标，为了尽快适应从独立学习向合作学习的转变，每个同学都要有一定的心理准备，以便顺利进入相应角色，积极开展合作学习。

5. 如何善借、善学与善得

在做生意的时候，有些有胆识、有魄力的人敢于在两手空空时，跳过原始资金的积累阶段而直接进入经营阶段。学习同做生意一样，虽需要积累，但也可以找一条捷径，将这个过程的时间缩短。

李虎和张彬是同桌，李虎的成绩比张彬的成绩好很多，为此常有很多人拿张彬和李虎相比。张彬感觉很气愤也很难堪，自尊心受到了很大的伤

害。李虎没有因为别人怎么说他和张彬之间的高低而产生一种自尊自大的心理，相反他很诚恳地帮助张彬进步。因为李虎的学习成绩相当优秀，对各科的知识点不仅掌握得透彻、到位，而且更能分清主次，极容易抓住重点。他通过自己在学习方面所总结出来的经验，帮助张彬找到一条最便捷的提高学习成绩的路来走。结果，张彬的学习成绩在很短的时间内就有了很大的提高。

得到优秀同学的指点，或是从他人用过的参考书或复习资料上都可以有点收获。这样就可以直接进入重点，节省时间不说，最重要的是可以快速提高学习效率。

许多学习好的同学，并不是一开始就学得那么好，而是在很长一段时间里，通过自己不断地探索，琢磨，才找到了最适合自己的学习方法，而使成绩有所提高的。在这个探索和琢磨的过程中，他们也很可能遭受了许多次的失败。

人与人毕竟是不同的，一种学习方法只能适应一个人，而不可能适应所有的人，任何一个同学都应该根据自身的情况找到最适合自己的学习方法。 但在这个寻找的过程中，并不意味着对其他同学所经历的失败或是所取得的成就视而不见。在他人的失败中总结出一些经验和教训，以此为鉴，可以避免自己再一次犯没有必要犯的错误。在他人的成就中，得到一些启迪，把其中的精华部分吸收过来，为自己所用，这样可以少走许多弯路。

6. 积极竞争对学习有着促进作用

也许同学们早就体验到了学习上的竞争之激烈。所谓积极竞争，是相对于消极竞争而言，是指以同学之间的竞争心理和竞争行为为手段来促进自己的学习得以提高的学习策略。对于青少年学生，尤其是面临着中高考竞争压力的学生而言，学业的竞争是不可避免的。建议大家在互帮互助中共同进步，共同提高，并不等于要否定竞争的积极作用。

竞争是把"双刃剑"，用好了利人利己，可以大大促进自己的学习；用不好则会误人误己，不仅会阻碍自己的学习，还会影响到同学之间的感情。因此，对于竞争要有一个清醒的认识。

首先，不妨来看看消极竞争的表现和它的危害。对于同学们来说，也许最大的竞争就是学习成绩上的竞争，也就是在考试分数上比高下。本来如果把竞争发挥好了，也是一件很有益的事，但有些同学为了实现这一目标，使用的却是消极竞争的策略。

比如，有的同学为了所谓的麻痹自己的竞争对手，就在班里故意不学习，装出一副很轻松的样子，但是回家后却加班加点"开夜车"；有的同学把学习上的竞争泛化到与同学的一般交往上，不仅在心理上嫉妒对方，而且还会表现出轻视对方的各种表情，有时甚至会在背后诋毁别人。

这种消极竞争的做法，其实是一种心胸狭窄、不会学习的表现，是学习上的"拦路虎"，它不仅使自己无法获得真正的友谊，而且也无法吸收、借鉴到别人的长处，从而会影响到自己的身心健康。

因此，会学习的同学必须彻底抛弃这种狭隘的消极竞争，学会积极竞争。

那么，积极竞争对学生的学习有什么好的作用呢？

◇ 可以激发学习动机，发挥学习者的潜能

王玉玲同学，2001 年高考河北省保定市第二名，她认为，自己之所以能从一个小县城里脱颖而出，在很大程度上得益于自己的竞争对手。"是这些竞争对手不时地鞭策我、激励我，使我在成绩面前不骄傲，在失败面前不沉沦。"的确如此，在积极的竞争中，人们的自尊需要和自我实现的需要更为强烈，克服困难的意志更加坚定，争取胜利的信念也更加坚定。当你和某一个同学成为学习上的竞争对手时，你的学习目标就会非常明确了，课堂中的每一次提问，每一次作业的质量，每一次考试的成绩，等等，你们都会比一比，从而使你每天的学习目标都很明确，不敢使自己有任何松懈，潜能也就得到了充分的发挥。

◇ 同学之间可以相互交流、相互借鉴、相互帮助

积极的竞争是在一种友好的氛围中进行的，它是借助竞争来实现自己和同学成绩的共同提高，而不是自己上去了，却把同学踩下来，因此，这种竞争实际上也是合作的另一个侧面，它不否定合作，在竞争中大家也会互帮互助。

7. 同学间积极竞争的方法与技巧

竞争有益，应当积极参与，但应注意方法和技巧。

◇ 要把竞争与合作有机地结合起来

的确，合作与竞争是相辅相成的，只有把两者有机地结合起来，在"比、学、赶、帮、超"的氛围中，竞争双方的学习才能得到最大限度的提高。因此，具体到自己的学习中，一方面是努力超过对方，另一方面也要和同学友好相处，你有问题可以诚心地去问他；他有问题来问你的时候，你也应该认真给予帮助。如果两人都不能解决，可以在一块共同研讨。

◇ 树立积极乐观的进取心态

既要保持一种锐意进取的精神状态和斗志，又要保持一颗平常心。激烈的竞争既可能促进人加倍努力，也有可能使人天天忧心忡忡或沮丧颓唐。**因此，在学习过程中应当保持一种高昂的斗志，但对于学习结果不必太在乎**。结果好了不要轻飘飘，结果差了，只要你尽力了，"但求无愧我心"。如果因竞争结果不满意而一蹶不振，那就不是明智之举了。

◇ 不要急功近利，好高骛远

对于竞争目标的选择不能盲目，有些同学成绩中等，却偏以班里最优秀的同学为目标，这就有些急功近利。目标选得太高，实现起来的困难就很大，实现的可能性也比较小。这样就很难坚持到最后，也很容易受到失败的打击，不利于自己学习自信心的建立。

礼仪提醒

在学习上选竞争对手，就像在湖中选择一只和你同行的船相互比赛一样，如果你选一只离你很远的船，追半天追不上，你就泄气了；但如果你选一条离你很近、就在你前头的船，就会激起你的斗志。

◇ 不要陷入过分相信别人而否定自己的误区

学习中，既选择好自己的竞争伙伴，又要相信自己的能力和努力，防止进入因过分在意别人而对自己产生怀疑的心理误区。有的同学在竞争时过分注意别人在学什么，在干什么，甚至连对方的一举一动都放在心上，但却不能对自己的学习集中精力，甚至对自己的学习方法和作息时间产生怀疑，这就无法发挥竞争的积极作用了。

◇ 同学之间要注意及时沟通，坦诚相待

在平常的学习竞争中有时的确会出现同学之间的误解或尴尬的局面，这时就需要大家及时沟通，相互之间不要太敏感，不要猜疑，而要真诚地和对方讲明事情的原委。**只要大家都是向着一个相互激励、共同提高的共同目标努力，相信一定会相互理解的。**

第 四 章

与同学交往的礼仪

　　校园生活中，学生之间的相互交往丰富多姿。每个学生在与同学交往中，都会反映出个人的品质与修养。只有尊重别人才能获得别人的尊重，只有善待他人才能得到他人的友爱。因此，学生注重和讲究同学交往礼仪，不仅有利于同学之间的情感交流，增进彼此的友谊，而且还能增进团体之间的合作。从小培养文明交往的礼仪素质，是走向社会后善于人际交往、实现和谐发展的基础。

一、同学交往的礼仪

1. 平等尊重，理解宽容

◇ 与同学交往的第一个秘诀是：平等尊重

每一位同学都有自己独特的气质和性格特点，外貌特征、家庭背景、成长经历、生活习惯等各方面都存在着差异，但是在人格上没有高低贵贱之分，是一律平等的。尊重别人就是要关心人、爱护人、同情人、体贴人。**在同学相处中，要尊重高年级的同学，爱护低年级的同学，关心同龄同学，帮助落后同学，尤其是要尊重有智力或生理缺陷的同学。**不应唯利是图、以貌取人，不能仗势欺人、以强欺弱。同学之间的关系更不是人身依附关系，不论其家庭背景如何、成长经历丰富与否、个人能力强弱、学习成绩好与差、有无职位，都是一种相互平等的关系，都应当相互尊重、相互学习、取长补短。须知尊重别人等于尊重自己，也只有尊重别人，才能得到别人的尊重。

◇ 与同学交往的第二个秘诀是：理解宽容

通常来说，一个善于理解别人的人，也往往能被别人所理解，这是同学之间构成融洽关系的基础。因为理解别人能激起对方心灵的火花，能产生共鸣，能给人以宽厚、容忍、信任和尊雷之感；能化解恩怨，消融愁苦忧伤，给人以温暖之感；能照亮人生之坦途，点燃生命的希望之光，给人以光明之感。**同学们在现实生活中，难免会因一些小事而话不投机，或各执一词，或只取一端，造成隔阂，但是没有根本利益上的冲突。**化解这样的矛盾，最有效的方法就是应该从善意出发，进行"换位"思考，努力消除误解。以积极、宽容的态度理解对方，从而求得对方的理解。

2. 言语文明，以礼待人

同学之间要有礼貌。一个彬彬有礼的人在任何时刻、任何场合都是受人欢迎、令人尊重的，同学之间也不例外。

对同学以礼相待，既是为了表示对对方的尊重，也是为了尊重自己。同学之间交谈的时候，应当注意语言文明。作为有文化、有知识、有教养的现代人，在交谈中一定要使用文明、优雅的语言。

◇ 不讲脏话

不讲脏话是文明礼貌的基本要求。讲脏话，即口带脏字，讲起话来骂骂咧咧，出口成"脏"。讲脏话的人，非但不文明，而且也是自我贬低。

◇ 不讲黑话

黑话，即流行于黑社会的行话。有的中学生受到一些低俗影视作品的影响，开口闭口都是"出来混如何如何"，或以"大哥"、"小弟"互相称呼，这是非常不好的习气。中学生应当学会甄别是非，认清黑社会违法乱纪、危害社会的本质，从心理上、语言上与其划清界限、拉开距离。

◇ 不讲粗话

不能把男同学称为"蠢猪"、"猪头"等，也不能称女同学为"元颜""小妞儿"等。这类说法，都不符合学生的身份。

◇ 不讲荤话

荤话，即说话者时刻把艳事、绯闻、色情、男女关系之事挂在口头。中学生应当认清：它们都属于低俗趣味，不应当是中学生关注的主题。**说荤话并不能证明自己的"成熟"，反而表明自己品位不高，而且也对交谈对象缺乏应有的尊重。**

◇ 不讲怪话

有些人说起话来怪里怪气，或讥讽嘲弄，或怨天尤人，或耸人听闻，存心以自己谈吐之"怪"而令人刮目相看、一鸣惊人。这就是所谓说怪话。爱说怪话的人，往往难以令人产生好感。

◇ 不讲废话

废话，一般是指无用之言、多余之语，或在没话找话时所讲的话。学生应该牢记，在与人交往中，不宜主动去攀谈与实际交谈无关的题外话，尤其是不宜主动询问对方的个人隐私问题。

◇ 不要张口就是祈使句

同学之间虽然年龄相近，也同样要使用礼貌用语。不要张口就是祈使句，"喂，你过来一下。""嘿，这道题怎么做啊？""喂，把尺子给我用用。"……这些话只能让你的同学对你产生反感，久而久之，你就成了不受欢迎的人。

◇ 不要随意给同学起绰号

要注意不要随意给同学起绰号，尤其是那些带有贬损意味的绰号。贴切的昵称会令同学间的关系更加和谐、亲密，但揶揄的称呼、蔑称一定会伤害对方，也丝毫不会令你显得幽默。

> 礼仪提醒
>
> 与同学交谈时，语言内容要文明，语言形式要文明，语言行为要文明。只有三者并重，才能够真正地使自己做到用语文明、文明用语。

3. 相互谦让，团结友爱

学校里来往最频繁的要数同学之间了。同学，是一个内涵十分丰富的概念。俗话说的好"一辈同学三辈亲"，因为同学是在一所学校、一个年级或一个班同时就读，而且很多还是同一位教师教出来的，同学之间的友谊是最天真、纯情和真挚的，同时也是最值得珍惜的。因此，同学之间要团结友爱，要积极主动地去帮助有困难的同学，要尊重他人的生活习惯。**处处要注意团结同学，自己的一言一行、一举一动都要从团结的愿望出发**。

首先，平时遇见同学的时候一定要亲切友好地跟同学打招呼。打招呼的方式很多。有问好、点头、微笑、招手或喊一声名字等，总而言之一定要做到热情、诚恳。同学之间还应该相互尊重，不辱骂同学，不向同学大打出手，不给同学起绰号，不互相嘲笑，特别是对于身体有缺陷残疾的同学和生活有困难的同学，更应该及时伸出援助之手。

其次，放学出校门时，应互相礼让，不应拥挤。当无意踩了同学的脚或碰撞了同学时，应该说"对不起"，并关心同学是否碰伤了，绝不能不闻不问，更不可强词夺理。在课外活动中更要注意谦让。集体活动中不应凭个人爱好独占好玩的东西不放。老同学要爱护新同学，大同学要关心小同学；在干体力活儿时，男同学还应该照顾女同学。凡事多关心他人，把方便留给别人。

在校园生活中，由于每一名学生的性格、经历、习惯各有不相同，同学之间难免会有一些小摩擦。作为一名合格的学生，应该拥有开阔的胸襟，不要计较同学之间的小是小非，尤其不要无事生非。

在任何情况下，都不要制造分歧、挑拨离间，破坏同学之间的相互团结。应当强调的是，团结同学的主要目的，是为了与之相互帮助、共同进步，而并非是要拉帮结派、称王称霸，甚至欺负其他同学。

再次，在日常学习生活中，要主动团结同学，特别是要团结本班级的每一位同学。同学之间的团结，必定有利于学习和生活的各个方面。

与同学和睦相处，不仅可以使学生自己赢得许多朋友，在友谊的阳光中享受快乐，而且对自己的学习具有巨大的促进作用，特别是与同学共同探讨学习中的疑难问题，有时甚至比听老师讲解更能透彻地理解和把握。

4. 遵时守信是交友的法宝

遵时守信，是现代社会对人们在处理人际关系时提出的一项基本要求。在学校期间，每一名学生都要自觉养成遵时守信的良好习惯。在处理同学关系时，对此也不能疏忽大意。

◇ 具有良好的时间观念

在现代人看来，时间就是生命，时间就是效益，时间就是金钱。有鉴于此，在人际交往中，一定要具有良好的时间观念。对于交往双方有关时间方面的约定，务必言出必行。不到万不得已，切勿随意更改，或是在与对方约定的时间里迟到、失约。与同学相处时，一定要对遵守时间的问题高度重视。

◇ 做讲信用的同学

在人际交往中，包括同学之间的相互交往在内，除了遵守时间，信守承诺也是一条基本的礼仪规范。古人在谈及做人之道时，曾有"一诺千金"之说。现代人在其人际交往中更是讲究遵守承诺，"言必信，行必果"。**在社会上，出尔反尔、言而无信，被视为严重有损于个人形象的恶习。每一名学生都应该引以为戒。**具体而言，需要注意以下两点。

● 许诺必须谨慎。大凡许诺之人，均应该经过深思熟虑，并且要考虑后果，切勿草率行事，承诺"满天飞"。

● 许诺必须兑现。凡是自己作出的每一项承诺，都要努力兑现。只有这样，才有自己的信誉可言。

5. 同学之间切莫攀比斗富

现在生活水平提高了，很多家庭经济条件优越。孩子们喜欢相互炫耀、攀比。小到橡皮、练习本，大到衣服、玩具，无一不是攀比的对象。例如，"耐克、李宁、安踏……"都是同学们的挚爱。

一天，一位同学穿着新买的耐克球鞋来上学，同学们都一哄围到这位同学那里，说他的好话，不住地称赞。同时也开始嘲笑另一位穿着简朴的同学，说他这么穷，一件像样的衣服都没有。然而，这位被同学们嘲笑的同学，却是在学习成绩上名列前茅的好学生。

这位同学难道不是最"富有"的学生吗？**家庭的富不富有并不是最重要的，只有用知识装备自己，那才是真正的富有。**

◇ 攀比斗富是一种不成熟、不独立的表现

即使你的家里非常富有，但没有一分财富是你创造的，你又有什么资格拿这些财富进行炫耀呢？家庭的财富都是你父母的劳动成果，只有你头脑里的知识才是你自己的财富。作为青少年学生，应该比较的是学习成绩、创造性思维能力这些通过自身努力获得的成果。

◇ 攀比斗富很容易被同学孤立

"低调"现在已经是一个非常普及的词汇了。即使你家很有钱，也应该低调一些，不要给别人留下故意炫耀的感觉，没有人会喜欢这样的人。公开自己家里的巨额财产或者炫耀自己的新手机、高档电脑等行为，都只会让同学们在无形之中疏远你。

◇ 攀比斗富很可能让那些家境不好的同学受到伤害

青少年学生的心理无疑是不成熟的，主动炫耀或者因为自己家境不好而自卑，都是一种不成熟心理的表现和反应。用一句流行的话说：不能把自己的快乐建筑在别人的痛苦之上。你知道吗？在你炫耀自己的富有时，无疑给那些家境不好的人带来了痛苦。虽然这样的痛苦也是不成熟的心理表现，但是外部的压力还是不可避免地在他们身上安了家。因此，青少年学生应避免攀比斗富。

同学之间朝夕相处，暗中比较也是在所难免的，但却因为内容的不同，比较也有着根本的区别。如果你与别人暗中比较学习成绩，希望自己能比别人更优秀，并且正努力向目标迈进，这无疑是积极的，可取的。但如果你跟同学比较谁家有钱，谁用的手机贵，坐的车好，这是虚荣心在作怪，这样做的后果，除了伤害自己，就是伤害同学。

因此，**同学间应该互敬互爱，不要向对方吹嘘自己的家庭财富，父母的工作头衔、社会地位也不应成为炫耀的资本**。个人财产应该妥当保管，一些贵重物品，如新手机、高档电脑、新款 MP3 等如无特别需要不必带入校园，以免给同学造成故意炫耀之感。

> 礼仪提醒
>
> 教育家陶行知有一首著名的《自立歌》："滴自己的汗，吃自己的饭，自己的事自己干，靠人靠天靠祖上，不算是好汉。"这告诫我们，学生的成绩应该靠自己不断实践来提高，值得骄傲的资本应该是个体辛勤创造的结果。

6. 有借有还，才能再借不难

"需要使用别人物品应该征得主人允许"，"未经允许不进入他人房间、不动用他人物品、不看他人信件和日记。"这是在很多学校规章制度中必不可少的条款，也是学生学习实践如何待人接物的重要环节，是发展学生社会技能的重要任务。通过有借有还的一件件小事，培养良好的交往能力，以及自身礼貌的行为习惯。但是，一些学生对此并不重视，有时甚至认为朋友之间可以不分彼此。

使用他人物品要事先征求主人的意见，经过允许才能够顺理成章地使用，否则不仅丢失了基本的礼貌，也会损害彼此之间的关系。这个道理看似简单，但学生平时常常忽略掉这些规则，也等于忽略了他人的感受。

清代的《弟子规》明确地告诉世人"不商量就拿叫做偷"。虽然今天我们不能一概而论，但不打招呼就随意使用他人物品却是非常不礼貌的行为。**同学间即使关系亲密，也应该事先打好招呼，不要想当然地认为关系好就随意动用他人物品。**

学生在借同学物品时，一定要做到以下几点。

◇ 爱护自己所借的东西

对于所借的物品，不能因为不是自己的就不爱惜。相反，你应倍加爱惜，这样才能给别人留下好的印象，在你下次再向别人借用什么东西时，别人才乐意借给你。同学间使用他人贵重物品，如手机、电脑等，要格外爱护。

◇ 及时归还

当你所借物品到了归还日期时，一定要准时还给别人，如果有某些原因不能准时归还，你应及时向别人说明，争取续借。

◇ 对别人构成打扰时要及时道歉

当你借物品时打扰了别人，应向别人致歉。比如，当你向同学借铅笔时，他正在专心做作业，此时你就应该轻声对他说："××，对不起，打扰你一下，可以把你的铅笔借给我用一下吗?"

◇ 没借到东西也不能埋怨别人

当你向别人借东西时，由于某种原因没能借到，你不应该责骂自己的同学，应该大度地对他说："没关系，打扰你了。"

◇ 归还物品时．别忘记说谢谢

当你向别人归还物品时，一定要真诚地对物品的主人道一声"谢谢"，并对他说，希望自己某天也能帮他的忙。

礼仪提醒

使用同学的物品，应该礼貌对待，征求了主人的意见，会让对方有受到尊重的感受；相反莽撞行事，不仅导致误会产生，也会令彼此的关系变得淡漠。因此，同学间应该提倡尊重他人，养成良好的交往习惯。

7. 言谈有礼，友好辩论

在人际交往中，每个人都会碰到相异于自己的人。大至思想观念，为人处事之道，小至对某人、某事的看法、评论。这些程度不同的差异都会外化成人与人之间的争执与论辩。

留心我们四周，争辩几乎无所不在：一场电影，一部小说，一个非凡事件，某个社会问题都能引起争辩；甚至连某人的发式与妆饰也能引起争辩。

从某种意义上看，不同见解的争辩过程正是寻求真理的过程。辩论，就是为了探求真理，坚持真理，维护真理而相互劝说。然而由于论辩的任何一方都想推翻对方的看法，树立自己的观点，故此，辩论和平常说话不同，它是带有"敌意"的语言行为，有所谓唇枪舌剑之说。因而，同学论辩之前要多投入一些思考，在论辩中注意措词与态度，在论辩结尾搞好"善后"工作，这样才能使自己在辩论这种非凡交际场合，既做到个人心情愉快，探求了真理，又不伤人际和气。

◇ 使争辩成为一种愉快的、和平的思想交换

辩论是为了明是非，求真理。只要我们的辩论出自公心、就能采取积极的态度，使用积极、文明、恰当的论辩语言去参加辩论。

①树立正确的辩论价值观。即为追求真、善、美而去积极地争辩。做到观点正确，旗帜鲜明。

②树立正确的辩论道德观。把辩论置于科学基础之上。以理服人，让事实说话。辩论者要有高深的涵养；不搞诡辩，不揭隐私；不搞人身攻击；不把观点的敌对引申为人际的敌对；不靠嗓门压人，有理不在声高，假如你能以有制有节的音调语气道出你的理，其效果不亚于如雷贯耳。

③用真情、善意、美感与人辩论，就能做到晓之以理、动之以情。理与情恰恰是列车通往"积极争辩"的双轨，缺一不可。**在争辩中，"理"是争的目的和取胜的保证**。然而人又是感情动物。假如你在论辩中既能做到以理制理，又能以情明理，你的辩论将会成为一种愉快的、和平的思想交流。你们彼此会以这样的话语来结束论辩："听君一席话，胜读十年书。您让我心服口服。"真正是既争出了公理，又增进了人际和谐，达到了积极论辩的目的。

◇ 避免无益的争辩

当你意识到自己的想法、意见与人相左时，当你的言行遭人非议时。你的本能大概就是奋起辩驳。许多毫无意义的事情往往就在这时发生了。为了避免无益的辩论，此时，你需对如下问题进行冷静思考：

①假如你能最终获得争辩的胜利，它有什么意义？没有什么积极意义。大可不必动用你的"唇枪舌剑"，一笑置之最妙。同样，你向别人提出"挑战"的时候，一定要选择有价值的、通过争论使自己和他人都能受到启发和教育的问题，不必在那无关宏旨的细节琐事上做文章。

②你的辩论一番的欲望更多的是基于理智还是感情原因？诸如虚荣心、表现欲望或面子上下不来。假如是感情原因，大可就此打住。同样，**我们向人提出问题是否有感情的因素？如有，就同辩论的实质——探求真理背道而驰了**。所以最好别去做这种不积极的提示而把他人引入无谓争辩的歧途。

◇ 把握"解剑息仇"的妙方

经过一阵唇舌剑，胜败已成定局。做好辩论的善后工作，具有非常重

要的意义。在生活中，观点的对立极易产生人际间的隔阂。因此，学习辩论语言既要学会辩论技巧，更要懂得如何"解剑息仇"，这是在辩论这种非凡交际场合下，社交者做到言谈有"礼"的最高境界。下面就是使你达到这最高境界的三个途径。

①假如你辩论失败了，而且败得其所，必须要有敢向真理低头的胸怀。向真理低头并不等于向论辩者本人低头。在真理面前人人平等。你所服从的是对方所道出的真理，只能说你同他一样，对真理有了同等水平的熟悉。在人格上你们永远是平等的。所以，**当你败下阵来的时候，应该以坦诚的态度来表达自己在这场争辩中所受的教益，以此道出你人格的高大**。在心理上足以弥补因辩论失败所造成的遗憾。

②假如你在辩论中已经眼见对方哑口无言，败势已定，便应拿出不杀降者的气势来，一是主动打住话题，结束对立场面；二是巧妙地对为对方搭个台阶，让他在不失面子的前提下得以"平安下台"，胜败自是彼此心照不宣，何不抓住重归于和平的机会呢？

③假如你因辩论的需要而已经把对方打得一败涂地，切不可为了一点点虚荣把旗帜挂在脸上。人在自得时，克制更是一种美德。争论结束后，给对方端一杯茶，笑言一句："瞧我们还真入戏了，这么认真！"或轻松自如地转一个话题。

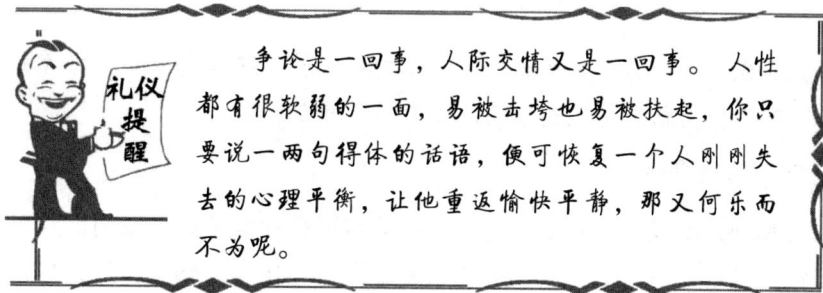

> 礼仪提醒
>
> 争论是一回事，人际交情又是一回事。人性都有很软弱的一面，易被击垮也易被扶起，你只要说一两句得体的话语，便可恢复一个人刚刚失去的心理平衡，让他重返愉快平静，那又何乐而不为呢。

8. 情真意切，学会赞美同学

千万不要忘记：赞美同学。

赞美具有一种不可思议的推动力量。对他人真诚的赞美，正如沙漠中的甘泉一样让人的心灵受到滋润。而当你赞美他人的时候，别人也就会在乎你存在的价值，你对他人的赞美也让你获得一种不容易获得的成就感。**在由衷的赞美给对方带来愉快以及被肯定的满足的时候，你也十分难得地分享了一份喜悦和生活的乐趣。**当然，仅仅赞美是不够的，你的赞美还必须是真诚的。请记住，如果你突然发现了别的同学的某些优点，那么不要犹豫，请立刻告诉他："你真棒！""你的围巾真漂亮！"，等等。没有比这个更能赢得别人的好感了。

◇ 情真意切

只有那些发自内心的、情真意切的赞美才能得到别人接纳，才能给别人带来成就感和快乐。反之，毫无根据、夸大其词、虚情假意的赞美，不仅会给人留下油嘴滑舌的印象，还会让别人怀疑你的品行。

◇ 选准时宜

赞美效果的好与坏在于是否相时而动，巧妙得体。比如，当别人计划做一件有意义的事时，开头的赞扬能使他相信自己的实力，对成功充满信心。中间的赞扬有益于他再接再厉，坚持到底，结尾的赞扬则可以肯定他所取得的成绩，也能指出进一步的努力方向。

◇ 多赞美对方的能力和品质

赞美别人时，应该多赞美别人的能力和品质，这些是自后天培养和锻炼出来的，更能代表他们的成功，让他们获得成就感。

◇ 赞美要翔实具体

赞美别人不能含糊其辞。因此，赞美用语愈翔实具体，说明你对对方的了解愈详细，对他的优点和成绩愈看重，这会让对方感到你的真挚、亲切和可信，你们之间的距离就会越来越近。

◇ 目视对方

无论是赞美别人还是接受别人的赞美都应注视着对方。**如果你在赞美别人或是在接受别人赞美时低着头或目视他物，这是不尊重别人的体现，也会让人怀疑你的诚意。**

◇ 话语不要太多

赞美别人不必话语太多，更不能不断说重复的话语，这会让人觉得你是在无话找话说，也会影响交谈。当然，如果对方对你的赞美、恭维显示出厌烦的样子时，更应该马上停止。

> **礼仪提醒**　在与同学交往中，"雪中送炭"远比"锦上添花"更能让人感动，更能鼓舞人。那些有自卑感或身处逆境的同学更需赞美，一旦他们受到你当众真诚的赞美，便有可能因你而振作精神，大展宏图。所以，应该把自己的赞美多送给那些有自卑感或身处逆境的同学。

二、结交新同学的礼仪

1. 调整心态，多看新同学的优点

让我们来学习一些与新同学打交道的礼节。

姚瑶今年如愿考入了理想的大学，常年的紧张学习和父母无微不至的照顾，使本来就内向腼腆的姚瑶，到了新环境后就更加无所适从。从之前的独享卧室到住满六个人的宿舍，拥挤的环境，一个个性格各异的新同学，这些在姚瑶看来都是那么难以接受。

姚瑶自小爱干净，东西总是收拾得井井有条，可是住在她上铺的小娟性格却是马马虎虎，不怎么爱干净，总是随手乱丢东西，这简直让姚瑶难以忍受。终于有一天，"战争"爆发了，姚瑶唠叨小娟不爱干净，小娟则辩驳道："我喜欢，不用你管，别的同学都没说什么，为什么你总是看我不顺眼?"激烈的争吵使二人一个多月形同陌路,谁也不理谁。姚瑶不明白,这到底是谁的错,是小娟做得过分,还是自己太斤斤计较了?类似这样的问题还有很多,姚瑶终日被这些小事搅得心神不宁,苦恼不已。

人和人成长环境不同,所受教育不同,自然会形成不同的人生观、价值观,当走到一起时,在同一个寝室生活,在同一个教室读书上自习,日久天长,难免会在思想上、行动上产生分歧。比如,有人爱整洁,也有人邋邋遢遢;有人喜欢安静,也有人好说好闹;有人赶时髦,追潮流,讲流行;也有人好复古。好诗词曲赋,整日吟诗诵词……面对这些形形色色的新同学,你如何自处?身为潮流前锋的你怎么教训邻床那个又酸又臭的"老夫子"?爱清洁到一天擦数次桌子的你如何收拾上铺那个仨月不洗澡、不换衣服的邋遢鬼?自尊好面子的你是不是要对那几个嘴尖舌快的刻薄家伙操刀相向了?

其实,凡事都有两面,我们的问题是只看到了事物坏的一面。那个不爱干净的上铺新同学,虽然邋邋遢遢,却有一副热心肠,胸怀大度,从不计较得失;那个成天"陈词滥调"的老夫子,学识渊博,无形中增长了我们的"古文知识";而那个新潮时髦的新同学是不是也在无形中把我们变得美丽时尚,异性缘极好……这样一来,那些在我们看来一无是处的新同学,原来还有那么一点儿可爱,也不是令人讨厌到难以接受。

所以,在进入一个新环境后,要积极地调整心态,全面地看待你周围的新同学、新事物。凡事要抱着积极正面的心态去面对,要学会宽容,容忍那些在你看来有瑕疵的新同学和新事物。相信如果姚瑶能转变自己的认识,变得宽容一点,与新同学相处也会变得融洽。

2. 加深了解，相互包容尊重

◇ 要学会包容新同学

新同学意味着你们之前并不了解，生活、教育上的差异必然存在，既然大家以后成为同学，就不可避免地要经常相处，需要寄宿的同学甚至将住在一起，这时候的你要学会包容对方。包容对方，就是当他的生活习惯、价值观念等与你发生矛盾、产生冲突的时候，你应该明白：每个人都有自己的习惯、观念，你可以不认可，但却没有反对的权利。其实，刚开始的时候也许是包容，慢慢地随着时间的推移，大家彼此之间有了了解和感情，这种包容也就转化成了认可，甚至可能会转变为你自己的生活习惯和价值观念。

◇ 要学会尊重新同学

尊重别人应该是一个人得到别人认可的前提。一个学生的学习能力再强，如果不知道尊重别人，任何事情都以自我为中心，也很容易被集体排斥在外。一旦被孤立，他的生活也将因此失去很多的快乐。其实，尊重新同学体现在很多细节上，比如，想要借新同学东西的时候，先打声招呼，得到同学的允许后再使用；得到新同学帮助时，不忘说声"谢谢"；做了有损新同学利益的事情时，要勇敢主动地说声"对不起"。

◇ 要学会欣赏新同学

应该学会欣赏新同学的优点。眼光不能老盯着别人与你合不来的方面。由于不同的家庭背景、生活道路、个性特点等，同龄人之间也有合不来的地方。正如俗话说的"人无完人，金无足赤"，如果自以为是，不能容忍他人的缺点，就很难交到朋友。应学会与人取长补短，在坚持原则的基础上，善待他人，尽量宽容、包涵他人的不足之处，并虚心接受他人的批评，诚心改正自己的缺点，不做自私刻薄的人。

3. 积极主动交往，避免心理排斥

在学校里，经常可以看见有些青少年学生不愿和其他同学交流，也不

和新同学主动说话，上课回答问题时声音小得像蚊子在叫，课间一个人缩在课桌前不出声，与其他同学格格不入。

不合群的学生大体上可以分为两大类：一类表现为沉默寡言、孤僻、害怕陌生人；另一类表现为爱哭闹、爱捣乱、爱逞能、爱惹是生非。他们很难融入同学之间，即便勉强在一起交往，也常常是不欢而散。长此以往，将会影响学生健康心理的养成，容易使学生产生孤僻心理。怎样才能让这样的学生积极主动地与新同学交往，友好相处，避免排斥心理呢？

人际关系是互动的，老同学不要总是消极地等待新同学来主动关心自己，而要主动地与周围的新同学交往沟通。开放自我是有感染性的，你对别人开放，别人也会对你开放。当对方走出故步自封、自我封闭的死圈子的时候，你不仅会对对方有更深一层的认识，更重要的是对自己也会有新的认识和体验。

任何时候，积极主动的人总是能更好、更快地适应新的环境。当你的新同学需要帮助的时候，如果你能主动伸出援手，相信一定会得到这个同学的好感，也许这就是一段美好友谊的开始。

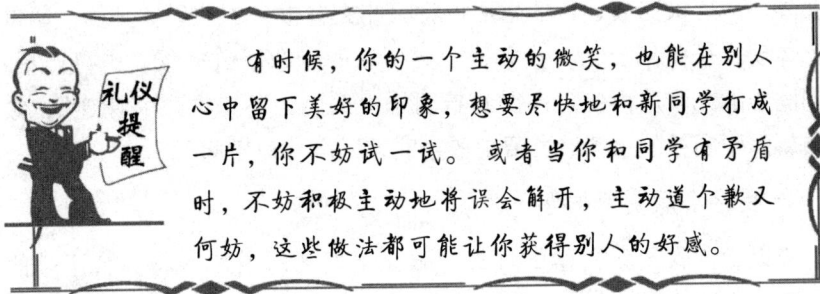

> **礼仪提醒**
>
> 有时候，你的一个主动的微笑，也能在别人心中留下美好的印象，想要尽快地和新同学打成一片，你不妨试一试。或者当你和同学有矛盾时，不妨积极主动地将误会解开，主动道个歉又何妨，这些做法都可能让你获得别人的好感。

◇ 处理事情要讲究方式技巧

遇到事情时，应该多站在新同学的角度考虑一下，而不是完全地站在自己的立场。此外，**不要让你的新同学觉得没有面子，如果可以婉转地处理事情，就尽量不要直来直去。**

◇ 解开恋旧情绪

很多青少年学生之所以对新同学、新环境不能适应，很大一部分原因是他们从心理上不接受，甚至排斥。这样的青少年学生往往很恋旧，总是觉得以前的同学是最好的，以前的环境也是最好的，他们不愿意有任何的改变，结果就是迟迟不能展开自己新的生活。其实，这也可以说是一种不够健康的心理。如果你也有类似的心理，一定要试着打开自己的心结。

◇ 争取先和邻近的新同学成为朋友

人际交往有一个邻近性原则，坐的位置比较近或住得比较近的人都容易成为知己、朋友，因为这样有更多彼此了解的机会。只要尊重邻近同学，不自视清高，不孤芳自赏，不强迫其按自己的意愿办事，不伤害其的自尊心，就一定能和其成为学习、生活中所需要的好朋友。

4. 时常微笑，热情帮助新同学

◇ 笑口常开

笑容给人以信心，笑容使人感到亲切，笑容会缩短人与人之间的距离，让人产生想交往的冲动。对身边的新同学真诚地微笑，用一颗宽容的心，一份珍惜，去感染所有人。

◇ 坦诚相待

刚到一个新的环境，每个人都会产生让他人接纳的愿望，这时应抓住时机，以开放、热情的心态去接纳他人和被他人接纳。虚伪做作的学生往往受到排斥，很难和新同学相处，而友好坦诚的人总是给人一种安全感，值得去信赖，让他人体会到愉悦感。**平等对待每个新同学、主动而热情地接近他们、关心他们，不做见风使舵的势利小人，就能受到同学的欢迎。**

◇ 给予帮助

通过关心他人、帮助他人来拉近自己和新同学之间的距离。如当新同学向自己求助的时候，只要自己能帮上忙，就应毫不犹豫地伸出援助之手；当新同学遇到困难的时候，应主动出击，雪中送炭。这样，身边的朋友就会越聚越多，孤独感自然会消失。

5. 戒除骄傲，虚心向他人学习

人的胸怀，不仅仅表现在宽容上，还表现在不妒忌比自己优秀的人、愿意看到别人比自己强、肯虚心向别人学习上。当优秀的人没看出你的优秀而不愿与你接近时，你要谦虚地向他们学习，让他们接纳你。

在我们身边，有很多优秀的新同学，他们身上有许多我们没有的品质，为什么不主动接近他们，谦虚地向他们学习呢？**向优秀的人学习不丢人，不丢面子，只有那些自以为是，骄矜自傲的人才是众人的笑柄。**不过，说起来容易做起来难，很多人都难以接受比自己强的人，更别说向别人学习了。

这个时候，我们应该向自己的弱点挑战，让自己认同那些强于自己的新同学。当我们真心想和对方交朋友的时候，不妨适当"低下自己高贵的头颅"。拿出你的诚意，相信会"精诚所至，金石为开""守得云开见月明"的。

三、异性同学交往的礼仪

1. 异性交往是个体成长的良师益友

俗话说："男女搭配，干活不累。"这句话在学校生活中也有所体现。没有女生参加的劳动，男生干活会松松垮垮，净磨洋工；而有了女生的介入，男生就会变得异常有活力，踏实肯干；反之，在没有男生的"女儿国"里，女生们就会叽叽喳喳，失态地大笑；而一旦出现了男生，女生们就会变得格外温柔而娴静，就连笑声都甜润了许多。这就是神奇的异性效应。

异性交往是人类生活中不可缺少的组成部分，异性交往对男生和女生来说都是个体成长过程中的必经阶段。**青少年学生朋友萌发的异性吸引是一个正常的自然现象，是他们感情生活中异常珍贵而美丽的果实。**

异性交往有以下几点好处。

◇ 有利于情感发展的补偿

学生之间的情感大都是纯洁的、不带有爱情色彩的。他们之间的情感交流能够使对方得到补偿，达到心理平衡。一般说来，男生的情感粗犷热烈、奔放外露；女生的情感则较细腻温和，富有同情心。有的男生出现难堪或不幸事件时，通过向女生倾诉，会在同情声中平静下来。有的女生若遇到挫折感到愁苦时，在和男生交谈的过程中，又会在鼓励声中振作起来。

> **礼仪提醒**
>
> 异性间的情感交流是在同性身上得不到的，这对情感的发泄是有益处的。另外，学生通过共同的活动，异性间心理接近的需要得到了满足，会使自己获得不同程度的喜悦感，并激发起内在的活力和积极性。

◇ 有利于人格的和谐发展

学生若只在同性的圈子里交往，尽管他们人格间也存在差异，但这种差异远不如异性间个体差异那么明显，因为异性间交往，彼此间的情感、意志、能力和行为特征等差异均比较大，这样，在人格发展过程中会较大范围地取长补短，在交往中通过不断的学习、模仿、渗透与反馈，使双方的人格都会朝理想的方面和谐发展。

◇ 有利于增进心理健康

医学上的临床资料表明，有些性变态的患者，起病于长期对异性怀有自卑、胆怯或不满等心理因素。**因此，学生加强交往，满足异性间的心理需求，是发展他们社会适应能力，提高心理健康水平的重要措施。**学生应多参加有异性在内的文体活动，彼此间主动探讨些学习问题等，但需注意的是不要走入早恋的误区。

2. 把握交往原则，建立融洽的异性关系

学生的异性交往是不可避免的，正常的异性交往也是有益的。心理学专家认为，男女同学的正常交往，有利于学习效率的提高，有助于少男少女更稳妥地把握自己的情感。同异性交往，还能获得与同性交往所得不到的知识、经验及个性品质。但是，在与异性交往时，中学生必须首先树立健康的异性交往观，正确处理异性友谊关系。异性学生交往应恪守道德规范。只有男女生都遵守道德规范的要求，才可能使男女之间的相处更加和谐、健康，正常地发展，并由此避免一些不必要的烦恼。

异性学生交往主要应遵循以下几条原则。

◇ 交往的心态提倡自然

男女同学在接触的过程中，言语、表情、行为、情感自然就好，既不要过分夸张，也不要闪烁其词、扭扭捏捏。**自然原则最好的体现是：像对待同性同学那样对待异性同学，不要因为异性因素而变得不舒服或不自然。**

◇ 交往的程度，宜疏不宜密，要留有余地

男女生之间的交流是正常现象，但也不能一门心思地钻在里面。所言所行要留有余地，不能毫无顾忌。比如谈话中涉及的一些情感问题可以回避，交往中的身体接触也要有分寸。如果在交往中发现苗头不对，一定要及时地调整好心态，让同学间的友谊保持良好的势头。

◇ 交往的时间，宜短不宜长

青少年学生中的异性同学如果一直形影不离，长此下去，从相聚到相恋就难以避免了。在交往的过程中，要尽可能扩大接触的范围，从而可以结交更多不同个性的同学，这会使人受益多多。

◇ 交往的内容要健康

健康的交往有助于男女生各自发挥自己的长处，提高交往能力，使身心健康发展。反之，如果只追求某种刺激，满足一些不健康的欲望，不仅

会影响学业，而且会妨碍我们的身心健康发展。

◇ 注意个人卫生和举止得体

个人卫生是一个人内在素质的表现，所以在与异性同学的交往中应注意自己的个人卫生，以给人留下好的印象。平常衣着应该干净整洁，朴素大方，不要浓妆艳抹，也不要穿奇装异服，那样容易给人以虚浮轻薄之感。

在与异性同学交往中，举止要有分寸，对待异性不必过分拘束，也不能太随便。比如，把手放在异性同学的肩上、拥抱异性同学，等等。在与异性同学交谈时，身体要站直，不要靠在墙上。如果坐着交谈，应腿不摇、脚不跷。

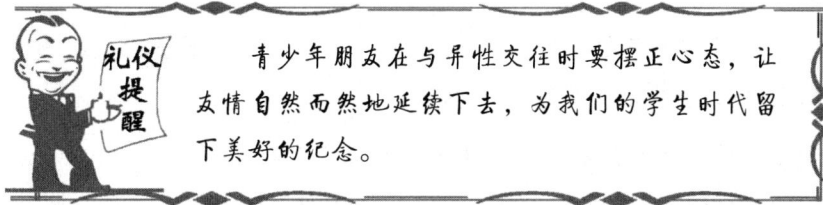

礼仪提醒　青少年朋友在与异性交往时要摆正心态，让友情自然而然地延续下去，为我们的学生时代留下美好的纪念。

3. 光明磊落地与异性同学交往

异性交往是人的正常交往活动之一，并无什么特别神秘之处。学生应公开、大胆地交往，不要故作神秘，更不要羞羞答答；交往要坦诚相待，说话不要支支吾吾，做到自然大方，泰然磊落。异性之间只有彼此充分了解，才能获得真挚永久的友谊。

◇ 既大方又有分寸，既尊重自己又尊重异性同学

男女同学相处不要拘泥作态。要落落大方，彼此尊重。提倡男女同学打破界限，友好相处，并不等于毫无界线。男女毕竟有别，和异性动手动脚、打打闹闹，开出格的玩笑，这些都是不尊重异性，也是不自爱的表现，要坚决避免。**对异性同学我们还要一视同仁，真诚相待，不要只和一个异性同学要好，更不要有杂念，防止感情悄悄滑向早恋这一边**。

◇ 光明磊落，理直气壮

有一个例子很能说明问题。

有一次放学时赶上下大雨，一位男同学看见邻座的女同学没带雨具，就和她共打一把伞，把她送回家。没想到，在半路上被几个男同学看到了，他们立即围着他起哄，他被哄了个大红脸。第二天早上，班里就传开了流言蜚语，有些同学不怀好意地追问他是否有这回事，他不好意思，吞吞吐吐不敢承认。后来他想，自己没有做见不得人的事，干吗要躲躲闪闪说谎话呢？于是，当有同学再问他："那天你打伞送谁回家啦？"他回答得十分干脆："我送×××同学回家了。你有什么事吗？"那个同学自讨没趣地走了。

可见，只要自己做得对，就不必计较别人的非议。理直气壮，该怎么做就怎么做，流言很快就会自行消失。

◇ 积极参加集体活动，建立团结友爱的班集体

经常开展集体活动，对男女同学建立正常、友爱的关系是十分有益的。我们可以看到，凡是集体活动开展得好的班级，男女同学的关系就会相处得很好，班风健康向上。为什么呢？这是因为集体活动活跃和丰富了同学们的课余生活，增加了同学间的相互了解，也激发了同学们的集体主义观念。例如，在春游、野炊活动中，男生帮女生拿东西，女生在野餐时主动烧火做饭，大家一起打球、唱歌、吃饭，男女同学的关系一下子就会融洽起来。在体育或歌咏比赛时，同一集体的男女同学齐心协力，往往会取得好成绩，这就生动直接地激发出男女同学互相帮助，团结友爱的热情。

当男女同学手拉着手，像兄弟姐妹一样友好相处互助，纯真无瑕的友谊，就一定能成为激励同学们共同进步的巨大力量！

◇ 平等互励，共同提高

异性同学，年龄相仿，情趣相投，有共同的语言。如果能平等相待，相互学习，取长补短，彼此激励，最终达到共同提高，这不仅能使生活充满欢乐和生机，而且能使双方的友谊地久天长，更加高尚、纯洁。天地乾

坤，阴阳各半。男女各占半边天，共同推动着人类社会的发展。如果异性之间不交往，世界将是不完整的。

礼仪提醒

无论是少男还是少女，都需明白这样一个道理：男女同学间朝夕相处，建立正常的友谊是完全应该的。对这种高尚的情谊要倍加珍惜，决不可随意糟蹋。切不可看到异性同学间多说了几句话，或在一起讨论了几道题，便起哄或编造谣言加以中伤。

4. 男同学应恪守异性交往礼仪

作为男同学，在同女同学交往时，主要应注意以下几点。

◇ 要理解女同学的生理与心理特征

阴阳世界，男女有别，进入青春期后，女生不但在体形外貌上形成与男生迥然不同的特点，而且，由于性发育逐渐成熟，在心理上也与男生大相径庭。例如，女生在成人，尤其是在异性面前，常出现羞涩感，并且表现出女性所特有的文静、温柔等性格特征，她们的兴趣爱好一般是广泛阅读各种书刊，尤其是文学著作，喜欢与兴趣、爱好相近的同学聚在一起谈天说地；她们好沉浸在美妙的遐想之中，富有浪漫色彩和情趣；她们还希望因女性的生理特征而受到异性的尊重、理解和帮助。这一切都是男生与女生交往时应注意的。

◇ 男生要主动关心、帮助女生

论身体的强壮刚健，男生不愧为强者。男生应利用这种优势帮助关心女生，而不应将此作为傲视女性的资本。例如，当比较繁重的劳动任务交给全班同学时，男生不应讥笑女生体力不行，或袖手旁观看笑话。**一旦发现有的女同学有困难或体力不支时，要主动进行帮助，同时，在学习中，男生也要与女生互相帮助，互相学习，取长补短。**

◇ 要尊重保护女同学

男女同学在交往中，一定要自尊自爱，互尊互爱。要讲究文明礼貌。诸如出言不逊，污言秽语，对女同学动手动脚，打打闹闹，甚至勾肩搭背等有失大体的不文明行为要严格禁止。当女同学受到别人的欺侮或威胁时，男同学有必要采取各种措施挺身而出保护女同学。

◇ 要有符合道德规范的自制能力

处于青春期的中学生，由于性意识的觉醒，易产生对异性的好感和爱慕，期待和寻求感情交流。但是，无数事实证明，中学生过早涉足爱河是有百害而无一利的。因此，要充分认识这一点，做自己情感的主人，加强自身修养和意志力的锻炼，用理智去排除任何非分之想，控制、调节自己的不当行为，做一个具有君子风度、品德高尚的人。

延伸阅读：

绅士风度小贴士

身为男生应追求这样的绅士风度：

- 在与女同学交往中，注意谦让女同学。
- 尊重女同学的人格，绝不欺侮女同学。
- 在体力劳动、军训、外出旅游过程中，男同学应该主动关心、帮助和照顾女同学。
- 即使是在篮球场，也尽可能不在女同学面前打赤膊。
- 不对女同学开不应该开的玩笑。
- 不对女同学讲脏话，说话要文明。
- 不对女同学做出不应该做出的举动。

5. 女同学应把握好异性交往准则

对女同学来说，在同男同学的交往过程中，也要注意四个方面。

◇ 要稳重大方，举止端庄

"端庄自爱，洁身如玉"是我国女性的传统美德。在与男同学交往时，女同学要懂得自尊自爱，待人接物要做到语言亲切，态度诚恳，文雅庄重。不要装腔作势，扭扭捏捏；也不可随便乱开玩笑，嬉笑打闹，你推我拉；更不能搔首弄姿，卖弄风情。语言可以幽默风趣，但要掌握分寸，不可出口伤人，傲慢无礼。总之，**在与男同学的交往中，要体现出自己的高尚情操和良好的道德修养**。

◇ 要避免过分的热情和亲近

对男同学的态度要适宜，过分的亲近和热情容易引起男同学的误会，也往往易使女同学失去自矜、自爱及自尊的防线。因此，在与男同学相处时，一定要善于把握自己的感情，特别是与男同学单独相处时，更要庄重有礼，保持距离。

◇ 要理智地谢绝异性的爱慕与追求

在男女同学的交往中，男同学多充当"主动出击"的角色。当男生向女生表白爱慕之情时，女生一定要冷静、妥善地加以处理，不要伤害对方的自尊心，同时也要保全自己在他心目中的美好形象。

◇ 要勇敢反击异性的挑逗和侵害

自尊自爱既是女性的高尚情操，也是女性自我保护的守护神。**在同异性的交往过程中，一旦发现对方有非分之举，要勇敢反击，决不可半推半就，堕入歧途**。在平时也要提高警惕，例如，不要随便与男性接触，不可让男性拥抱和亲吻自己；当与男性单独在一间房内时，不要锁门；一个人在家时，不要随便让男性入室，并要学会一些有关自我防卫的措施和方法。

延伸阅读：
做一个自尊自重的女生
身为女生要自尊自重：

● 为避免引起家长、老师和同学不必要的误会，不要过多与个别男同学接触。

● 不要浓妆艳抹，奇装异服，给人留下轻浮之感。

● 在男同学面前举止端庄大方。

● 不要轻易与陌生网友尤其是异性网友见面。

● 学习和掌握必要的性知识，懂得自我防护。

● 不要寄希望于用展示"性魅力"获得男生的好感。

6. 摒除异性交往的心理屏障

世上有孤独的人，但很少有乐意孤独的人。人可忍受一时的孤独，但决不可忍受一世的孤独。人大都乐意交朋友，更希望有异性朋友，许多人如愿以偿；也有不少人哀叹"茫茫人海，知音难觅"。其实，这应该从自身找原因，特别是青少年学生应该检讨一下自己的心态是否正常，自己身上是否存在着交友的心理障碍。与异性交往时，学生身上常会表现出以下几种心理障碍。

◇ 闭锁心理

青少年学生的自我意识、独立欲望、自尊心都明显增强，内心世界不愿轻易向人袒露，容易把自己的心灵之门关闭起来，出现闭锁心理。有人在向高中生调查"有烦恼向谁倾诉"时发现，有相当数量的学生选择了"对谁也不说"。有位青少年学生还在问卷上补充道："这些都是我最忌讳的问题，我对谁都不愿说，对你们也一样。"这种闭锁心理的存在，妨碍新的友谊关系的建立。**试想，一个对谁都不信任，不能开诚布公的人，又如何获得真正的友谊呢**?

◇ 防御心理

有的青少年学生朋友抱着"害人之心不可有，防人之心不可无"的心理，对人与人之间是否有真正的友谊存在表示怀疑，往往比较敏感、有戒心，害怕朋友欺骗自己，出卖自己，甚至常发出"知人知面不知心"的慨叹，因而不敢与人坦诚相见。有这种心理的同学，对交友缺乏信心，顾虑重重。其实，只要我们以诚待人，又何愁找不到真正的朋友。"百步之内，必有芳草"，请相信，人间自有真情在。

◇ 自卑心理

自卑就是自己看不起自己，缺乏自信。在交往活动中时常表现为：总觉得自己不如别人，想象成功的少，想象失败的多，感情脆弱，多愁善感，自惭形秽，感到别人瞧不起自己，又特别害怕别人伤害自己。因而事事回避，处处退缩，不敢抛头露面，不敢从容大方地与人交往，从而失去了许多获得真诚友谊的机会。因为一个连自己都瞧不起的人，又如何让别人瞧得起呢？自卑是一种误区，无论它出自什么原因，自卑的人等于自我剥夺了做人的权利。有什么理由这样做呢？**要坚信"天生我材必有用"，振作起来，将自己投入到集体的"熔炉"之中，主动与老师、同学交往。**在交往的过程中，你会发现，原来自己并不是那么渺小，之所以自感渺小，是由于自己没有站直的缘故。

延伸阅读：

骄气和娇气

骄气和娇气是友谊大门的丧门神。骄傲自满的人，听不得别人的劝告，看不起别人，一副盛气凌人的架势，从而影响朋友关系的建立和发展。娇气也是妨碍友谊的因素。有的中学生娇生惯养，什么事都依靠别人，如呼仆唤奴般地使用朋友，只想让别人照应自己，自己从不主动帮助别人，这种人是难以得到持久的友谊的。如果你发现自己身上沾有"骄娇"二气，一定要注意克服，要学会与朋友平等相处，互相关心，互相帮助，共同提高。

四、化解与同学的矛盾

1. 与同学和睦相处的基本要求

与同学和睦相处，不仅可以使中学生自己赢得许多朋友，在友谊的阳光中享受快乐，而且对自己的学习具有巨大的促进作用，特别是与同学共同探讨学习中的疑难问题，有时甚至比听老师讲解更能透彻地理解和把握。可以说，在校期间，与同学和睦相处是受益无穷的。然而，虽然每位青少年学生都有这种愿望，但总有个别中学生表现得与他人格格不入，难以相处。比如有一名同学委屈地诉苦说："我现在感到很孤独、寂寞，在学校同学们都不愿意和我交往，课间也没有人约我一起玩。我很想和同学们处好关系，摆脱这样的困境，但又不知应该怎么办……"

是的，那些因不善与他人交往而陷入孤独中的学生，显然是非常苦恼的。同学们如果想摆脱这种苦恼，就应该从以下几方面做起。

◇ 要尊重他人，平等待人

任何学生，无论成绩好或差，都希望受人欢迎，希望得到别人的尊重。所以，平时要注意真心尊重每一个人。**这样，在尊重别人的同时，自己也会获得别人的尊重。**

◇ 以诚待人，热心助人

在集体中，自私自利，只为个人着想，处处表现出"小家子气"的人是最不受欢迎的。

◇ 不要孤芳自傲

如果你学习很好或是班干部，或有某一方面的特长，则要注意和同学特别是后进同学打成一片。比如，课间随和地和大家一起活动，并给大家讲自己所知道的有趣知识，使大家感到高兴，这样你就会成为一个受欢迎的人。

◇ 不要妄自菲薄

因为学习较差或有某些弱点，就总觉得自己不如别人，这样反而会被同学瞧不起。如果能自尊、自重，实事求是地评价自己，并在与人交往中发挥自己的优点，使同学感到与你相处能互相取长补短，很有意义，大家就自然愿意和你交朋友了。

◇ 注意改正直接影响交往的缺点

如是否守信用，是否能为别人保守秘密，是否爱在背后议论人等。如果自身有不足，就要立即改正。否则，就难以赢得大家的信任，别人自然也就不愿与你交往。

只要你时时严格要求自己，以诚待人，宽容他人，善待他人，就一定能和同学处好关系，尽享与人和睦相处的各种益处。

2. 及时化解与同学之间的矛盾

有一位叫童诚诚的同学在日记中写道：

我仅为了一点小事就与同学吵翻了。吵架以后，心里老放不下。每次想和解，同学都故意扭身不理我。每当这时我就想：算了吧，吵架又不全怨我，一个巴掌拍不响，你不理我，我干吗非理你。可是一个人的时候，心里还是放不下，不想这样继续下去，又不知道怎么去和好。

应该说，同学之间有些矛盾、闹点别扭或者因一时不冷静吵一架，这些都是正常的，不可避免的。因为每个人都有自己的脾气和性格特点，而且又都处于人生的不成熟期。但是，同学毕竟是同学，有了矛盾必须妥善解决。比如吵了架，和好是必要的，总不能这样互相僵持下去。但怎样才能达到和解的目的呢？那就是真诚。

青少年学生应当记住：**任何时候，任何事情只要以真诚为前提，就有和解的可能和机会。**

在矛盾激化的时候，多数人都有一个不自觉的表现：心软嘴硬。心里本不想吵下去了，可是嘴上不吃亏；吵架之后，心里懊悔，表面上却硬挺着。有时候双方都有和解的意愿，但因摸不清对方的意图而处于犹豫之中；有的自认为在吵架中吃亏了，受了委屈，丢了面子，为了争这个面子，故意做出强硬的姿态。其实这些情况，最终都能和解。

要想和解，除了真诚，主动也是必要的。只要真诚总能捕捉到和解的机会。

同学之间产生矛盾和隔阂，一般情况下，及时和解最好，这样可以避免误会继续加深。但是，有些情况下，先冷一段时间也不错。在冷处理的过程中悉心去捕捉和解的机会，策划和解的行动，一旦行动，和解成功的把握性会较大。

采取什么方式和解最好呢？同学们可以试试以下这些建议。如果在有好多同学在场的情况下，直接提出和解，对方万一不接受，不管什么原因，都会打击自己的和解信心和积极性。所以，公开场合应以意会为好。比如在班级里，对方正想借一块橡皮，你可以主动递一块橡皮过去，即使对方没用你递过去的橡皮，也会明白无误地知道你要和好的愿望；反过来，你也可以主动伸手向对方借一块橡皮，即使对方没借给你，也表明你没把吵架当回事。

9. 巧妙化解同学对自己的嫉妒

英语测验成绩下来了，胡亚丁又是全班第一名，这早在老师和同学们的意料之中了。因为亚丁的妈妈是大学英语老师，在家里亚丁和妈妈都是用英语进行交流的。取得优秀的成绩，胡亚丁却并不开心，因为同学董天又在那里阴阳怪气、冷嘲热讽："亚丁同志，你说你还上什么英语课啊，你干脆和校长商量商量由你来做我们的英语老师吧。你看你的英语成绩总是这么牛，口语也顶呱呱，何苦还在这里浪费时间呢？"胡亚丁听出了董天的话外之音，但他不明白，为什么自己英语成绩好，董天就如此嫉妒呢？"董天，不用这么高抬我了，你也是全班第三名啊，仅比我差6分而已，有什么想不开的呀！""我不是想不开，我是觉得以你亚丁同志的水平在这学英语，实在是有些屈才。"

嫉妒是中学生交往中较为常见的现象，它是指担心同学在某些方面优于自己或记恨同学在某方面超过自己的情绪状态。

在同学之间，嫉妒的产生一般有以下三个条件。

一是各方面条件与自己相当或不如自己的人超过了自己。如平时和自己学习一样或者学习成绩不如自己的同学，在考试中取得了比自己更理想的成绩；文娱或体育技能不如自己的同学，在比赛中获了奖而自己却名落孙山。

二是自己所厌恶和轻视的人超过了自己。如有的同学在日常生活中有些缺点或者和自己有些矛盾而他在某方面又确实超过了自己。

三是有人各方面都比自己强，一贯超过自己。如有的同学不仅成绩好而且能歌善舞，全面发展，处处都比自己优秀。这种人事事爱有意或无意地炫耀自己，别人对他是由反感产生嫉妒的。当他在某方面受了挫折或暂时失败时，其他同学的嫉妒就转为幸灾乐祸的心理。

嫉妒别人是一种不良情绪，而被别人嫉妒的学生也感到很委屈。作为一名学生，应当正确地对待被同学嫉妒，并以以下方面进行自我调节。

◇ 变嫉妒为动力

在学习生活中被嫉妒的中学生，往往是各种条件和同学差不多，没经过巨大的努力，靠机遇获得成功的人。

如果只是一两次的考试成绩超过别人，别人可能认为是偶然的，他们嫉妒的是你的"运气"。**若真是这样，你大可不必为同学的流言蜚语、冷嘲热讽而却步，而应变嫉妒为动力，吸取别人的合理内核，找出自己的弱点并脚踏实地地克服它**。经过努力，当自己的成绩稳步提高，真正成为同学可望不可及的优等生时，他们会心悦诚服地佩服你，你也就不再成为他们嫉妒的对象了。

◇ 主动和嫉妒者心理相容

当被嫉妒者感到幸运时，嫉妒者可能正感到不幸，这种反差便是嫉妒心理产生的源泉。它也是造成嫉妒者与被嫉妒者心理隔阂的原因，要想消除这种隔阂就必须使二者产生心理相容。

◇ 注意关心嫉妒者

如果被嫉妒者注意关心嫉妒者，和他搞好关系，他会感到你的进步是对理想的追求，被嫉妒者也希望他不断进步；他会想到，被嫉妒者的成就和进步对他来说并不是一种威胁，同样也是他所期望的。这样就会杜绝嫉妒心理的出现，使被嫉妒者和嫉妒者变成好朋友。

> 被嫉妒的学生要主动地与嫉妒者进行沟通。不计较他的态度和言行，诚恳地、坦率地向他表明自己在某方面确实不如他。这样，嫉妒者的自尊心在某种程度上得到了满足，嫉妒心就会慢慢地得到缓解。

4. 巧妙地消除同学对自己的挖苦

有一位同学向班级辅导员诉苦说：

这学期，同学们选我当了班长。一天，上课时，有些同学做小动作、说话，我管了他们，然而他们不但不听，反而挖苦我，我很伤心。我是班长，由于平时工作太认真，所以得罪了一些人。有人在路上写了许多不堪入目的怪话骂我，引起了同学的议论，我怕传入家人的耳朵里，又怕情绪不好影响学习。

对学生来说，当上班干部，是一件幸运的事。因为在日常工作中，多了许多锻炼自己、升华自己的机会，也可以说是多了一条成长的起跑线，所以应该珍惜这个机会。

当然，作为班级干部，在班级的管理工作中，肯定也会遇到许多困难与挫折，也会因为自己工作的认真和"执法"的严格而得罪一些人（甚至是好朋友），引起他们的不满或者报复。但作为一个正直的人，只要自己是正确的，那就要坚持自己的立场与工作态度，把自己的责任好好地承担起来，以身作则为同学做好表率，决不能因为同学的不理解、不支持而灰心丧气，失去工作的信心与勇气。**当自己与其他干部一道战胜困难，为班级营造了一个和谐宽松、纪律良好的学习环境时，我们会获得许多信心的。**

当然，要做好班级工作，还得讲究一些工作方法，首先得注意你对同学的批评要客观一些、客气一些，要学会在尊重同学的基础上善意地指出其缺点与错误，还要有一些具体实在的帮助他们的措施与行动。

不要因为自己是"官"，就对同学颐指气使、横加指责。能够自己解决的事情，尽量不交给老师。向老师反映情况，要实事求是，而不是添枝加叶地当一个"告密者"。读读《孙子兵法》、《阿凡提的故事》和其他有关领导艺术的书籍，从中学一些管理技巧与"为官之道"，学一些幽默的智慧。做到这些，相信你定能成为出色的小干部。

5. 变他人的嘲讽为自己上进的动力

有个同学苦恼地说：

我是一名初三学生，老实说，我的学习成绩不是很好，考试成绩从来都是 20 名以后，可是这次期中考试我却考出了班上第 5 名的好成绩。我很高兴，可是班上有几个原本与我成绩差不多的同学看我的眼神就有点怪怪的，还说了一些风凉话，让我感到很不自在。难道考试成绩好，也是一种错误吗？

考试成绩是衡量学习效果的主要指标。在今天竞争性学习环境中，大家都渴望能在考试中取得理想的成绩。然而，由于每个同学的天赋、刻苦程度、学习方法等方面的差异，考试成绩总会有高有低。如果某个学生平时考试成绩总是一般，而忽然有一次却考得特别好，那就很可能造成同学们的误解。如果这个学生因这种情况遭到同学们的误解和嘲笑，那该怎么办呢？

如果你也遇到这种困境，可以按照以下几种方法去试着解决。

◇ 分析一下同学冷嘲热讽的原因

如果是同学有误解，而自己问心无愧，可以十分坦然地面对这件事。自己该做什么就做什么，不被别人的态度所左右，把精力投入到学习中去，把偶然的好成绩变成经常性的名列前茅，以实际行动打消同学的误解。

◇ 以自己的宽容获得对方的理解

诚恳地征求同学们的意见，介绍自己成功的诀窍，并虚心地向同学学习好的方法，以自己的宽容感动对方，争取对方的理解。

◇ 认真总结考好的原因，并注意改进学习方法

认真总结这次考好的原因，从根本上提高学习能力，不仅能应试，平时各科也要打下扎实的基础，取得大家的认可。

◇ 自己如果有错误，切莫放任自己

如果你某次考试发挥得好，成绩高，同学会对你取得的成绩产生怀疑，或发现他有一些不当的"小动作"，因而采用冷嘲热讽的态度来对待他。如果所谓"发挥得好"的背后还有某些不光彩的行为，则要敢于正视自己的问题，并勇于承认、坚决改正，用刻苦努力所得到的真实成绩来消除同学们的嘲讽。

礼仪提醒　正确对待自身的缺点和错误，是一个人思想经受磨炼、提高修养的必经之路，也是一个人走向成熟的标志。

6. 以坦诚化解与同学的矛盾

同学之间难免产生矛盾，一时的语言冲撞或者意见的不一致都可能导致矛盾产生。当你和同学之间出现矛盾时，你是怎样的态度呢？选择回避，不予理睬，不去解释，也不再和同学交谈，还是主动地向同学说明缘由，和同学开诚布公地将一切说明化解彼此之间的矛盾？诚然，青少年总是年轻气盛，很多时候明知道是自己不对，也不愿意主动认错将矛盾化解，显然这是不对的。**一个有教养、有素质的青少年应该明白，主动向有矛盾的同学、朋友低头并不代表懦弱，而是一种勇气的表现，因为化解矛盾的首要前提就是坦诚。**

坦诚的态度能让对方体会到你想要化解矛盾的诚意，很多时候问题本

身并不严重，而对待这一问题的态度往往才是最重要的。下面列举两个关于同学间坦诚化解矛盾的小案例。

连亦和他的同桌有了矛盾，事情的起因再简单不过：同桌没有跟他打招呼就借用了他的一支钢笔，当时的他恰好心情不好，两人因此就吵了两句。事后连亦心里挺后悔的，毕竟两个人是同桌，低头不见抬头见的。过了两天，连亦终于鼓起勇气，在课间时向同桌道了歉："对不起，上次的事情是我不好，不该对你那么凶，其实主要是因为我当时心情不好，真不应该把气撒在你的头上。"同桌见连亦态度这么坦诚，主动跟自己道歉，也非常不好意思地说道："没有，都是我的错，是我不应该不打招呼就用了你的东西。"两个人看着彼此的"窘态"，相视一笑，问题就解决了，让连亦想不到的是，从这以后，两个人的关系更近了一步。

"对不起，我不应该因为一句道听途说的话就到处散播你和宋涛谈恋爱了，弄得现在老师也知道了，真的很抱歉，我保证会帮你向老师澄清的。"听着同学李良思的道歉，趴在桌子上隐隐哭泣的赵晓洁这才抬起头来："你现在这样说又有什么用，老师已经打电话通知我的父母了，他们现在正在来学校的路上，他们听说我早恋肯定会骂死我的。""放心吧，不会的，我也会向你的父母解释清楚的，到时候我会当着你父母和老师、全班同学的面告诉他们，一切都是我捕风捉影，根本没有这回事。"赵晓洁听同学这样说，又问道："你不觉得丢脸，不害怕老师批评你吗？""没关系的，我犯了错就应该受到惩罚啊，就算你父母打我，我也绝对不会还手，你就放心吧。"这句玩笑话终于让赵晓洁破涕而笑。后来关于她早恋的事情也因为李良思的坦诚而真相大白。

因为你的错误而给别人造成伤害时，最简单的方法往往也是最聪明、最有效的方法，那就是坦诚地告知真相，承认属于你的过错，相信对方一定能够因为感受到你的诚意而让问题得到解决的。所以，当你和同学之间发生矛盾的时候，不要回避拖延，最佳的方式就是坦诚地向你的同学解释清楚，你会发现没有什么比矛盾、误解化解后，两个人重归于好更让人开心的事了。

礼仪提醒

　　相信很多同学都有同样的感受，那就是，当自己和同学有矛盾时，错在自己时，自己会内疚，而错在对方时，自己也会心情不好，因为每个人都希望保持愉快的朋友关系。所以，化解矛盾比追究谁对谁错更有意义，而坦诚无疑是化解矛盾的最好方法。

第 五 章

参加会议和团体活动的礼仪

集会与团体活动，能够检验出学生的集体主义精神、自我约束能力以及文明礼仪素质。一个遵守纪律、讲究公德的学生，会时时注意恪守各种活动的秩序，并且注意发挥集体的力量，在各种活动中团结互助，显示出良好的精神风貌和团队精神，为所在的班集体和团队增光作贡献。那种在集会和团体活动中只爱出风头、不守秩序、不讲公德的学生，是不会受到大家欢迎的。

一、参加会议的礼仪

1. 准时到会，遵守会纪

青少年学生无论参加何种集会，都要按预定时间准时或提前到达，并且有序地进场。

严格遵守集会的时间，是保证集会顺利进行的基本条件之一。要确保这一条得到贯彻落实，不但要依靠集会主持者、组织者的积极努力和得力措施，同时也要依靠全体与会人员的自觉与认真配合。

集会纪律，一般是指为确保集会的顺利进行而专门制定，并要求全体与会者自觉执行、遵守的有关规则或条文。集会的类型不同，会议的纪律也会略有差别。

较为正式的集会，通常都会提前宣布有关的集会纪律，并促请全体与会者自觉遵守。即使集会没有对集会纪律作明文规定，作为现代文明人，青少年学生也应自觉遵守约定俗成的相关会纪。

- 集合时，提前到达，分班整队准时进入会场。
- 列队快、静、齐。并在指定位置坐好。
- 听报告或看演出要遵守会场秩序，注意听讲，聚精会神，保持肃静，不乱议论，不乱走动。
- 不在会场吃零食，不乱扔果皮纸屑。
- 报告或演出结束，要鼓掌致谢。
- 精彩之处适度鼓掌。
- 会议、演出进行中不提前离场。
- 会议、演出结束后，等领导、来宾退场或演员上台谢幕后再有秩序地退场。
- 若确实有特殊情况需要离开会场，先取得老师的同意才能离开。

集会时要遵守纪律和公德，要准时出席会议，不得迟到、早退、任意离席。要在指定的位置就座，不要自由散漫，到处走动。要全神贯注、保持肃静。不要闭目养神、听 MP3 或 MP4、看与集会内容无关的书籍、吃零食，更不要与旁边的人交头接耳、窃窃私语或高声谈话，不得随意传阅书报或讨论私人问题。

> 礼仪提醒
>
> 当报告人到来时，报以热烈的掌声。听讲时要集中精力，不打瞌睡，还要对听讲的内容认真做记录。集会时如果有来宾参加，应在来宾到达的时候以热烈的掌声表示欢迎，离场时应让来宾先走，并以热烈的掌声欢送。

2. 专心地倾听和记录会上他人的发言

对集会上的每一位听众而言，在会议进行期间认真倾听他人的发言，是对对方尊重的具体表现，也是为自己掌握会议精神所必须做到的。

参加集会前，应进行必要的准备工作。要处理好其他工作，免得在开会时神不守舍；要预备好必要的辅助工具，如纸、笔等；要认真阅读会议下发的材料，以掌握会议主旨。在集会举行时，每一名听众都要聚精会神地聆听他人的讲话、发言。**唯有聚精会神，全神贯注，方能领会发言精神，吸取他人发言的精华，抓住其要点。**

如需在会上进行笔记，可根据本人的条件与集会的规定，酌情采用笔记或者录音的方式。假定二者并用，也未尝不可。

如果会议不允许记录，则一定要遵守此项规定。参加一些集会时，若打算录音，最好事先征得集会组织者的同意。

在集会上，通常都不允许擅自拍照、录像。会上所做的记录，尤其是重要集会的记录，切勿自行广为扩散或公开发表。

好记性不如烂笔头，参加集会时，有条件的话，就要尽可能地对他人的讲话、发言择其要点，进行笔录。此举对会后深入体会与准确传达、贯彻、执行集会精神，都将有很大帮助。

ℐ. 大大方方地在集会上讲话

有时候，青少年学生会作为发言者在校园集会上讲话。当登台发言时，先要向师长、来宾敬礼，再向听众敬礼。发言完毕，仍需敬礼和道谢，然后再回自己的座位。这样做，既是对师长、来宾和听众的尊重，也是感谢师长对自己的培养与支持。

作为一名出色的学生，当你荣幸地走上主席台发言、领奖或表演时，要做到以下几个方面。

●走路稳重，面带微笑，从指定的台口上台。

●发言前要向主席台领导和场内同学鞠躬行礼，少先队员行队礼，发言结束后道谢。

●站在台上时，双手自然下垂，站姿端正。

●接受奖品、奖状时，用双手接，行鞠躬礼。

●接受奖品、奖状后，转过身来，面向台下，将奖状、奖杯高举过头，向大家示意；然后，双手拿好贴放胸前。

●下台时，脚步稳重，依序从指定台口退下。

在会场上要轻松流利地阐述自己的观点，尽可能避免紧张或词不达意。对于他人的见解如果不能认同，也应控制自己的情绪。暴力式的否定是粗俗无礼的，你可轻松摇头或在对方说完话之后，作一番平静的评论，以显示不认同。

准备发言时，发言人务必要做好以下要点，以力保自己的发言内容周全，令人欢迎。

一是观点鲜明。在发言时，只有做到了观点明确，中心突出，叙述清楚，主张合理，才能抓住听众，给人留下深刻的印象。

二是材料翔实。讲话要以理服人，所用资料必须真实、翔实、论据必须准确、无误。

三是语言生动。在发言时，最忌语言晦涩枯燥，而简单明了、通俗易懂、生动形象的语言则最受欢迎。

四是感情真实。在发言时，发言人固然要争取以自己的真情实感去感染听众，争取听众，打动听众，但是切勿为了做到这点而一味煽情，无病呻吟，矫揉造作，逢场作戏。

五是抓住听众。发言不但要层次清晰，逻辑缜密，更重要的是，在充分表达了个人见解的同时，还要能够尽快抓住听众的注意力。

礼仪提醒

在集会上发言时，发言人不是在表演，而是在阐明个人见解，因此发言是否简要，内容是否完整，才是观众关注的侧重点。

二、参加团体活动的礼仪

1. 参加兴趣小组应谨遵教师的指导

为了拓宽学生视野，提高学生能力，培养学生特长，许多中学都成立了学科兴趣活动小组，形成了课堂教学的延伸——第二课堂。一般学校都有气象、航模、天文、动植物、无线电等兴趣小组，小组的成员都是学科成绩优异或对该学科兴趣浓厚的同学。兴趣小组是在辅导老师的指导下开展活动的。小组成员应尊重辅导老师的指导，遵守兴趣小组的纪律，积极参加兴趣小组的活动。**小组成员间应互相尊重、团结互助，注意发挥集体的力量，把小组建设成团结、奋进的集体。**

例如，气象活动小组的同学要每天注意气象观测，做记录。预报天气，整理资料，并积极宣传气象科学知识。气象小组的活动一定要连续，千万不可中断，一定要做好记录，千万不要以"听"代"察"，或事后补写，要保证第一手材料的客观性、准确性。

航模小组成员一定要认真学习航模的基本知识。在辅导老师的科学指导下进行航模制作、实验，参加各级航模比赛，出现的问题要及时解决，而且从道理上弄通弄懂。适时改进航模装置，进而有一定的发现和发明，要保管好航模器材，正确地使用航模器材。

天文兴趣小组成员，要有吃苦耐劳的精神，要有恒心有毅力，要爱护天文仪器，要认真培养观察力。每天定时观测，做好记载，遇有重大天文现象要积极主动观察，切忌三天打鱼两天晒网，草率从事。进入天文台要换鞋更衣，观察完毕要收理好仪表仪器，清理打扫天文台，定期保养仪表仪器。

参加动植物兴趣小组的同学必须做到观察仔细，记录认真，科学制作标本，因此，该组成员要求细心、耐心、倾心、精心，爱护动植物标本，积极参加活动，虚心好学。

参加无线电兴趣小组的成员，首先要遵守国家有关无线电管理条例，不干违法乱纪之事，不能有损害国格人格之举。在辅导老师的指导下，进行实验、操作，要把所学知识运用到实践中去，要爱护无线电器材，遵守小组规章制度，等等。

2. 参加小制作小发明协会要敢于创新

在学校里，学生通过劳动技术课的学习，具有了一定的小发明小制作的能力。学生可以进一步加入小发明、小制作协会，作为会员需要充分发挥自己的动手能力和想象联想能力，并且要逐步提高欣赏能力。在小制作的过程中，既要尊重辅导老师，又要发挥个人才干；既要集思广益，又要发挥主观能动性；既要谦虚谨慎，又要敢于创新。在小制作过程中，一定要本着节俭的原则，最好能进行废旧物品的综合利用，力求变废为宝。小发明既要重科学性，又要重实用性。加入协会的同学要注意知识的积累，注重科学实验，不可剽窃他人成果。

小制作、小发明是一件人人能做的事，也是一项趣味无穷的实践活动。只要青少年学生用心观察周围的事物，善于发现问题，提出问题，大胆探索，动手实践，勇于突破条条框框的束缚，就会有所创新，有所发明。

青少年学生要知道，完成一件小发明并不是"眉头一皱，计上心来"这么简单，它要经过选题、构思设计、制作、实践检验与改进、成功等步骤。搞小发明的第一步，就是要确定发明的对象，考虑研究什么问题，这就是选题。对青少年学生来说，应从自己所熟悉的生活实际出发，在学校、家庭及周围的生活圈中去寻找发明题材。如当你在学习、生活中遇到一些困难时，你肯定会说："要是有某某东西就好了。"这个你想的所要发明的东西就可作为发明对象。不过，同学们在选题时，一定要结合自己的知识水平和设计制作能力，不要空想办不到的发明。

题材选好后，接着是构思设计，也就是根据基本的科学原理和经验，设计出选题对象的形态、结构、方法与实施方案。构思时尽可能想出多套设计方案，再根据可行性与实用性精选出最佳结构方案。方案以取材简单、巧妙易行、缺点最少为好。构思成熟后，就可以开始制作了。制作时应尽可能利用现有条件，在少花钱甚至不花钱的前提下制作出精巧的作品。某些技术上的问题，可以向老师和家长请教，有时还可以找一些有关厂家帮助制作部分部件。

小发明样品完成后，还要进行实践检验与改进。即将作品拿去使用一段时间，在使用中发现问题，并向家长老师和同学广泛征求意见，看还有没有改进或不合理的地方。然后综合各方面的意见，对小发明加以改进。几乎每件优秀的小发明都是"改"出来的。

至此，你将会享受到成功的喜悦。接下来，就可申报参加各级青少年学生发明创造比赛、申请专利或向报刊投稿了。参赛的申报文件主要包括组委会提供的申报表、项目说明和证明材料，其中，项目说明内容为：发明的选题是怎样发现的、发明方案是怎样设计的、发明作品是怎样制作的？这项发明如何体现出新颖性、创造性和实用性？你的创造性贡献是什么？进一步完善该发明的建议和设想。要附上外观图（最好还有照片）、结构图、原理图和其他必要的图表资料。凡涉及医疗保健用品、动植物新品种和国家保护的动植物的小发明项目，还必须提供有关部门的证明材料。

参加社会实践活动应举止得当

社会实践活动是学生按照学校培养目标的要求，利用节假日等课余时间参与社会政治、经济、文化生活的教育活动。这既是学校进行思想政治教育的重要环节，也是校园常规活动之一，对于促进学生了解社会、了解国情、增长才干、锻炼能力、培养品格以及增强社会责任感等方面具有不可替代的作用。

虽然小学生、中学生和大学生的社会实践在时间、地点和内容等环节上有所差异，但总体礼仪要求基本相同，具体包括如下几点。

其一，最好统一着装，穿着校服，显示出良好的团队精神，忌过于随便和浓妆艳抹。

其二，学生去实践单位时，在等车及乘车的过程中，要遵守公共秩序，听从领队的安排。

其三，到达目的地后，倘若实践单位派人来接，要表示真诚的感谢。倘若无人来接，切勿怨天尤人，要表示理解，尽量自己想办法解决，或是给实践单位打电话，寻求妥善的解决方法。

其四，饮食住宿应听从实践单位的安排，保持卫生整洁，树立环保意识，不可随便乱涂、乱画、乱扔。如果当地条件有限，应尽量克服困难，切勿提出不合理的要求。实践过程中要注意节俭，便宜从事。

其五，在进行适当的休整后，应尽早开展实践活动，并时时注意自身的言行举止，如使用礼貌用语，不随地吐痰，注意正确的站姿、行姿、坐姿等。

其六，服从实践单位安排，如觉得有不妥之处，应和实践单位加强联系，共同商讨相关事项，协商解决。切不可我行我素，与实践单位发生矛盾，应保持冷静，以全局为重。

其七，尊重他人，谦虚谨慎，忌高谈阔论和自高自大。

其八，最好不要接受实践单位赠品，更不可主动索要当地特产。

其九，临走时，应主动将住处打扫干净，提前向实践单位打招呼，并诚恳地表示感谢。

当学生走出校园，投身实践，其一举一动将不仅仅代表个人，而是代表整个学校的形象，体现学子的风貌。为了顺利地完成社会实践活动，处理好与实践单位的关系，给他们留下良好的印象，就必须要了解并遵守社会实践的总体礼仪要求。

4. 参加志愿者活动要注意自身形象

在两个文明建设中，我国各地出现了不少的青少年学生志愿者组织，它们以弘扬民族精神为宗旨，以扶危济困为目的，无偿提供咨询、援助，经常开展志愿者活动。在许多学校里，在共青团组织的指导下，也成立了青年志愿者组织，开展志愿者义务奉献活动．以培养青少年学生无私奉献的美德。学生参加志愿者组织的活动，必须遵守组织规程，按要求参加组织活动，义务参加校内公益劳动和社会服务活动。**在活动中，学生志愿者要注意自身形象，恪守日常行为的礼仪，做积极的奉献者，讲文明、讲礼仪的典范。**

◇ 心态健康，热情大方

要保持良好的精神面貌。在任何条件下，调整好自己的心态，真诚奉献、不求回报，始终满腔热忱地做好服务工作。

◇ 与人相处，注重礼让

自觉服从领导和调配，志愿者与工作人员之间，志愿者之间要相互尊重、团结协作，体现出团队合作的整体效应。

◇ 尊重对方，按需服务

在志愿服务中做到接受、重视并恰如其分地赞美服务对象。要牢记服务对象的姓名，善用服务对象的尊称，倾听服务对象的要求。

礼仪提醒

志愿者是一个没有国界的名称，指的是在不为任何物质报酬的情况下，为改进社会而提供服务、贡献个人的时间及精神的人。志愿服务泛指利用自己的时间、自己的技能、自己的资源、自己的善心为邻居、社区、社会提供非盈利、无偿、非职业化援助的行为。

5. 参加文学艺术社团活动应友好礼貌

为了丰富学生的课余生活，许多学校成立了文学社、舞蹈队、曲艺队、乐队等，并且开展了各项文艺活动。中学生参加社团活动，要遵守社团纪律，服从社团领导；要刻苦学习，努力提高自身文学文艺素养，为同学服务，为社团争光。在社团活动中，讲文明讲礼貌，有礼仪有原则，有修养有风范；切忌以己所长较人所短，自我欣赏，目中无人；要互相切磋，共同提高。文学社成员要按时完成任务，定期上交习作，积极参加竞赛活动；文艺团体成员要经常练习基本功，开展班级文化娱乐活动，进行校际交流。**创建校园文化氛围，促进同国际中学生社团的友好往来，弘扬中华民族的传统美德。**

第 六 章

参加文体活动的礼仪

在校园生活中，经常会举办文艺演出、体育比赛等各种文体活动。这些活动都是丰富学生课余生活的重要形式，也是检验学生整体素质特别是礼仪修养的特殊时机。无论哪一种文体活动，都有秩序安排和纪律要求，因此，每一位参加这类活动的学生都要做到守秩序、守纪律，听从管理安排，以良好的行为举止为集体增光。

一、观看文艺演出的礼仪

1. 观看演出需要讲究着装

在观看正式的演出时，对于着装的基本要求是：干净、整洁、端庄、文明、大方。根据演出的层次不同，对着装的要求也不同。

若是观看流行的演唱会、曲艺、杂技等，则普通着装就可以了。

若是去观赏高雅的演出，如观看京剧、舞剧、歌剧、文艺晚会或欣赏古典音乐会时，特别是陪同他人前往或者应邀前往时，则不仅要穿着正装，而且要穿具有礼服性质的正装。即男士应穿深色的中山装或西装，配深色的裤子与黑色皮鞋；若打领带，则宜选深颜色，搭配着白色衬衫。女士应着单色的旗袍、连衣裙、西服套裙或礼服等；下装尽量不要穿长裤。

若观看演出时携带家人同往，则不仅在着装上要合乎规范，还要注意使之与家人的着装相协调。

2. 提前入场，中途不宜退场

观看演出时，应拥有时间观念，至少提前 5 分钟入场。必要的话，还要自觉接受安全检查，并听从现场工作人员的指挥。

届时，不允许携带易燃、易爆物品与管制刀具等危险品，不允许将大包或软硬包装饮料、荧光棒、一次性打火机带入场内。

如果已经迟到，应悄悄入座。穿过座位时姿势要低，声音要轻，以不影响他人观看演出为宜。

必须牢记：对起身为自己让座的同排观众一定要致谢、致歉。

一般情况下，在看演出时，最好提前到达，一方面可以表示对表演者的尊重；另一方面，你也不会因为找座位而打扰已经入座的观众观看表演。

当你进入满座的一排来找你的座位时，如果有足够宽的空间，你的脸要朝着座位而不是舞台。当你走过别人的座位时，要为你挡住他们的视线而道歉。

严格地说，听音乐会时不应迟到。有的剧院会禁止迟到的人入场，迟到的人只能在场外就座，幕间休息时才允许迟到者入座。

在文艺演出的中途，观众不宜退场，因为那是很不礼貌的行为。如果你预先知道要提早离开，那么，你最好选择坐在最靠边的位子上或是最后一排，以使你的离开不会影响他人。

演出结束后，要依序退场，不要拥挤，不要在场内滞留。

礼仪提醒

无论出于何种原因，提前退场都是非常不礼貌的行为。如果你实在是不得不中途离开的话，你最好等到剧目间隔或幕间休息时再离开，以免影响他人的正常观看，或是使演员分神。

3. 适时地鼓掌，文明地喝彩

关于演出，就不得不提到喝彩的问题。如果仅仅你一个人大呼小叫，认为演出精彩的话，就很可能会令整个现场受到干扰，而如果大家都喝彩，你也喝彩，就比较自然。所以说，如果你觉得特别精彩，但是大家都没有鼓掌时，你要学会抑制自己的感情。有时候看特别喜欢的音乐会，情不自禁跟着音乐的节拍哼唱，这会影响了别人的观看，甚至引起别人的反感。每个社会公民在社会生活中，都要学会对积极情感的表达要从众，对消极情感的表达要抑制。但是实际情况是我们经常对积极的东西自以为是，不去互动，而对消极的东西的表达却出现从众的现象。

由于各种演出的形式不同，观赏时对鼓掌也有不同的要求，应特别地予以注意。观赏中华艺术的瑰宝——京剧、地方剧时，精彩处可叫好、鼓掌；而聆听交响音乐，欣赏芭蕾舞剧、歌剧，则不宜在演出中间鼓掌，更不可在自认为精彩处鼓掌，以免影响演出效果和氛围；观看现代摇滚乐，容易唤起听众的参与感，往往呐喊、鼓掌不断。

青少年学生在看舞台剧或听演唱会、音乐会时，不要作出喝倒彩的行为，这是很不雅的。因为在这种的场合下，发出任何声音都会干扰到其他人对舞台剧的欣赏，对其他人来说都是不礼貌的。

现代社会，现场演唱会日渐增多，歌迷时常会购买荧光棒在现场气氛热烈时挥舞助兴，但是有的观众会在情难自控的时候把荧光棒丢向前排，这不仅会给剧场带来不必要的混乱，还很有可能砸到前面的观众。青少年学生来听演唱会，都是希望借着活跃的氛围来放松自己，如果仅仅是因为自己的一时高兴而伤害到别人，从而造成自己的不愉快可就得不偿失了。

延伸阅读：

音乐会鼓掌的礼仪

青少年学生，在听音乐会时，尤其是古典音乐会时，要懂得，鼓掌也是有礼仪规范的，若你不懂得其中的道理，结果会弄得自己很尴尬。比如乐章之间的间隔是不能鼓掌的。所谓乐章，通常是指音乐作品的章节、区隔等，很像是文章的章节。一首乐曲依大小或是音乐形式，有单乐章、多乐章之分。交响曲通常是四个乐章以上，协奏曲、奏鸣曲常是三个乐章以上，交响诗则是一个乐章。组曲则不是以乐章来分，而是一首首的小曲子组合而成一个完整的组曲。

乐章的题目一般说明其速度（如快板、慢板等）、风格（如"热情的快板"等）或形式（如"小步舞曲"等）。乐章是乐曲中有意义的完全中止，但经常整首乐曲仍同时演奏着，所以乐章和乐章之间，在演奏会上是不鼓掌的。

4. 保持安静，尊重演员的劳动

无论是什么演出，演出开始后，观众就应该安静下来，绝对不能在演出场所内吸烟、吃零食、嚼口香糖等，如无必要最好不要发出声音。

在音乐厅，咳嗽也是不允许的，在公共场合大声地咳嗽也是一种粗俗的行为。如果你的喉咙不好，试试尽量吞口水，或者随时备一杯水来缓解咳嗽；若痰多，应吐在纸巾上，放在你事先准备的袋子里，等离开音乐厅之后再处理，不要随便扔在地上。

如果要打哈欠，用手挡在嘴上；如果想打喷嚏，一定要用手帕、纸巾等遮挡，以避免飞沫四溅，对周围人的健康造成伤害。

也不要让你手中拿的节目单、门票、食品包装纸等发出声音。

当然，如果是流行音乐会，则要求相对要宽松得多。但无论如何，一边欣赏音乐，一边大快朵颐，或是肆无忌惮地打喷嚏、咳嗽、吐痰、乱扔废弃物，都是极不礼貌的行为。

在听交响乐、歌剧或其他正式的演出中，不要与旁人说话，即便轻声也不行。对一个真正喜欢音乐的人来说，当他正在仔细聆听台上的演奏时，是不希望被任何噪声干扰的。尽管你可能是压低了嗓音在说话，但这一点点的声音，照样会影响到旁边的人。因此，有话也要等看完节目再说。

入场时一定要关掉手机，或者将其调成静音或振动状态，以免影响他人。

观看影剧时，应摘下帽子。不要左右摇晃。以免妨碍后面观众的视线。不要把脚踏在前排座位上，这会弄脏椅子和前排观众的衣服，也不文明雅观。除了因情节有趣引起的笑声外，需要绝对的安静。影剧场不需要现场"评论家"。即使节目让你不满意，不要与同伴窃窃私语，一定要等到演出结束退场后再和同伴对演出进行评价。

对演员的失误，要给予谅解，不要喝倒彩、起哄、吹口哨、跺脚。电影放映中断，要耐心等待，不能呼叫。对扰乱演出秩序的人，观众有责任进行规劝，以保证演出正常进行。但要友好地表达自己的意见，巧妙委婉地制止对方谈话。一定要注意制止的方式方法，不要因此引起双方间的不愉快，从而妨碍别人观看演出。

观看流行音乐演出或者演唱会的时候，需要场下气氛活跃一些，但疯狂地尖叫高喊也是不妥当的。

5. 约束自己的举止，保持剧场清洁

◇ 严守个人空间礼仪要求

观看演出，你的座位已经规定了你在这个特定空间内的活动范围，一旦你逾越了这个范围，就是给别人带来干扰。看演出时不要懒散地歪坐在椅子上或半躺在椅子上，要注意端正自己的坐姿，要坐正、坐直。看演出时还应该把帽子拿掉，以免影响后面观众的视线。还有的观众喜欢把脚架在别人的座位上，这种行为是极为失礼的。在听流行音乐演唱会的时候可以站起来随着音乐一起舞动的，但是特别要注意的是，如果大家都坐着。只有你一个人情绪激动地站起来，那就会挡住后面观众的视线，影响到其他人的观看，所以在大家都没有舞动的时候，一定要克制自己的情绪。还有很重要的一点要记住，那就是绝对不允许在演唱会、音乐会以及电影院这样的场合脱鞋子。

演出临近尾声，不要提前离座，匆匆忙忙地走向出口，影响他人观看，应等演出结束，再有秩序地退场。

◇ 带走自己制造的垃圾

每场音乐会结束以后，都会有很多节目单、饮料杯、垫座位的报纸、调节气氛用的荧光棒扔得到处都是，这是一种不文明的表现。**文明的观众在观看演出时应保持剧场内的卫生，不带食物进场，退场的时候要清理自己使用过的物品，不乱扔垃圾，以免弄脏剧场的环境。**在观看演唱会时，最好随身带上一个小袋子，等到演出结束后把各种垃圾装进袋子里带出场外，包括荧光棒、矿泉水瓶、纸杯等都应该在用完后扔到指定的垃圾桶内，绝不能让它们影响剧场的环境，更不要让它们成为威胁安全的隐患。

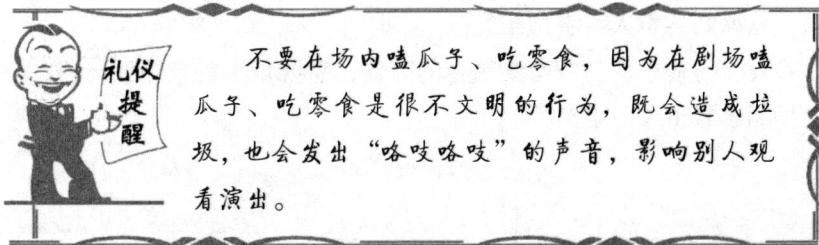

礼仪提醒

不要在场内嗑瓜子、吃零食，因为在剧场嗑瓜子、吃零食是很不文明的行为，既会造成垃圾，也会发出"咯吱咯吱"的声音，影响别人观看演出。

二、观看体育比赛的礼仪

在当代社会中，体育以其独有的、鲜明生动的形象，表现出巨大的感染力，观看体育比赛作为参与体育运动的一种主要形式和中介手段吸引了越来越多的人。特别是随着人们生活方式的改变、生活质量的提高，欣赏体育比赛作为一种文明高尚的精神生活，已为越来越多的人所喜爱。

赛场与在电影院、剧院、餐厅等公众场合不同，这些场合大多是安静的地方，很多礼仪都是以"A Thoughtful Silence"为基础的，比如，不要大声说话、咳嗽，也不要吃有响声的东西。但在赛场上，如果没有欢呼、叫好声，那就少了体育气氛，少了观众参与的感觉。但这并不是说在赛场上就可以为所欲为，在观看体育比赛时也应自觉遵守赛场秩序，遵守有关礼仪。

观看体育比赛是一种精神享受，在这个过程中，作为一名有素养的观众，应该自觉遵循赛场纪律、社会公德和观赏礼仪，积极配合比赛进程。观众良好的礼仪既是对运动员、教练员和裁判员的一种尊重，也是展示东道主良好形象的重要方式。

1. 观看比赛的着装应文明得体

观看体育比赛与欣赏音乐会、出席晚宴不同，赛场是公共场合，气氛轻松活跃，不需要穿着非常正式的服装，但是观众也要根据场馆和项目不同选择合适的着装。着装的基本要求是整洁、文明、得体。

其一，在观看比赛时，观众的衣着以舒适、休闲、整洁、大方为宜，不要过于正式，也不能太随便。

其二，有些场馆对鞋子有特殊的要求。比如要进入用木地板铺设的篮球场，最好穿运动鞋或软底的休闲鞋，不要穿皮鞋或高跟鞋。

其三，在观看比赛时不能戴帽子，以免影响坐在后面观众的视线。**如**

果是戴着帽子进场，在比赛开始前应该把帽子摘下来。

其四，在观看网球、台球等人们所公认的"绅士"运动时，着装应当比较正式，不要穿背心或短裤。

其五，如果是作为贵宾出席，穿正装则是必要的。特别是比赛安排了贵宾讲话，或者给运动员颁奖，出席这些仪式性场合，那装束就一定要正式。

作为普通观众观看比赛在着装上没什么特别的要求，可以随气候、场所和个人爱好而定，可以着轻松休闲的便装，也可着西服，但也要注意公共场所的礼节，即便再热，也不能只穿一件小背心，更不能光着膀子观看比赛，这样不雅观。观看户外项目最好戴帽子，观看水上项目最好戴太阳镜。此外，赛场的座位通常前后左右都比较窄，尽量不要带很多东西。

2. 准时入场，遵守入场规则

◇ 遵守时间，准时入场

遵守时间是人们文明素养的表现，在体育比赛中也不例外。提前到达体育场是对运动员、教练员和裁判员最起码的尊重，也是观众体现自己素质的重要方式。

①为了能够准时到达体育场馆，观众在出发前最好先熟悉一下去赛场的交通路线，尽量乘坐快捷畅通的公共交通工具。

②如果是开车前往，应按规定的路线行驶，并避开拥堵路段。另外，还需要提前出发，及时在赛场周围寻找到停车位，以免造成停车场内拥堵。

③到达体育场后，应尽快进入场内，不要在入口逗留或者聊天，妨碍他人入场。

◇ 配合安检，有序入场

为了保证赛场秩序和赛场内人员的人身安全，每一个进入赛场的人都要接受安全检查。在这个过程中，观众要自觉配合安检，并有序入场。

①观众在进入体育场的检票口时，往往会因为人多而拥挤。这时，**观**

众应该按照顺序，排队入场，遇到老弱病残者主动礼让。

②在入场时，应该主动把票证拿在手里，配合工作人员检查；不要塞在包里或衣服里，到了工作人员面前再往外掏，耽误其他观众入场的时间。

③如果是结队前往观看比赛，在进场过程中不要大声喧哗，保持良好的体育场氛围。

④在入场时，由于人比较多，最好不要吸烟或吃东西。免得烟头烫到别人，或是食品的残渣碎屑、汁液弄到旁边观众的身上。

⑤在进入场地后，观众应尽快找到自己的位置，对号入座。注意在入座时不要打扰别人，更不能坐别人的位置。如果进入场馆时比赛已经开始，应该就近入座，待中间休息时再寻找自己的座位。

⑥在进行安检时，观众应当主动配合有关工作人员，接受检查尊重工作人员的要求，控制情绪，避免与工作人员发生冲突。

⑦注意不要携带禁止带入场馆的物品。

延伸阅读：

禁止带入体育场的物品

禁止带入体育场的物品一般有以下几类：

- 打火机、酒瓶、凳子、刀具等硬件物品。
- 烟花、爆竹等易爆物品。
- 封口饮料瓶、易拉罐和可投掷物品。
- 零碎食品，如瓜子、花生、各种糖果点心。
- 宠物。

3. 文明地使用手机，不影响他人

在比赛进行中，应避免发出手机铃声等噪音，影响运动员的比赛发挥及其他观众正常观看比赛。因此，观众在入场后最好能自觉把手机调整为振动，这样既不耽误自己的事情，对运动员也是一种尊重。如果确实有事建议用短信交流，实在不得不接的电话也建议告知打电话的人自己正在看比赛，请过一段时间再打来。

切忌在观看现场出现铃声大作而不接听，或旁若无人地大声接听电话，或慌慌张张地离席跑到外面去接电话，这些与赛场秩序不和谐的言行都会影响运动员和其他观众。

需要注意的是，赛场内所有的人，包括在主席台上的贵宾、暂时没上场的运动员、工作人员等，都应自觉做到文明使用手机。特别是诸如赛事组织者和新闻记者等场内的工作人员，如果因为工作需要不得不使用手机，也要注意使用的方式。比如用手盖住手机听筒和自己的嘴，尽量放低音量等，而不能因为使用手机影响到其他人。

4. 禁止使用闪光灯，不刺激运动员

大多数比赛项目是允许观众照相的，但观众要注意关闭闪光灯，因为闪光灯会刺激运动员的眼睛，妨碍他们集中精力进行比赛。

比如在乒乓球或羽毛球比赛中，闪光灯对运动员影响就非常大。因为球拍和球的碰撞是在瞬间完成的，闪光灯会闪花运动员的眼睛，使运动员无法判断来球，从而影响到回球的质量和命中率。在射击和射箭比赛中也是如此，闪光灯会影响运动员对靶心的判断。此外，在体操和技巧项目中，运动员会做一些高难度动作，如果这时被闪光灯晃了眼，就很有可能发生危险，后果不堪设想。

所以，观众在观看比赛时，如果要进行拍照，不要使用闪光灯。但在运动员入场或比赛结束后，观众可以尽情地拍照留念。

在北京奥运会女子射箭决赛中，中国选手张娟娟以一环优势，击败雅典奥运会冠军、韩国著名射箭选手朴成贤，夺得北京奥运会女子射箭个人金牌，打破了韩国射箭队多年的垄断。

在决赛中的四组比赛，张娟娟都感到非常满意。但在预赛射第一组第二箭时，却出现了不和谐的一幕。在张娟娟瞄准时，右前方突然有闪光灯闪了下，她一下子就蒙了，箭也直接射了出去，只射了7环的低环值，让人惊出一身冷汗。

可见，闪光灯可能会影响运动员正常水平的发挥，因此作为一名观众，我们应"管好"自己的闪光灯。

> **礼仪提醒**
>
> 一些比赛场馆不允许带相机入场，不允许使用闪光灯，这些规定应当遵守。如果想拍照，可以早一点儿去比赛现场，拍漂亮的展馆、赛场；比赛结束后如果遇到运动员的话，可以友善地提出合影的愿望。

5. 向运动员表示敬意

观众向运动员热情友好地表达自己对他们的敬意，能使运动员充分发挥运动水平，观众本身也能得到极大享受。观众向运动员表示祝贺的方式，通常有以下几种。

◇ 鼓掌

鼓掌是向运动员表达致意最直接的方式，而不分国籍、不论输赢的掌声更能体现出主办国观众的良好素养。

◇ 欢呼

观众可欢呼运动队名称或运动员名字，其间也可配以有节奏的掌声，使当时的场面更为热烈。

◇ 投掷鲜花、彩条

向优胜者投掷鲜花和彩条，是表示最热烈祝贺的一种方式。

◇ 挥动彩旗、标语

向优胜者挥手，也可以挥动彩旗或标语等。

◇ 握手或欢送

在条件许可时，观众也可以与运动员握手表示祝贺。**有时，还可自发地组成夹道欢送的队伍，以欢送运动员退场和返回驻地。**

◇ 写信或寄贺卡

在比赛结束后，观众还可以写信或寄庆贺卡片给优胜者的方式，向运动员倾吐自己喜悦的心情和表示诚挚的祝贺。

6. 掌握喝彩的时机，杜绝不文明喝彩

掌声致意和喝彩是体育赛事中不可缺少的，热烈、恰如其分的掌声可烘托赛场气氛。但要注意的是，适当的加油行为可以促进运动员的发挥，过度则会对其造成干扰。因此，观众应掌握喝彩的时机。

◇ 选择喝彩的时机

观众的加油欢呼声能够在一定程度上激励运动员，但有时也会分散他们的注意力。因为在比赛过程中，运动员的精力必须高度集中，特别是在接发球时要及时判断来球的落点和对方的回球战术，这时非常需要安静的环境。

在比赛的发球、发令时，观众应保持安静，以便运动员能清楚地听到发球、发令声。发球项目如乒乓球、羽毛球、网球等，发令项目如游泳、田径的径赛等。

在发球、发令声后，比赛开始，观众就可以尽情地喝彩欢呼，为运动员欢呼加油。

◇ 注意喝彩的节奏

观众不仅要选择好时机，还要有节奏地进行加油，比如，在比赛中齐声呐喊运动员的名字，配以有节奏的掌声等。对于对方运动员的精彩表现，也要整齐大方地给予热情的掌声。

在比赛中，有节奏和喝彩不仅能活跃赛场气氛，而且还能为运动员创造良好的比赛环境。比如在游泳、短跑等项目中，如果观众的加油助威声能和运动员的比赛频率结合在一起，按照比赛节奏进行喝彩，对运动员来说有很好的辅助作用。

◇ 杜绝不文明的行为

观看体育比赛，为尊重主客双方，观众致以热烈的掌声表达敬意，是

尊重比赛的良好行为表现。与此相反，起哄、吹口哨、鼓倒掌、喝倒彩、幸灾乐祸都是赛场中极不文明的行为。此外，在体育场中，观众绝不可使用污言秽语，更不能用歧视性的语言侮辱、谩骂运动员、教练员、裁判员以及客队球迷等。只有观众加强对自己的约束，才能营造一个和谐有序的观赛环境。

精彩的体育比赛振奋人心。**欢呼和呐喊是很自然的事情，但拥戴偶像应适度，宣泄情感应文明，为运动员加油助威的标语口号内容应健康。**可以为自己喜欢的一方叫好，但不应辱骂另一方。如果是精彩的场面，对己方的运动员和对方运动员都应加油助威，表现出公正和友好。

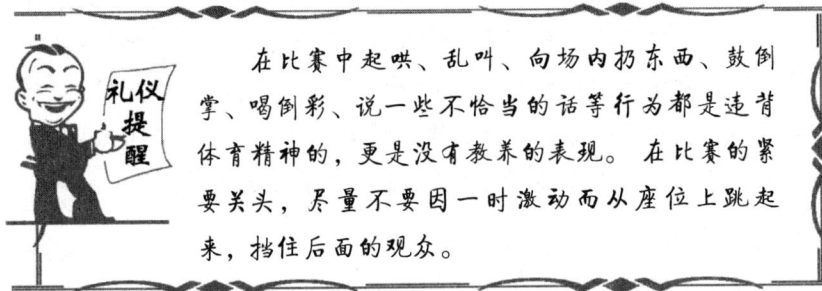

> 礼仪提醒
>
> 在比赛中起哄、乱叫、向场内扔东西、鼓倒掌、喝倒彩、说一些不恰当的话等行为都是违背体育精神的，更是没有教养的表现。在比赛的紧要关头，尽量不要因一时激动而从座位上跳起来，挡住后面的观众。

7. 拉拉队要做到文明助威

拉拉队的历史可追溯到原始部落时期，战士们狩猎凯旋归来时，人们给予欢呼及鼓励的动作。现代体育拉拉队在19世纪后期的美国开始迅速发展，主要融合了徒手体操、舞蹈、艺术体操、技巧等运动的元素，配上节奏感极强的音乐，表现出了一种朝气蓬勃的面貌和团结一致的集体精神。

拉拉队通过全身心投入的表演和激情四射的助威，在活跃赛场气氛的同时，也起到了联络观众与运动员之间感情的作用。**为了体现对体育比赛的热情以及本身的文化修养，职业拉拉队要做到文明助威。**因此，青少年学生作为拉拉队队员时需要注意以下几点。

◇ 遵守规定

拉拉队作为体育赛场中的一份子，要遵守赛场纪律。比如，不能利用工作人员的便利将违禁物品夹带入场。对于拉拉队所带进场内的道具，要符合相关规定。比如带入场内的口号牌、横幅尺寸不宜过大，在不影响正常比赛和其他观众观赛的前提下方可亮出。若赛场内允许使用锣鼓、乐器等时，要有组织地配合比赛节奏进行。使用的口号、标语及所呼喊的内容要健康，不要有污言秽语，不要恶语伤人。见他人有违纪行为时，也要竭力劝阻等。

◇ 合理助威

拉拉队在比赛开始前，最好先了解比赛项目的有关知识，这样有助于配合比赛的节奏。比如在进行篮球比赛时，当队员在进行罚球的过程中，拉拉队员应该保持安静。而在场间休息时，拉拉队就可以尽情地释放自己的热情，不让赛场气氛因为比赛空隙而冷下来。此外，助威时要有指挥、有秩序地进行，文明助威。在助威的过程中，拉拉队可能需要一些道具来活跃气氛，这时，不能投掷有可能伤及裁判员或运动员的物品。

◇ 展示热情

拉拉队不但要为获胜者加油，更要为那些在赛场中体现出拼搏精神的运动员加油。也就是说，拉拉队要展示出自己的热情，同时为双方运动员的精彩表演鼓掌喝彩。

泰国最著名的职业拉拉队选手"嘟嘟"，每遇体育大赛，他总要身着泰国传统服饰，挂着喇叭，腰间缠着腰鼓，脚下踩着响锣，声嘶力竭地为参赛者呐喊加油。但是，"嘟嘟"向来都不只是为泰国队加油。在2007年曼谷国际羽毛球公开赛中，当中国选手陈宏在决赛中对阵泰国选手波萨纳时，"嘟嘟"就组织了两批拉拉队，分别给两名运动员鼓劲加油。

可见，体育是无国界的，拉拉队为比赛双方加油，就是对体育精神最好的诠释。

◇ 尊重裁判

要尊重裁判，理智对待己方的比赛结果。

不能无原则地瞎起哄，偏袒己方队员。

延伸阅读：

不要让自己的一声呐喊变成运动员的噩梦

通常来说，室内比赛比室外比赛的礼仪要求多一些，毕竟是相对封闭的环境。比如，观看乒乓球、体操、举重之类的项目，切不可一惊一乍地叫好，尤其是运动员做准备的时候，如发球或准备发力时，忽然的声响会影响他们的情绪。同样，对于跳水项目来说，每次看到运动员站在高高的跳台上，观众都会特别紧张，如果这时有人大声叫运动员的名字，可能会对运动员的发挥造成很大的影响。

8. 不以成败论英雄

作为高素质的观众，在为本方运动员表示敬意的同时，更应该为其他方的运动员给予鼓励的掌声。我们不应以成败论英雄，因为运动员在赛场上所表现出来的技术水平和拼搏精神都值得我们欣赏和鼓励。这既能体现出对体育运动的欣赏，也能表达对运动员的尊重。对于失败者的致意是观众赛场文明行为的最佳体现，体现了喝彩者的胸襟和风范。

比如在一些中长距离赛跑项目中，实力不济的运动贝会被前面的运动员抛在后面甚至被套圈，即使在这种情况下，他们也没有放弃，咬牙坚持到终点；在跳高比赛中，运动员最终未能越过更高的高度而结束比赛。这时，**观众应该把最热烈的掌声送给这些运动员，为奥林匹克精神重在参与而欢呼喝彩。**

9. 退场不要拥挤，有秩序地退场

为了表示对运动员、教练员和裁判员的尊重，观众应尽量等到比赛结束后再退场。在退场时，不要拥挤，要有秩序地退场。

◇ 应等待比赛结束后再离开

在观看体育比赛的过程中，尽量不要提前退场，应等待比赛完全结束

后再离开。提前退场是对运动员、教练员和裁判员的一种不尊重。如果确实有急事需要提前退场，最好选择在中间休息时离开，并且注意不要打扰其他正在观看比赛的观众。

◇ 有序地退场

在退场时，观众应按座位顺序，向最近出口缓行退场。不要过于着急离开看台。通过赛场通道时不要抢行，要注意保持秩序。**总的来说，无论是从赛场礼仪还是赛场安全的角度，都应该养成遵守秩序的好习惯。**

◇ 主动将饮料空瓶等杂物带出场外

观众在进入体育场时，最好随身带着一个小塑料袋作为垃圾袋。在比赛结束后，将饮料瓶、果皮果核、报纸等杂物收集起来，带出场外，扔进垃圾箱。不要把垃圾随手丢在过道上或放在座位上。

如果有人把邻座的杂物也一并带走，我们应向这些人表示敬意。希望越来越多的人注意维护公共环境卫生，并带动和影响周围的人。

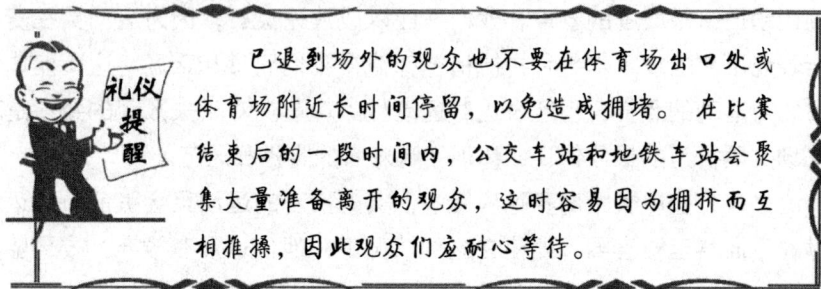

> 礼仪提醒
>
> 已退到场外的观众也不要在体育场出口处或体育场附近长时间停留，以免造成拥堵。在比赛结束后的一段时间内，公交车站和地铁车站会聚集大量准备离开的观众，这时容易因为拥挤而互相推搡，因此观众们应耐心等待。

10. 遇到紧急与突发事件需要冷静

在体育场馆遇到突发事件时，青少年学生们要学会如何正确处理，千万不要因为慌乱而造成更大的伤害。一旦遇到这种突发情况，应以下面方式来处理。

◇ 使自己冷静下来

观察旁边是否有需要自己帮助的人，将其保护起来。然后在场馆工作人员的指挥和疏导下，正确、迅速地离开场馆。

◇ 留心观察场馆内安全通道标志

应该具备一些防范突发事件的常识和思想准备。当体育迷走进场馆的时候，就应该留心观察场馆内的安全通道标志，熟悉这些安全通道所标示的逃生通道的位置。**如果在体育场馆观看比赛时发生突发事件，大家应该首先听从大会指挥，有秩序地从看台向场地中央疏散，避免盲目地拥挤。**

◇ 与自己的恐惧心理作斗争

在处于混乱状态的人群中，最明智的自我防御方法是要与自己的恐惧心理作斗争。在这种情况下，要判断出怎样才能不被卷入混乱的人流中去。要冷静地观察，选定自己的避难路线，然后再采取行动。同时，当看到老人或者小孩的时候，要尽可能地帮助他们离开危险的地方。

◇ 遇到赛场事故切忌随便走动

如在比赛中遇到赛场事故，比如突然停电，应保持安静，坐在自己的座位上，切忌随便走动、乱作一团。手中持有小手电或是荧光棒的观众可以打开照亮，但不要使用打火机、火柴等明火照明。如比赛延期，要听从工作人员的指挥，借助应急灯灯光，按照安全出口指示灯的指示有序退场。

三、 参加体育活动及比赛的礼仪

1. 牢记比赛精神，坚持比赛原则

◇ 牢记比赛精神和宗旨

无论是观众还是运动员，在运动会上都应坚持"友谊第一，比赛第二"的比赛精神和"重在参与"的比赛宗旨，不能为了取得好的成绩而弄虚作假，诋毁、干扰对手。

◇ 坚持公平竞赛、文明竞争的比赛原则

在赛场上，应该倡导公平竞赛，文明竞争，坚决反对仅仅为了夺取好的成绩而违背公平竞赛、文明竞争比赛原则的一切行为和做法。

◇ 严格遵守竞赛规则

体育运动最讲究竞赛规则。作为运动员，首先要了解并遵守相关规则。这些规则不仅能很好地保护运动员身体，而且对运动员双方都有好处，能使比赛更富有趣味性，并可减少运动员之间的摩擦。

2. 着装得体，准时参加比赛

参加校运会，入场时或在场下应该统一着装穿校服，不要穿西服或是紧身的服装，也不要穿拖鞋进入比赛场地。

运动员在比赛的过程中，要根据所参赛的项目选择合适的、协调的着装，一般可选择干净、整洁、得体的运动服。

着装的协调不仅反映了运动员对比赛的尊重和对本项目的认识，更体现了运动员的礼仪修养。

◇ 准时参加开幕式

开幕式是校运会正式开始的标志，也是激发和鼓舞运动员比赛热情和斗志的形式，因此每个人都应准时参加，按要求入场、退场，不能随意离开会场，更不能无故缺席。如果迟到了，应悄悄站在队伍的末尾，不要在队伍中转来转去。

礼仪提醒

在比赛前，一定要做好相关运动前的准备，也就是所谓的热身运动。这样，既可以尽量避免不必要的运动损伤，如拉伤、扭伤等，又可以保证比赛顺利进行，保证运动员正常水平的发挥，取得令人满意的比赛效果。

◇ 遵守比赛时间

在校运会进行过程中，比赛项目较多，运动员一定要准确掌握好参赛项目的时间，切勿缺席或临阵退场，当然特殊原因（如受伤、参赛项目时间发生冲突等）除外。遵守比赛时间，并认真参加比赛，是运动员礼仪的重要内容。

3. 尊重对手，不可弄虚作假

◇ 尊重比赛对手

在比赛过程中，所有的参赛选手都是竞争对手，要彼此互相尊重。千万不能因为追求比赛结果而有敌视和排挤心理，更不能在比赛中出现言语侮辱或身体攻击。这样做不仅有损自身形象，受到严厉惩罚，而且会破坏良好的比赛气氛，破坏友谊。**正确的礼仪规范应该是坚持友谊第一、比赛第二，尊重所有的参赛选手。**

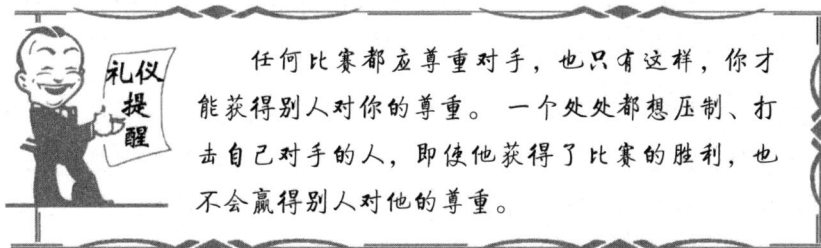

礼仪提醒

任何比赛都应尊重对手，也只有这样，你才能获得别人对你的尊重。一个处处都想压制、打击自己对手的人，即使他获得了比赛的胜利，也不会赢得别人对他的尊重。

◇ 不弄虚作假

不管参加什么比赛，都不应为了获得荣誉而不择手段，弄虚作假，比如冒名参加比赛、偷跑等等，都是非常可耻的行为，也必将遭到人们的拒绝。

◇ 服从裁判的判决

作为一名运动员，在比赛中非常重要的一项礼仪就是要服从裁判，这也是个人素质的体现。千万不要对司线员或裁判员的裁判提出异议。裁判人员的决定是最终的决定。

如果认为裁判有错判，可以向裁判委员会提出申诉，不能据此起哄，辱骂裁判，更不能因此聚众闹事或是罢赛。

4. 热心对待观众，礼貌地结束比赛

没有观众的现场观看和鼓励，赛场将会平淡很多，运动员们也会失去一定的动力，所以每个选手都应热心、热情地对待观众，不能辱骂或是打击观众，那既是没有礼貌的行为，也是缺少教养的表现。

在比赛结束后，无论最后结果如何，都要礼貌地走到对手面前，同他们握手。如果对方获胜，祝贺他们的良好表现；**如果对方失利，肯定他们的精彩发挥，并谦虚地表示自己要向他们学习。**

5. 理智看待比赛结果，懂得颁奖礼仪

◇ 理智看待比赛结果

理智对待比赛结果无论是运动员还是观众，都应理智对待比赛的结果。取得好的成绩固然可喜，如果没有取得好的成绩，也没什么值得懊恼，因为同学已经尽了最大努力。

◇ 懂得领奖礼仪

颁奖时，运动员应着装整洁，举止大方地走向领奖台，伸出双手从领导手中接过奖状奖品，然后向台下的观众挥手或是点头致意。当然，观众此时也应对运动员报以热烈的掌声，以示对其成绩的祝贺，切忌对获奖的运动员冷嘲热讽或是中途退场，那是非常不礼貌的。

四、 参加演讲活动的礼仪

1. 做好演讲前的准备

古人说，"有备无患"、"不打无准备之仗"，这些原本是兵家常常挂在

嘴边的话，然而对于想提高演讲效果的人来说，却是有利的启发。演讲一定要有所准备，而准备也要讲求一定的方法。也许有人会有疑问，即兴演讲不是没有准备的吗？其实不然，即兴演讲所说的即兴是相对而言的。**因为即兴演讲需要的是日常的积累，而日常的积累也同样是一种准备**。就演讲的常规来说，演讲之前的准备主要有两种。

- 撰写演讲稿；
- 演讲前要做一定的心理调整。
- 演讲前认真整理自己的仪容仪表。

2. 撰写演讲稿

撰写演讲稿注意以下六点。

◇ 看准对象

演讲是面对公众的谈话，因此演讲者要针对不同对象的不同兴趣来进行演说。

◇ 考虑讲话的场合

场合就是一定的时间、地点和现实情况的总称。从演讲活动看，场合包括讲话的时间、环境（讲话的场所和社会背景）和听众三个方面。场合对人们的讲话起着一定的制约作用。它决定着演讲者话题的选择、语言的运用、音量的大小、结构的组织、称呼的使用。

◇ 中心明确

演讲者谈论问题时应该有明确的中心，否则只能算是机械地堆砌材料，根本无法解决任何问题。

◇ 力求具体实在

听众大都喜欢演讲者的演讲内容具体、真诚、实在，而讨厌假、大、空的语言。**具体，才能形象生动；真诚，才能以诚感人；实在，才能令人信服**。

◇ 讲究用语

讲究用语主要包括两个方面：一要采用口语；二要讲究修辞。演讲是给人听的，因此演讲的第一要务就是要让人能听懂，这样人们才喜欢。口语通俗易懂，富有人情味，让人听着感觉贴近生活。很舒服。但是口语也不要拿过来直接使用，要对其进行加工和提炼。抛弃其中粗俗和啰嗦的部分，使之更为规范化。

◇ 合理安排内容

确定演讲内容应注意以下几个原则。

①演讲的内容充分考虑听众的需要。演讲的内容即演讲者向听众传递的信息，这是决定演讲成败的因素之一。

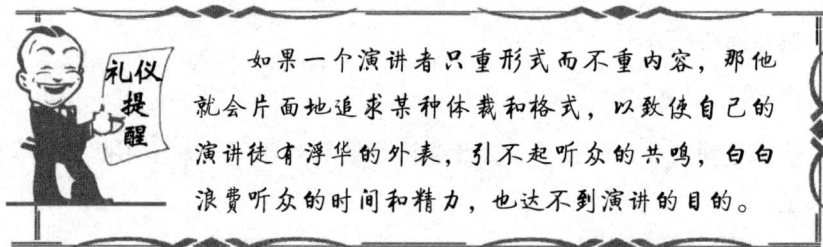

礼仪提醒

如果一个演讲者只重形式而不重内容，那他就会片面地追求某种体裁和格式，以致使自己的演讲徒有浮华的外表，引不起听众的共鸣，白白浪费听众的时间和精力，也达不到演讲的目的。

优秀的、能够产生巨大效应的演讲内容应该是既有新意，能给人耳目一新的感觉，又有深度，内容充实能给人以启示和鼓励。

②尽量选择本人熟悉的内容。只有熟悉，才有话可说，有东西可讲，演讲者本人也才会产生激情，才能去感染听众。否则，演讲者自己都不能感动自己，怎样去感染听众呢？

演讲时千万不要选择那些不了解、不熟悉的话题。

③尽量选择适合现实需要的内容。只有这样才能吸引听众，才会使演讲产生社会价值。

④尽量选择听众需要和欢迎的内容。在不同场合，甚至在同一场合作演讲，面对不同的听众，演讲的内容要适当作些变化，力求让大多数听众感兴趣，这样才会收到好的效果。

◇ 开头、中间、结尾要有精彩之笔

一篇演讲稿的构成，通常包含开头、中间、结尾三个部分。

①开头，包括称呼和引子。意图不同，开头方法也要相应的不同。

②中间，也就是演讲稿的主体部分，主要目的在于说服听众、解决问题。

③结尾，也称之为结束语。俗话说："编筐编篓，贵在收口"。**演讲稿结尾的好坏，对演讲成功与否有着一定的影响力。**演讲稿的结尾，观点应清晰明确，干脆有力。

3. 演讲前做好心理调整

演讲前的心理调整，是为了培养演讲者登台演讲成功的自信心。调整心理状态有三个步骤。

◇ 熟悉讲稿

熟悉演讲稿并不是死记硬背演讲稿的内容，而是通过认真、反复地思考去把握讲稿的结构和演讲的内容。首先要明白自己要讲哪几个方面的问题，这几个问题哪个要先讲，哪个要后讲，哪个要详细讲，哪个要简略讲，也就是说心中一定要有讲稿的大体框架。其次，了解临场的情况，对有可能出现的情况要作一些必要的设想。比如，怎样能一上台就控制住场面，吸引听众？现场要是发生了出乎意料的情况怎样应变？有经验的演讲者，通常都会设计一个或几个开场白，供临场选择。

◇ 作好讲练

讲练也需要有适当的方式方法。根据个人的情况，不同的条件，或不同的目的要求，可以选择自己一人单独预讲，也可以选择让几位朋友或有讲演经验的人当听众，请他们指导你进行讲练。**讲练过程中，有的人把重点放在"讲"上面，有的人把重点放在"态势"上面，还有的人把重点放在培养感情上面。**

◇ 克服紧张情绪

大多数人在登台前都会有焦虑紧张的情绪，这种反应是正常的。但如果焦虑紧张的情绪过强就会影响演讲的成功。要想克服紧张主要有三种方式。

一要有能取得成功的强烈欲望，要认为自己肯定能成功。然后用无所畏惧、冷静乐观的心理来控制自己焦虑紧张的情绪。

二不要太过在意个人得失。

三要借助松弛法。可以深深吸气，再均匀而缓慢地吐出；或者通过不断地告诉自己"放松，放松"的方式来使体内因紧张而剧增的多余的热能得到释放，从而缓解自己焦虑紧张的情绪。

4. 注意演讲仪态以吸引听众

一个有经验的演讲者，除了要精心预备演讲的内容之外，还要在演讲时注意自己的仪态。

◇ 仪容相称

演讲者的仪容仪表是演讲礼仪一个不容忽视的部分，对演讲的整体效果有一定的影响。一般来说，仪容仪表应该整洁大方、庄重和谐，与演讲者的身份、年龄、时间、场合等相吻合，不必过分地修饰打扮。

仪容仪表能体现出演讲者的精神状态，影响到听众对演讲者的心理认同感和喜爱程度。一般来讲，听众会把选票投向自己喜欢的演讲者。**不雅的服饰和不得体的举止谈吐，会使听众对演讲者产生厌烦，这是演讲失败的原因之一。**

◇ 保持充沛的体力

演讲之前，一定要养精蓄锐，使自己得到充分的休息。演讲时站得要稳，不要经常前后摇摆或者左右移动重心，这会使台下的听众认为你心神不定；目光要前视听众，不要左躲右闪、飘浮不定，那样会让台下的听众觉得你鬼鬼祟祟；更不要在演讲的时候眼望天空，这样会让台下的观众觉得你目空一切或思想不集中；也不要一直低头看稿、看地板，要注意与听众交流，表现出洒脱大方的气度。演讲人的声音要响亮。要根据会场的大小和人员的多少来决定自己音量的大小。既不宜太高。也不宜太低。太高会使人觉得你不自然、没有亲切感，太低会使会场出现混乱。

演讲者演讲时，双手可以放松垂在两侧，或者双手相握，放在身前或身后，切记不要胡乱挥动。因为双手的姿势有时能加强你的演说效果。**演讲时尽量不要一而再再而三地重复同一动作，也不要胡乱地挥动手臂，这样会分散听众的注意力。**

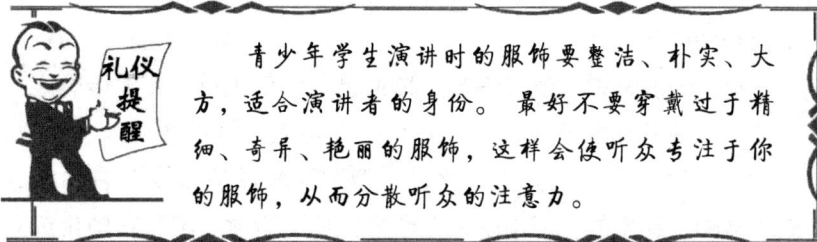

> **礼仪提醒**
>
> 青少年学生演讲时的服饰要整洁、朴实、大方，适合演讲者的身份。最好不要穿戴过于精细、奇异、艳丽的服饰，这样会使听众专注于你的服饰，从而分散听众的注意力。

5. 讲究与听众心灵沟通的语言艺术

演讲是一门艺术，它主要是通过语言的艺术来体现。演讲的语言是生活化了的舞台语言和舞台化了的生活语言，它是介于舞台表演语言和日常生活语言之间的特种语言。演讲活动实用性强，它的语言必须贴近现实，只有这样才能为广大听众所接受，才能实现直接为社会服务的目的。演讲要求富有激情，要求产生催人奋进的感召力，这就需要遣词造句通俗易懂、语气自然亲切、声音抑扬顿挫、语速快慢有致、音色变化巧妙自如，力求产生朴实美，给人亲切感。把握好演讲语言的分寸，会使演讲为广大听众所接受，从而产生激动人心的良好效果。

演讲的语言体现为一种美的吸引力和美的感染力，是演讲者与听众之间的一种审美感情的共鸣，一种心灵上和谐之美的呼应。演讲的语言艺术表现形式有：有声语言艺术、体态语言艺术和时间语言艺术等。

◇ 演讲的有声语言艺术

演讲是有声语言的一种表达形式。它传情达意的方式，一是靠语义，二是靠语音。演讲过程中，音调应有高低，不同的音调给人以不同的感受。在高潮时，音色应明亮、圆润，在低潮时，音色深沉、平稳。但不管声音高昂还是低沉，都必须保持气流通畅，吐字清晰，让听众感觉舒适。

总之，演讲的有声语言应富于变化，做到以情发声，以声带情，声情并茂，这样才能引起听众情感上的强烈共鸣。

◇ 演讲的体态语言艺术

演讲中的体态语言，是在"讲"的基础上起作用，受"讲"的制约，同时又与"讲"有机统一，形成完美的体态语言艺术。体态语言主要指站姿、目光和手势等。

①站姿。一般来说，演讲者要挺胸立腰，端正庄重，才能给听众一个好的印象。演讲者在台上应有一个基本的立足点，根据演讲内容的需要，可以前后左右地进行一定范围的移动。但这种移动应根据演讲内容的需要，是自然的、稳重的，而不是因为恐惧、紧张所致。**不要在使用沉默语时移动身体，因为那样会造成游离性的多余动作，影响听众的视觉接收效果，破坏演讲的和谐与统一。**

②目光。演讲者的目光是演讲者与听众面对面交流，有效传递信息的重要因素。听众可以从演讲者的一个微笑、一个手势、一种目光以及他的服饰中悟出其言外之意。另外，从演讲者的目光中也能够反映出演讲者的心理素质。

演讲者用目光进行辅助性沟通的方法有以下几种。

前视法。即视线平直向前流动，统摄全场听众，一般视线落点放在最后一排听众的头顶部位。这样的视线，可使听众感到演讲者的指向性，也有利于保持端正优美的身姿。

虚视法。即运用并非完全指向性的目光，把目光放虚，"目视每位听众"。**尽管演讲者实际没有看清什么，但这却是良好观察力的一种过渡，听众感到的则是真切的目光**。这种目光可以消除演讲者的怯场心理，适合不太成熟的演讲者。

环视法。有节奏地或不时地环顾全场听众，与他们保持目光接触，增强感情交流。但要注意环顾面，避免扫视不周而冷落某一角落的听众。

点视法。即有重点、有选择地注视，主要针对不安静处或不注意听讲的听众。

③手势。演讲者的手势，不仅能强调或解释演讲的信息内容，而且能生动地表达演讲语言所无法表达的内容。

演讲中使用的手势应由演讲内容而定。在运用手势上，一定要注意尽量做到简洁易懂、协调合拍、富于变化，动作应到位，但不要无节制地频繁使用。苏联早期马克思主义宣传家叶·米雅罗斯拉夫斯基说："演讲者的手势自然是用来补充说明演讲者的思想、情感与感受的。"

> 礼仪提醒
>
> 演讲者还应注意上下场的走姿,演讲开始和结束时向观众鞠躬致意,并说一些如"谢谢"、"请多指教"的礼貌用语,绝不能忽视对听众的礼貌和真诚。

◇ 演讲的时间语言艺术

演讲的时间语言艺术,是指演讲时间安排的有效性。如果是45分钟的演讲,对听众来说,最有效的听讲时间是在前15分钟内,后30分钟收效就差了,所以演讲时间最好控制在15分钟内,最多不超过20分钟。**对于还不够成熟的演讲者,特别是初次演讲,演讲时间控制在3分钟左右效果更好,这样安排是充分尊重听众的心理需求。**

第 七 章

参加典礼和重要
仪式的礼仪

　　学校组织的各种庆典仪式，对每个学生都有特殊的教育意义。无论是隆重热烈的开学、毕业典礼，还是严肃庄重的入团、升旗仪式，每一位学生都应当表现出良好的精神面貌和规范的文明礼仪。在参加典礼和各种重要仪式中，不仅要穿戴整齐，仪表端正，而且要遵守秩序，态度严肃。文明的举止和规范的行为不仅可以展示个人的良好修养，而且还能体现出所在班集体的良好风貌。

一、参加典礼活动的礼仪

1. 参加开学典礼的礼仪

学校每学期都要进行开学典礼，开学典礼是学校为祝贺新生入学、新学期开学而举行的隆重的庆典仪式。举行开学典礼，是对学生进行入学教育的第一课，不仅可以使新生了解学校的历史、现状，而且可以使新生明确学校的培养目标和管理制度，明确学校学习生活的特点，为尽快适应在校学习和生活作好思想准备。同时，对老生来说开学典礼也起到教育规范的作用，让学生明白本学期的学习任务、学校的要求和本学期开展的活动等。

开学典礼仪式程序一般是：先进行升国旗仪式；然后主持人宣布典礼开始；接着领导讲话，老师代表讲话，学生代表讲话。**开学典礼是学生入学后参加的第一项集体活动，因此，无故不要缺席，不要迟到，应随班集体提前到达会场，到指定位置就座**。在主持人宣布开学典礼开始或介绍学校各级领导和来宾时，在领导及教师、学生代表发言时，应适时地报以热烈掌声。奏国歌时，要听从主持人的指挥，原地起立，呈立正姿势。整个典礼过程，要注意认真听讲，不要交头接耳，不要做与典礼无关的事情。不要随地吐痰，不要乱扔杂物，保持会场的清洁卫生。开学典礼结束时，应等主席台上的领导、来宾退席后再按顺序退场。

2. 参加毕业典礼的礼仪

青少年学生完成小学、初中、高中或大学等学段学习任务并经过考试成绩合格，就准予毕业。届时学校要举行毕业典礼。全体应届毕业生、学校领导和担任该届教学工作的教师以及学校的有关部门工作人员应参加毕业典礼。毕业生家长（或家长代表）也应被邀请参加，必要时还可邀请当地有关领导以及本校友中的知名人士参加。在校学生也可派代表参加。

典礼会场气氛应隆重、热烈。毕业生应身着校服（有条件的可着毕业生礼服）、佩校徽，按班级在主席台下就座。

参加毕业典礼的学生，应珍视这一仪式，注意典礼礼仪。在听取发言时应专注，要适时适度鼓掌，以表示感谢或认同。在领取毕业证书时，毕业生要依次上台，稳步走上前，双手接过毕业证书并向颁证者鞠躬致谢；接证后应转身向台下各位点头示意，然后稳步走下主席台。颁证过程中，台下的同学应和着欢快的乐曲有节奏地鼓掌。

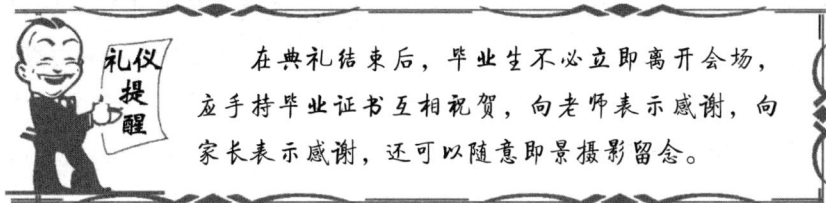

礼仪提醒　在典礼结束后，毕业生不必立即离开会场，应手持毕业证书互相祝贺，向老师表示感谢，向家长表示感谢，还可以随意即景摄影留念。

3. 参加校庆典礼的礼仪

校庆日是每位在校师生的节日，同时也是所有已经毕业学生的节日。校庆对学校来说更是一种盛大的仪式，对学校的发展有着深远的影响，因此校庆一般都很隆重热烈。

校庆仪式的一般程序：大会开始、奏乐；领导就位；全体人员肃立唱国歌；介绍来宾；校长、主席致辞；贵宾致辞；表彰特殊贡献的校友、教师和其他人员；参观学校；观看文艺节目、师生成果展。

搞校庆活动，要成立校庆筹备委员会，下设综合、宣传、活动、筹资、外事等小组，分别具体负责校庆活动的策划和实施。首先，做好宣传工作，发通告、邀请有关人士题词并出席校庆大会，设计并制作校庆时需要发放的纪念品；其次，做好要在校庆大会上介绍学校的办学成就的准备，编辑介绍学校历史沿革、概况、成就、规划的画册，尽可能丰富完整地做好校友通信录。再次，美化校园，布置好校园的环境，还要搞好校庆期间的一些学校活动，比如说召开庆祝大会或者文艺晚会等。

参加校庆活动还有一定的礼仪要求，校庆期间会邀请来许多贵宾、校友来参加校庆仪式，这期间在校学生的一言一行都代表着学校的风貌，都会给学校带来或好或坏的影响。因此，在这期间，每一个在校学生都要注意文明礼貌，举止也要大方热情。

在校学生在校庆典礼中的一项重要工作即是担任服务员，全体服务员应统一着装，保持良好的精神面貌，对所有来宾都应热情有礼。担当迎宾任务的同学要身披迎宾绶带、面带微笑，恭迎来宾；担当引导任务的同学要谦恭有礼热情周到，担当接待任务的同学应有礼貌地对来宾进行登记。对老校友，应帮他们在事先准备好的胸牌上填上校友毕业届次和姓名，并帮他们佩戴在胸前。以免久别重逢的校友因叫不出对方姓名引起尴尬；对其他来宾，应备好笔墨并招呼他们在纪念册上签到或题词。校友、来宾到场的情况要及时向大会主持人通报。没有参加服务工作的同学参加典礼，要遵守纪律服从指挥，会下也可主动协助做引导、接待工作。

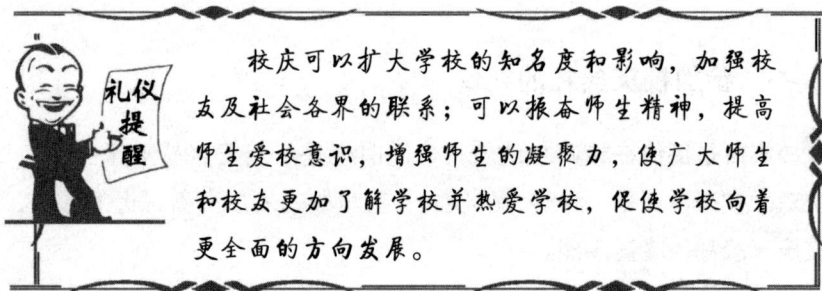

礼仪提醒

校庆可以扩大学校的知名度和影响，加强校友及社会各界的联系；可以振奋师生精神，提高师生爱校意识，增强师生的凝聚力，使广大师生和校友更加了解学校并热爱学校，促使学校向着更全面的方向发展。

4. 参加学校集会的礼仪

学校集会，一般是在一个年级组以上的人数中举行，规模比较大。这种集会有时在礼堂里举行，有时在操场举行。每个参加集会的教师或学生，都应当顾全大局，遵守礼仪。

学生参加这种集会要有较强的时间观念，最好能提前几分钟到达集会地点，以保证集会准时开始，不能因自己的迟到，而延误开会时间；如果因自己姗姗来迟而白白浪费大家的宝贵时间，是种不礼貌的行为。

集会的速度要快，要养成讲效率的好作风。要使队列在最短的时间内整理好，保持一种良好的精神面貌，即使是在操场集合，也要做到快、静、齐。集会进行时，不要勾肩搭背，任意谈笑。

进入会场后要按指定地点入座。**要服从会场工作人员的安排，鱼贯而入，秩序井然，更要反对争抢好座位和欺压小同学或女同学的行为。**兄弟班级之间，要发扬风格，要互谅互让，反对相互攀比和斤斤计较等不良风气。

集会开始后，同学们不可随便走动和发出声响，以免影响报告人的情绪和其他人听讲，影响班集体荣誉。迟到会场，同学们应悄悄入队或入场，坐在后排的座位上，不能大摇大摆地走到前面，尽量避免分散别人注意力。若因上厕所等原因必须暂时离开会场，应弯腰悄悄出去，尽量减少对别人的干扰。

在开会的过程中，要集中精力，认真听讲，不能打闹说笑。没有特殊的原因，不能中途退席。主讲人讲到精彩处，要热烈鼓掌，报告结束时，也要鼓掌以示感谢。

在会上发言前要向观众行深度鞠躬礼（少先队员在队会上行队礼）；发言结束时要说"谢谢"，并行鞠躬礼。**接受奖品要立正，上身前倾双手接过，然后行鞠躬礼。**

在集会结束离开会场时，也要服从全场工作人员的指挥。要按次序出场，切忌一哄而散，争先恐后，使门口拥挤堵塞，以致造成不必要的事故。

> 礼仪提醒
>
> 每个置身于集体之中的人，其个人的行为都与整体利益有关，尤其在集会的时候，更应检点自己的举止。那种我行我素、无视集体的言行，都会被旁人看成是缺乏教养的表现。

二、参加重要仪式的礼仪

1. 参加升旗仪式的礼仪

升降国旗与奏唱国歌，本身是一种爱国主义的教育。当五星红旗伴着嘹亮的国歌徐徐升起时，象征着我们祖国蒸蒸日上、欣欣向荣。

青少年学生在出席升旗仪式时，应该有意识地对自己的行为严加约束，遵守礼仪规范。

◇ 升降国旗

①肃立致敬。我国《国旗法》规定：举行升旗仪式时，在国旗升起的过程中，参加者应当面向国旗肃立致敬。因此，当国旗升降之时，任何在场者均应停止走动、交谈，或停下手中的一切事情，面向国旗立正，并向其行注目礼。

升国旗时，全体学生都要行注目礼。戴帽者应脱帽，唯有身着制服者可以例外。

②神态庄严。参加升旗仪式时，中学生均应以庄重、严肃的态度与表情，来表达对国旗的敬意；绝对不应该态度漠然，或者嬉皮笑脸。

③保持安静。在升旗仪式上，中学生应自觉保持绝对安静。不许在升旗过程中交头接耳、打打闹闹，更不许接打移动电话、收发手机短信。

④爱护国旗。由于受到日晒和风吹雨淋，国旗往往容易褪色和破碎，因此要注意及时更换。当一天结束时，要按照相关仪式降旗，并将国旗小心珍藏好。

◇ 奏唱国歌

①演唱国歌。国歌，一般是指被国家正式确定，并对外公布的用以代表本国的歌曲。因此，国歌与国旗一样，向来都被视为一个国家所拥有的

最重要的标志与象征。**我国的每一位公民，都应当义不容辞地热爱本国国歌，尊重本国国歌，并且自觉地维护其尊严。**

在演唱国歌时，学生必须注意下列三点。

其一，全体肃立。除身体状况欠佳者之外，在公共场所里正式演唱国歌时，任何人都不得或坐或卧，而应起身站立。

其二，态度认真。演唱国歌时，每一名学生都应该认真对待，并确保演唱的正确无误。在当众人齐唱国歌时，还必须力求其节奏适当，并与大家保持一致。

其三，大声歌唱。演唱国歌时，一般均应放声高唱。不要闭口不唱或者低声哼唱，或者吐字发声时声音不清晰、不准确。

②尊重国歌。在演奏或演唱国歌时，人们往往会更深切地感受到它的尊严。具体而言，国歌的尊严不仅体现在国歌自身，而且还体现在其演奏、演唱的整个过程之中。

在国歌演奏或演唱之际，不允许走动、嬉笑打闹、交头接耳，或接打移动电话；不允许鼓掌、击节、吼叫、蹦跳，或者手舞足蹈、摇头晃脑。

演奏国歌时，在场所有人员均应肃立致敬。其具体做法是：起身立正，目视前方，双手下垂，神态庄严，聚精会神，不允许稍息、端臂、弯腰、垂首，或者瞻前顾后、东张西望。

演奏国歌时，学生一律应当脱帽，并摘下太阳镜。若升国旗与奏国歌同步进行，则演奏国歌时，学生应目视徐徐上升的国旗，向其行注目礼。**一般而言，演奏国歌时，学生应同时默唱或放声高唱国歌。**

礼仪提醒 升国旗是严肃、庄重的活动，一定要保持安静。升旗时，全体学生应列队整齐排列，面向国旗，肃立致敬。升国旗、奏国歌时，立正，脱帽，行注目礼，直至升旗完毕。唱国歌时，要充满激情，严肃准确，声音洪亮。

2. 参加入团宣誓的礼仪

入团宣誓仪式是由团组织主持的新团员入团的仪式。参加入团宣誓仪式的新团员，要在团旗下列队肃立，宣誓时右手握拳举于右耳稍高处，读誓词时，要目视团旗，随领誓人齐声宣读，声音要响亮、坚定、有力。在领誓人报完"领誓人×××"之后，宣誓人要依次报"宣誓人 ×××"，随后放下右手。

入团誓词是《团章》规定的，内容是："我志愿加入中国共产主义青年团，坚决拥护中国共产党的领导。遵守团的章程。执行团的决议。履行团员义务，严守团的纪律，勤奋学习，积极工作，吃苦在前，享受在后，为共产主义事业而奋斗。"

入团宣誓仪式通常可以与团支部或团总支的其他活动合并举行，例如可与举行纪念"五四"青年节团日活动、清明节为烈士墓献花圈等同时举行。入团宣誓仪式开始后，程序如下：

全体立正；唱团歌；宣布新团员名单；授予团员标志，佩戴团徽；宣誓（由仪式主持人领读，读誓词时举右手）；新团员代表讲话；支部、总支领导讲话；仪式结束。

青少年学生经历从少先队员到共青团员的转变，这象征着自己的成长与成熟，是自己人生中最重要的时刻之一。

3. 参加成人宣誓的礼仪

成人宣誓仪式主要是组织年满十八岁的青年举行面对国旗宣誓的仪式。

举行成人宣誓仪式的地点可以是当地举行重要政治性活动的场馆、烈士陵园、具有纪念意义的历史遗迹和遗址等。**成人宣誓仪式必须按照规定的程序进行，使用统一的誓词、标志和主题歌曲。**举行宣誓仪式的时间，各地可根据实际情况，安排在每年的 5 月或 10 月。

成人仪式有共同的基本程序，各学校还可以根据实际情况增改内容，例如仪式之后一般还可以举行成人签名仪式以及文艺节目演出等内容。

◇ 成人宣誓仪式基本程序

《共青团中央关于规范十八岁成人仪式教育活动的暂行意见》中规定，十八周岁成人宣誓仪式的基本程序包括：

- 升国旗，唱国歌
- 党的祝愿
- 前辈的祝福
- 父母的期望
- 成人的心声（十八周岁中学生代表）
- 宣读成人誓词（面对国旗，左手持宪法，右手握拳举起）
- 授成人纪念册、成人证
- 开展"我为社会尽责任"志愿者服务

◇ 成人宣誓仪式的誓词

（领誓人：请宣誓人举起右手）

我是中华人民共和国公民，在十八岁成年之际，面对国旗，庄严宣誓：我立志成为有理想、有道德、有文化、有纪律的社会主义公民。遵守宪法和法律，热爱社会主义祖国，拥护中国共产党的领导。正确行使公民权利，积极履行公民义务，自觉遵守社会公德。服务他人，奉献社会，崇尚科学，追求真知。完善人格，强健体魄，以我壮志激情创造崭新未来，以我火红青春建设锦绣中华，为中华民族的富强、民主和文明，艰苦创业，奋斗终生！

◇ 成人仪式上的礼仪规范

从举行成人仪式这一天起，学生就将迈入成人的行列。在仪式过程中，学生更要严格遵守各种礼仪规范。

参加成人宣誓仪式的同学着装要整齐。可以不必穿校服，但服装最好是统一。男生可以穿白衬衣，也可穿合体的深色西装；穿白衬衣着打领带，则不能缩袖，穿西装则需内衬白衬衣，一定要打领带。女生可穿裙装。**参加成人宣誓的同学要态度严肃，要保证仪式气氛庄重**。领誓人应由学校主要领导担任，也可特邀德高望重的英模人物担任。宣誓时，要精神饱满，态度严肃，随领誓人齐声宣读，声音洪亮而有力。

◇ 严格遵守集会礼仪

参加成人宣誓仪式要守时，不能迟到。在成人宣誓仪式上要保持会场的庄重神圣，不能嬉笑打闹，大声喧哗。接受领导和父母的礼物要表示感谢，先是鞠躬，然后握手，最后与领导和父母并排站在一起合影留念。最好也为父母准备一封信或者其他精心准备的礼物，在仪式上交给父母。

延伸阅读：

成人仪式教育活动介绍

成人仪式教育活动是共青团组织倡导的在十六至十八岁青少年学生中开展的一项公民素质教育活动。每年都有大批的学生踊跃参加这项活动，在青春的成长岁月里留下了难忘的一刻。十六至十八岁是人的一生中非常重要的阶段。按照我国宪法和法律的有关规定，一个年满十六岁的公民将领取居民身份证，年满十八岁则意味着步入成年，将依法享受选举权和被选举权，依法承担全部公民义务。十八岁是成人的重要标志和生活的新起点。十六至十八岁是成人预备期，是一个人从未成年向成年转变，身心发生质变，世界观、人生观、价值观初步形成的关键阶段，有的教育家曾称之为人的"第二次诞生"。

我国目前开展的成人仪式教育主要包括十六岁成人意识教育、十七岁成人预备期青年志愿者活动和十八岁成人宣誓仪式三个环节。成人意识教育主要是利用年满十六岁领取居民身份证的契机，通过开设公民教育课、法制课等形式，使青少年学生掌握宪法和法律的有关知识，懂得公民应具有的权利和义务，从而培养青年的法律意识、生存意识、道德意识、人格意识、社交和家庭意识、创造意识、责任意识等内容。志愿服务主要是组织十六至十八岁青少年学生参加一定时量的社会公益劳动，使他们在服务社会的实践中增强对国家、社会、家庭的责任感，培养履行公民义务的意识和能力。

4. 上台领奖的礼仪

上台领奖，是一件很荣耀的事，是对青少年学生自身努力的一种肯定与嘉奖。这个时候身为领奖人更应注意自己的礼仪，使自己从各方面都配得上这份荣誉。

◇ 自然大方地走上领奖台

当主持人宣布青少年学生上台领奖时，学生要大大方方、面带微笑地走向领奖台。不要做出一副扭捏之态，也不要显得局促不安，更不要大事声张。要从指定的台口上台。

◇ 态度谦恭地面对全场

站在台上时，态度应谦恭，双手自然下垂，站姿端正。当领导突然来访或是接见自己时，应马上放下手中的事，站立起来与之交谈，不能坐着与领导交谈，不能把班集体的荣誉当做是自己的荣誉，做出一副不可一世的样子。

◇ 神情专注地等待颁奖人颁奖

上台领奖时，青少年学生应神情专注，不要低着头，也不要东张西望，而应面带微笑，双眼平视对方。

◇ 双手接递奖状或奖品

当老师或是领导给你颁奖时，你应该伸出双手去接收奖品，不能伸出一只手去接收奖品，那是非常不礼貌的行为。**接受奖品、奖状后，转过身来，面向台下，将奖状、奖品高举过头，向大家示意；然后，双手拿好贴放胸前。**

◇ 及时感谢在场所有人员

接受荣誉完毕后，应该马上对领导说一声"谢谢"，再接着敬一个标准的少先队队礼。在获奖感言中应感谢学校、老师、同学、父母，以及在场所有人员等。切忌一拿到奖品或接受慰问、接见完毕后，转身就走，那会显得非常没有礼貌。

下台时，脚步稳重，依序从指定台口退下。

第 八 章

家庭与宿舍生活
及就餐礼仪

生活，是培养学生礼仪素质的大课堂。家庭生活中要求学生要敬爱父母，尊重长辈，友爱同辈，听从管教。宿舍生活中要求学生遵守规定，整洁卫生，和睦相处，讲究公德。食堂就餐中要求学生遵守秩序，文明用餐，爱惜粮食，吃相文雅。当代青少年学生，要从生活的点滴上入手，从小自觉培养礼仪素质，以良好的教养为将来走入社会奠定成功的基础。

一、家庭生活中的礼仪

1. 孝敬长辈，尊重服管

青少年学生孝敬长辈，有两个方面的含义。一方面，它要求青少年学生要敬重长辈；另一方面，它也同时要求青少年学生要孝顺长辈。孝敬长辈，并不只是应当见诸言辞，更重要的是要见诸行动。青少年学生对待长辈，应当以敬重为先。必须认真做到言行一致，表里如一，一以贯之。具体而言，则应体现在以下几个主要方面。

◇ 尊重有加

对待长辈，必须尊重有加，处处以礼相待。**不论在任何情况下，都绝对不允许自己的言行失敬于长辈。在提及长辈时不论是当面还是背后，务必要使用尊称。**

◇ 虚心学习

长辈是生活中的智者。长辈所拥有的丰富的人生阅历，是一笔极其宝贵的财富。作为晚辈，青少年学生一定要利用一切机会，虚心向长辈求教，以便开阔视野，增长才干。

◇ 听从管教

对于长辈的批评与指点，青少年学生必须认真接受，洗耳恭听。无论从哪一方面来看，长辈对晚辈的管教，都是其爱心的具体体现。即便长辈对青少年学生的管教有所偏差，也不容许因此而否定其善意。

◇ 发自内心的关心

孝敬长辈，不仅是要在物质方面为长辈做些力所能及的事情，更重要的也常常被青少年学生忽略的是一种发自内心的关心，这是子女对长辈最质朴最真挚的感情。

◇ 正确看待"代沟"

产生家庭矛盾的原因是多方面的，大部分是由于青少年学生与长辈在看待问题上的差距造成的，这也就是所谓的"代沟"了。

很多做长辈的都是从艰苦的岁月中走过来的，他们很可能与时代有点儿脱节，但思想上的陈旧并不代表他们就不比青少年学生更懂得人情世故。长辈能做到的青少年学生可能永远做不到。因此，青少年学生不一定所有意见都要听从长辈的，但必须尊重他们。其实，长辈并不像我们想象中那么蛮不讲理。我们必须了解他们作为长辈的心理：看着自己的孩子慢慢长大，最后却要挣脱自己的保护，长辈心里肯定充满了不舍和担忧。但青少年学生却往往是"初生牛犊不怕虎"，冲劲儿十足，这样便容易产生矛盾。这种情况下，用我们的坦诚去换取长辈的理解与信任是最明智的。向长辈提出合理的要求，并说明原因，留给他们一个可以发表他们看法的机会。

延伸阅读：

勤向父母打招呼

无论出门还是回家，青少年学生都应向父母打招呼。

出门之前对父母说："爸爸妈妈，我出去了。"回来以后说："爸爸妈妈，我回来了。"

看到爸爸妈妈回来了，到门前去迎接，主动递接物品。爸爸妈妈出门前，送他们到门口，帮助开门并且与他们告别。

放学之后，如果知道自己回家要晚了，那么一定要通知父母，让他们放心。

晚上尽量不外出，有固定温习功课的时间。

2. 理智地处理与父母的争端

看待同一问题，仁者见仁，智者见智，不同的人，意见难免有不一致的时候，即使是父母，这样的争端和异议也难免发生。虽然你也有独立思考问题、自己的事情自己做主的权利，但父母无疑拥有更多的阅历和经验，我们处理与父母的争端，必须掌握的一个要点，那就是理智。

如果有争议的双方都比较理智，问题的解决相对就会比较容易，若是其中任何一方过于冲动或执著，解决问题的难度就会大大增加，甚至滋生出许多附加性的东西，而这些都不是双方愿意看到的。**事实上，尊重父母并不等同于完全一味地认可他们的观点，为此我们强调同学们在处理与父母的争端时一定要冷静、理智。**

孙晓与妈妈吵了一架，原因很简单，孙晓放学后到家的时间比平常晚了一个小时。"你到底干什么去了？说实话！你现在初三了，知不知道，这是一个能不能考上重点高中的关键时刻。"听着妈妈又要上纲上线的教育，孙晓嘴里那些本来想解释的话一下子全没有了，转而变成了针锋相对。"行了，别再唠叨了，烦不烦啊。我没做什么，不就晚回来一会吗？又不是小孩子，不用你担心了。"孙晓的话让原本脾气就不怎么好的妈妈更恼火了，"说你两句都不行了，你还有理了是不是，到时候升不上高中看你哭都找不着地方。"饭桌上的争吵让一家人都没有了食欲。

一个问题的不同看法，不存在绝对的对与错、是与非，之所以产生不同的观点，往往是因为每个人的立场不同，经历不同。当自己与父母站在不同的立场看待同一问题时，争端也就很容易产生。

以最佳的方式解决争端就需要我们有足够的理智和冷静。那么如何做到理智、冷静呢？

◇ 换位思考，多站在父母的角度思考问题

青少年往往总是带有逆反心理，父母越想让你做的你越不愿意去做，比如对学习的问题往往就是如此。**这时候，不妨更多地换位思考一下，多站在父母的角度去看待存在争议的问题。**要相信，父母处理一切问题的方式都是以"对自己好"为前提，父母的阅历和经验也让他们有更长远的目光。"如果我已经为人父、为人母，又会怎么做呢？"不妨多想想这个问题的答案。

◇ 以理服人，绝不能蛮不讲理或者干脆置之不理

在与父母有争端时，很多青少年往往选择比较极端的处理方式，要么与父母大吵大闹，要么一声不吭，依然我行我素。事实上，这样的做法并不能算是最明智的选择。如果你真的不能认同父母的观点，不妨静下心来，冷静地说出你的观点、意见，让父母了解你内心的真正想法和你这样做的出发点，也许他们也会因此改变想法。

◇ 暂且搁置，稍后处理

如果你和父母在讲明各自的立场和观点之后彼此之间仍然不能认同，不妨将问题搁置一段时间，让双方都冷静下来以后再处理。"好了，既然我们谁也说服不了谁，那就过两天再谈吧。"主动放下这个问题，也是解决问题的一种方法。

◇ 一时妥协，避免矛盾激化，让时间证明一切

这种情况，多是你认为自己正确，并且也确实如此，只是父母没有理解你，这时不妨暂时向他们妥协，没必要非要争出个高低上下，弄清是非黑白。对很多问题而言，时间往往就是最好的验证手段。比如父母误会你和班上某个同学的关系不正常，而事情绝非如此时，不如答应他们，与其**保持适当的距离，以保证自己的学习成绩不受影响，父母看到这样的结果一定不会再对你有所怀疑了**。等到时机成熟时，再向他们说出你想说的话，让他们因为误会你而感到抱歉，这样父母也会称赞你的理智与大度。

3. 给老人祝寿的礼仪

不知道你有没有参加过长辈的寿辰庆祝？尽管在长辈寿辰之日，家里必定热闹非凡，但还是应该有一些基本的礼仪要讲究的，绝对不能像自己过生日一样随便。爷爷奶奶或者外公外婆的寿辰总是由我们的父母或者叔叔阿姨来操办的，而我们不管有什么事，都应该暂时放下，成为必到者之一，因为长辈都喜欢热闹，或者出于"隔辈亲"的缘故，他们更在乎这些晚辈能够参加生日聚会。

正上高二的吕笑笑虽然功课有些忙，但还是在外婆寿辰这天请了假来

为外婆庆祝。一方面是因为从小就受到外婆的疼爱，在家里生活条件不好的时候，外婆总是把最好吃的东西留给笑笑，为此，笑笑非常感激外婆。另一方面，吕笑笑对于"树欲静而风不止，子欲养而亲不待"有很深的感触，她对自己的长辈亲人向来都非常尊敬，在她看来，每个人都会有年老的一天，对于老人，我们现在能够满足的就应该尽量满足，不要等到想报答老人而他们却不在的时候，那将追悔莫及。

虽然正在上初二的瑶瑶这段时间非常喜欢黑颜色的衣服，可是在奶奶寿辰的这天，她还是穿上了很久都没有穿的一件粉红色的上衣和一条蓝色的牛仔裤。"我知道老人都非常讲究，甚至可以说过于敏感。尤其是年纪有些大的老人，对于黑色或者白色显然并不怎么喜欢，既然是给他们庆生，当然应该让他们高兴，虽然我本人并不喜欢粉色，但是寿星老最大啊。而且，我每次在爷爷奶奶的寿辰时都会说祝他们'福如东海，寿比南山'，就这样一句简简单单的话比送什么礼物都让他们更高兴呢。"

为老人祝寿，多以寿桃、寿面为礼。**寿桃被看作仙桃，面条取其绵长之意，都表示况贺长寿之意。**同时也送寿联，用来书写吉祥语。隆重的还没寿堂，摆寿烛，张灯结彩。

寿星坐在正位，接受亲友和晚辈的祝贺。拜寿礼有辈分区别，拜礼也有区别。平辈只是作揖，子侄为尊长庆寿要四拜，有的还要用寿盘盛熟鸡蛋四枚，或枣汤一碗奉于寿者。贺寿仪式完毕，共吃寿宴，喝祝寿酒。寿桃、寿面也有向邻居家分送以谢祝贺的。

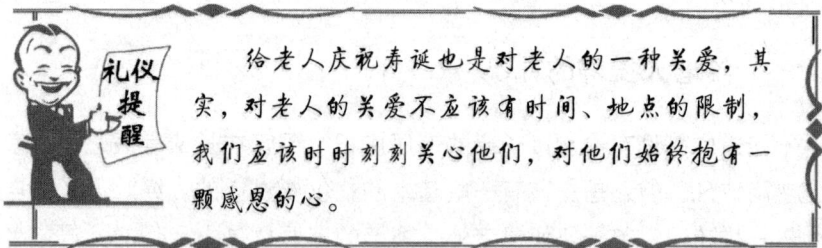

给老人庆祝寿诞也是对老人的一种关爱，其实，对老人的关爱不应该有时间、地点的限制，我们应该时时刻刻关心他们，对他们始终抱有一颗感恩的心。

4. 友爱同辈，与他们情同手足

同辈，也称平辈，通常指一切辈分相同的人。就家庭成员而言，同辈则主要是指与自己存在血缘关系的兄弟姐妹；对于独生子女来说，则主要是堂、表兄弟姐妹。不论双方之间关系如何，是否经常见面，联系是否紧密，中学生都要与自己的同辈"情同手足"，时时处处厚待同辈、友爱同辈。

◇ 搞好团结

要与同辈人搞好团结，就应当与其经常联络。

经常与堂、表兄弟姐妹保持联系，对当代学生来讲十分重要。因为当代学生多为独生子女，在生活中缺少同龄人的陪伴，而与同辈亲人一起玩耍、共同学习，则会大大缓解其因缺乏亲生兄弟姐妹而造成的孤独感。

在同辈人的聚会等活动中，应当遵循少数服从多数的原则，参加集体活动。当自己的想法与大家不同时，应当顾全大局。例如，大家都想看电影，则应当与大家同去，而不应当脱离集体，自己去游泳或者逛公园。

青少年学生在社会交往中，应注意团结和保护自己的同辈亲人。作为年龄较大的哥哥或姐姐，带领年幼的弟弟妹妹一同外出活动时，尤其应当注意保护他们。

◇ 相互尊重

有人认为，既然兄弟姐妹之间用不着那么生疏，想说什么就说什么。**所谓"言者无意，听者有心"，经常就是看来没什么的话，严重伤害了别人的自尊心**。从而为亲情关系上烫上了不好的烙印。

这就要求我们在和兄弟姐妹说话的时候，哪怕是分内的、教育的话，也要讲究一个方式、方法，进行适当的婉转表达，以体现对对方起码的尊重。

◇ 彼此爱护

兄弟姐妹，本是同根生。之间的爱护，应该是无条件的、不图回报的，不仅仅是物质利益的支援方面，还包括精神情感的沟通方面。

对于这种爱护，必须领情。特别是出于爱护的目的进行的批评、指责，要勇于接受。

◇ 相互谦让

谦让，是一种难能可贵的美德。与自家的兄弟姐妹等同辈之人打交道时，主动谦让对方，是对学生的一项基本要求。

在向长辈汇报成绩、争取长辈肯定的时候，同辈之间也应当互相谦让。一方面，要以他人的进步作为激励自己进步的动力；另一方面，则应当知道，世界上没有故意厚此薄彼的长辈，但也没有绝对不偏心的长辈。出于种种原因，有时长辈总是相对偏爱某些晚辈。学生不应当过分看重个别长辈对自己的偏见，而应当客观地衡量自己的成绩和不足。

延伸阅读：

与兄弟姐妹和睦相处

由于我国实行计划生育的基本国策，在年轻一代中，兄弟姐妹的概念日渐淡薄，但亲戚间的走动大大弥补了这一不足。互敬、互爱、相互谦让，是彼此间和睦相处的不二法门。

不骄傲、不拔尖、不好勇斗狠、不虚荣攀比，相互关心、相互照顾等，当这些行为规范、礼仪准则成为了你的习惯，亲情一定会在点点滴滴的小事中得以更好地升华和延续，让我们的家庭关系更加和谐、融洽。

5. 走亲访友的礼仪

走亲访友是我们日常生活的一个重要组成部分，经常拜访亲朋可以增进相互间的感情，在如今这个事事讲求效率，人情味逐渐变淡的社会里走亲访友就显得尤为重要。礼节在其中发挥的作用不言而喻，即使是对十分亲近的人，我们也要讲究一定的礼节，这是尊重对方的一种表现，也可以树立彬彬有礼的个人形象，这样的人不论走到哪里都是受欢迎的客人。

拜访亲朋要注意个人的仪表，一定要整洁。进门前一定要把鞋上的泥土擦掉，把外衣、雨具等随身携带的东西放在主人指定的地方，不要太拿自己不当外人。

下面，我们来看看乔莉这个访客是不是属于受欢迎的一类。

莉莉天性开朗、不拘小节，这为她赢得了很多的朋友，但是似乎许多朋友都不太愿意邀请莉莉到家里做客，这又是为什么呢？我们来看看莉莉是怎么做的吧！一天下雨，乔莉来到了好朋友小美的家里玩，还不等小美开口让她换鞋，莉莉已经迫不及待地"大踏步"，走了进去，干净的地板上顿时留下了片片污迹。从进门的一刻开始，小美家就遭了殃，莉莉是个闲不住的人，到处走走看看，想坐就坐，想吃就吃，真是应了一句话——"不拿自己当外人"。大家都是朋友，小美也不好说什么，只能暗暗叫苦，过后自己收拾了。

相信像乔莉这样的朋友是没有人愿意经常请她到自己家做客的。可见，在亲朋家里也要注意自己的仪表，讲究坐有坐相、站有站相，即使在最熟悉的朋友家里也有一个礼节的底线，像莉莉这样过于"不拿自己当外人"的人，恐怕就属于不受欢迎的访客了。

在亲朋家用餐也有很多讲究，作为客人，不可左顾右盼、亟待进食，吃饭的时候也不要挑食，切忌谈论饭菜的质量，以免伤及主人的一番好意。**如果有长辈在场，应当请年长的亲友入席，自己入席的时候也要向主人表示礼让。**

礼仪提醒

如果你要留宿在亲朋家里，要注意主人的生活习惯，不要给人家带来不便。即使是十分亲近的朋友，未经主人允许也不能乱翻抽屉、橱柜，外出游玩要事先说明回来的时间，以便主人做一些准备安排。

6. 与邻里相处的礼仪

"室内现代化，室外脏乱差；与己无关事，红灯高高挂；楼上挨楼下，不知谁姓啥；手拿大哥大，见面不说话"，成了现在很多邻里关系的写照。但我们有句俗话"远亲不如近邻"。除家庭间的各种交往外，交往最频繁的就是邻里了。俗话说："远亲不如近邻。"一个好邻居，如同一个好亲人、好帮手。从主观来说，绝大多数人都想搞好邻里关系。但客观上不知怎么搞好邻里关系以及搞不好的为数并不少。

◇ 多替别人想想

自觉爱护公共卫生，自觉参与社区公共活动，为维护一个好的生活环境尽一份力。

要相互帮助和讲信用。邻里之间能办到的事情要尽量帮忙，别人有了困难，应该积极主动地去帮一把，万不可幸灾乐祸，在一旁看笑话；同时邻里之间还要讲信用，做不到的事情千万不要对别人夸海口，以免误了别人的大事。

要考虑自己的兴趣爱好、生活习惯会不会给别人带来打扰。比如，是否有喜欢晚上唱卡拉 OK，而且一唱就超过晚上 12 点的习惯；你是否老把洗衣服的水或别的不干净的污水一出家门就泼在邻里共用的路面上；你是不是有半夜才回家，而且走路、说话声音很大的习惯等等。这些看起来并不起眼的小事是最容易伤了邻居之间的和气的。

学会礼让与宽容。对邻居要以礼相待，平易近人，不要视若路人。谈得来的就多交往；谈不来的维持一种有距离的友好态度就行。指桑骂槐是没教养的坏习惯。对于邻居不合理的要求和做法，采取"有理、有节"的态度，合理地、妥善地解决处理。

◇ 思想上重视

有很多青少年朋友说话办事常常会比较"酷"，和邻居见面也是摆出一幅"明星做派"，不理不睬。总是认为，大家都是"关起门来过日子"的，没有必要去和邻居打交道。可殊不知，不论在哪里生活，总是离不开邻里相处的。由于邻里靠近，而邻居相处一般时间较长，免不了你来我往，这就需要以礼相待，以礼相交，相互关照，相互谦让，和善相处，"老死不相往来"的局面也是我们都不愿意看到的。

◇ 互相尊重最重要

清早起来，邻里之间亲切地打招呼，是一天美好的开始。一般来说，比自己父母辈分大的称呼爷爷、奶奶；与自己父母同辈比父母大的称呼伯伯、伯母；与自己父母年龄相仿或比父母小的称呼叔叔、阿姨。早晚见面都要热情礼貌地打招呼。如"××，您早！"，"××，你好！"并行点头礼或招手礼，不要视而不见，甚至装作不认识。

礼仪提醒

邻里间要相互尊重生活习惯，不要互相干扰。特别是有上夜班的人，或者有什么特殊情况时，就需要保持安静、相互照应。离家外出时可以和邻居招呼一声，请邻居帮忙照看一下，回来时可以买点儿纪念品作为礼物送上。

◇ 互帮互助搭把手

邻里有事要相互帮忙，尤其是那些有老人独自在家的邻居，我们可以帮他们做些力所能及的事情，像搬一些重物，送老人上医院等等。

邻里相处的基本要求是：在自己说话、办事乃至一举一动之前，首先要考虑到别人，最低限度也要做到不妨碍别人。邻里之间，只要"以和为贵"，相互谅解，互帮互助，就可以像亲人一样相处融洽。

◇ 借用邻居的东西要有礼貌

如轻轻敲门，等主人开门后用请求、商量的口气说明来意，归还时要表示谢意。另外，要注意应双手接、递所用的东西。借邻居家的东西要小心使用，十分爱惜，不要弄坏、弄丢。如果万一损坏要主动赔偿，并赔礼道歉。如果主人不要求赔偿，除了当面赔礼道歉外，最好以别的方式弥补人家的损失。借用的东西使用完毕应立即送还，不要忘还，更不能让邻居来要。如需要延长借用的时间，应向邻居说明，经同意后再继续使用。一般较贵重的东西，最好不要借。别人来向你借时，也不要自作主张，须向家长告知。

◇ 尽量不占用楼道等公共场所

遇到特殊情况需要占用楼道空间临时放些物品时，必须先和相关楼层的邻居做好沟通。要说清原因以及占用时间，得到他们的体谅，也可以在物品旁贴一张"安民告示"说明情况；其次要注意什么能放什么不能放，比如不要放易碎、易燃、易腐蚀、易腐烂和气味难闻的物品，体积太大影响上下楼的也不要放。**最后，绝对不要长时间占用楼道公共空间，这不符**

合邻里礼仪规范，也不利于防火防盗。

◇ 养宠物要注意安全和卫生

养宠物的时候，要注意两个细节问题：一要注意卫生。一些宠物，特别是猫、狗等时常随地大小便，主人带上塑料袋或者旧报纸等，将宠物的排泄物包好扔到垃圾箱，保持公共场所的卫生和美观。二要注意安全。出门遛狗，要给狗拴上绳索，不要任它狂吠乱叫，追逐扑咬。遇到老人和小孩，要特别小心，别让他们受到惊吓。

◇ 邻里串门要注意

如果应邀去串门，那么可要选择好适当的时间。如果约好具体时间，那当然好。如果没说具体时间的话，就要避开人家的吃饭时间和休息时间。如果是周六、周日的话，上午 10 点之前是不宜打扰的。

进门前有门铃的要按门铃，没门铃的要轻轻叩门，即使门已经为你开了。这样做的目的是告诉对方，你来了，以让对方有个心理准备，而不要冒冒失失闯进去，让人家吓一跳。

如果对方是长辈或是第一次进人家做客的话，主人没坐你就不能先坐。如果家里有长辈，要主动和长辈打招呼。

主人端茶、拿糖果招待的时候，一定要表示感谢。如果有长辈在说话，不但要用心听，还不可以插话。

二、宿舍生活中的礼仪

1. 遵守舍规，保证安全

在学校的日常生活中，起床、就寝、自修、用餐、熄灯等，都应按照学校规定的作息时间进行。注意不要随便使用、翻弄或移动别人的东西；个人用品应放置在固定的地方，如有遗失，不可胡乱猜疑别人。平时在宿舍里不要高声谈笑；收听广播、录意等尽可能使用耳机，或尽量把音量调低一些；夜间就寝后上下床动作尽量要轻，要尽可能使用微型手电筒照明……以免影响他人学习或休息。**要随手关灯，节约用水，不浪费粮食，不损坏集体宿舍的各种设备，如无意中损坏了公物，要主动承认并自觉赔偿。**

　　寝室内公共区域内的清洁卫生，要自觉维护和主动打扫，常有同学抱怨说："我在家里都不打扫卫生，为什么到这里就要打扫！"这是一种非常错误的态度与行为。

　　一般不随便去其他宿舍串门，尤其是异性宿舍，更不要随便把校外人员带入寝室，以免影响他人的学习和生活，也有利于公共安全的维护。

　　另外，还要注意用电、用火的安全，尤其不要违规使用各种电器，不要在室内点燃明火。

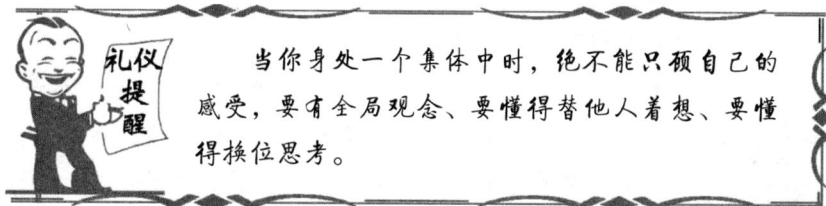

礼仪提醒　　当你身处一个集体中时，绝不能只顾自己的感受，要有全局观念、要懂得替他人着想、要懂得换位思考。

2. 时时保持宿舍卫生

　　保持宿舍的整洁干净需要大家共同维护。要时刻保持宿舍内外整洁，经常打扫寝室，包括地面、桌椅、橱柜和门窗等。个人"领地"也要注意整洁，床上物品应该摆放整洁。

　　宿舍卫生问题一直是一个大难题，尤其是男生宿舍，卫生状况简直可以称得上是"老大难"问题。不仅宿舍里常常是乱七八糟无处站人，就连一些男生的个人卫生问题也有待解决。

　　男生中很流行这样一种说法：衣服脏了不要紧，放在一边备用，等所有干净衣服都穿完了，再从这堆脏衣服里挑出比较干净的，重复利用。虽然这种说法有些夸张，但在一定程度上确实反映出了问题的严峻性。

　　还有些同学虽然很注意自己的个人形象问题，个人卫生也搞得十分到位，什么时候都是以最佳面貌示人。但是，在宿舍里却是另一个样子，大家都喜欢用"臭名昭著"来形容这类同学。

杨帅在同学面前总是穿得时尚干净，在女生中有很好的口碑。可是，只有住在一个宿舍里的同学知道他的"真实面貌"。"宿舍里最不注意卫生的就是他了，"宿舍长肖岩说，"虽然杨帅自己穿得很整齐，可是宿舍里最乱的地方就是他的床铺，上面什么东西都有，书、衣服、笔记本电脑，被子也常常堆在那里不愿意叠起来。这还不算，最令人无法忍受的是他总不尊重他人的劳动，喜欢乱丢东西，别人打扫干净以后，只要杨帅在宿舍里，过不了多久一定又恢复原状，乱得'一塌糊涂'。"

有良好的个人卫生习惯，是青少年学生自身修养好坏的重要指标之一。青少年学生应树立这样的卫生意识：首先，良好的个人卫生习惯有助于自身的身体健康；其次，寝室是一个小型的公共区域，个人的卫生习惯会直接、间接地影响到整个学校的寝室卫生状况。

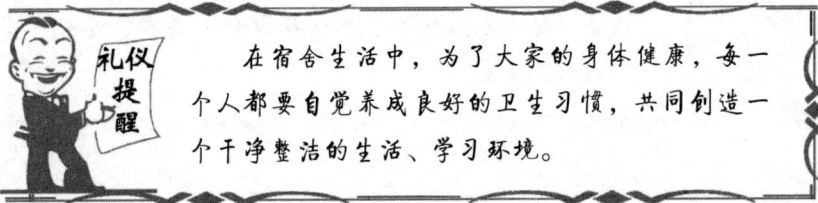

礼仪提醒

在宿舍生活中，为了大家的身体健康，每一个人都要自觉养成良好的卫生习惯，共同创造一个干净整洁的生活、学习环境。

在宿舍生活中，青少年学生要做到以下几点。

◇ 定期打扫宿舍

要保持宿舍整洁，定期擦洗地板、桌子、橱柜和门窗，定期打扫寝室。

◇ 各种物品整齐安放

被褥要折叠得整齐美观，衣服、鞋帽要整齐地安放在一起。毛巾、脚布都要挂整齐，并且不与别人的靠叠在一起，以避免相互感染。脸盆等其他洗漱用具应有规律地安放在一定的地方。

◇ 衣物要及时清洗

换下的脏衣服、脏鞋袜要及时清洗和晾干，未洗之前不可乱丢乱放。

要安置在隐蔽的地方。

3. 和睦相处，尊重舍友

青少年学生要在日常学习生活中与舍友和睦相处，互相尊重，必须做到以下几个方面。

◇ 尊重舍友，礼让三分

宿舍是同学们休息的场所，学习之余，在宿舍里和人下下棋、听听音乐、弹弹吉他，这当然是正常的，但这一切都要以尊重舍友，以不妨碍舍友的起居和学习为前提。每个同学的兴趣爱好、生活习惯、性格情趣都可能有所不同，因此，自己娱乐时，便要十分节制，不能侵犯其他同学休息的自由。另外，在公共场所，例如在使用公共卫生间、水龙头或晾晒衣物时，不能霸占独用，要先人后己。

◇ 宽以待人，有错就改

大家同处一室，日常中难免发生一些矛盾和不愉快的事情。大家要克制自己，宽以待人，互相谅解。**当与其他同学发生争执时，不要袖手旁观，应耐心劝解，搞好团结。**如自己违反了宿舍的规则，或做了不文明礼貌的事情，要虚心接受别人批评，知错就改。切不要强词夺理或对别人怀恨在心。

◇ 彼此关心，相互帮助

当舍友生病的时候，要主动关心。热情照顾，如陪同看病，帮忙打饭、打开水等；遇到舍友在生活上、经济上发生困难，要尽力帮助。舍友间相互关心互相帮助，还应体现在一些日常小事上。

4. 宿舍来客，礼貌友好地招待

在宿舍接待客人或亲属时，应该在客人进入宿舍前与各位舍友打声招呼。进宿舍后，应以主人身份，把客人或亲属介绍给舍友。招呼客人时，不应高声谈笑；客人或亲属逗留过久而赶上休息时间时，应对客人或亲属适当委婉提醒；假如客人或亲属来访时正碰上休息时间，则应带客人或亲属到宿舍外面交谈。**假如来访的是异性客人或亲属，应顾及舍友衣着、起居方面的方便而见机行事。**

当同学有客人或亲属来访时，有时往往要与来访者谈及一些私事，对此，青少年学生要懂得适当回避，决不可在一旁厮守或暗暗偷听。

5. 尊重舍友隐私，不要干扰舍友

住在同一屋檐下的兄弟姐妹要相互关心，但也要为各自留下一定的空间，过分热心于别人的私事，可能会导致侵犯他人的个人权利。假如有意或无意地干预别人的私事，也可能会造成难堪的后果。

不干涉别人的隐私，青少年学生应该特别注意：

◇ 不可私下偷看舍友的日记

偷看别人日记是不道德的行为。许多同学的日记都记下了许多不愿为人所知的秘密与隐私。假如你的日记被偷看、被泄露了，你的内心一定会觉得受到了很大伤害。所以，以己推人，同学们一定不要去私翻私看别人的日记。即使有的同学的日记本随便地丢在枕边或放在桌子上，甚至翻开摆在那里，我们都不应以任何借口去翻阅偷看。

◇ 不可私拆舍友信件

集体宿舍人多，同学的信件也较多。有些同学对别人的信件总是会产生很大兴趣，总想拆来看个究竟。这是道德所不允许的行为。无论在什么情况下，谁也无权私拆别人的信件。否则，你迟早会成为别人眼中道德败坏的人。

◇ 不可打听舍友的隐私

每个人心中都有一块秘密的天地，对舍友的个人秘密与隐私，我们应尊重与理解。发觉舍友有难言之隐时，切不可放纵自己的好奇心，向他本人不停地追问或私下四处打听。**在集体生活中，尊重和保护他人的隐私，尊重他人的人格，是重要的礼仪之一。**

◇ 不过分干预舍友的活动

有时同学为了私事离开宿舍时，不要自以为是地对其进行盘问或阻止；当有异性朋友来拜访舍友时，也不要探问其与舍友之间的关系。

> 礼仪提醒
>
> 生活在集体的大家庭中，青少年学生坦诚相待的确是友好相处的不二法宝，但这并不意味着一切都要完全透明化。每一个人都有完全属于自己的私生活，这个领域是不容他人侵犯的。

6. 到其他宿舍"串门"也要知礼节

住宿舍的同学都有"串门"的习惯，喜欢到各个宿舍走走、聊聊天，这不仅有助于同学间的相互了解，同时可以增进同学间的感情。但是，在"串门"时青少年学生还要注意一些礼节。

到别的宿舍"串门"，要敲门后方可进入，未得到允许不要乱闯一通。如果你是在他人的邀请下来的，进门后，应主动向其他同学打招呼，并且只能坐在邀你的同学的铺位上，不能随处乱坐。不要乱用别人物品，不要乱翻别人的东西。讲话声要轻，不能坐得太久，以免影响其他同学的正常作息。

接待亲友或外人来访时，在进入前自己应先向在室内的同学打招呼。进来后，自己应主动为同学作介绍，如果是异性亲友或外人来访，更要事先打招呼，说明情况，要在同寝人有所准备之后再进入。同寝同学也要礼貌待人，这样既尊重了客人，也尊重了同学。

到其他宿舍拜访时，进门前应轻轻敲门，征得允许后方可进入。进宿舍后，主动与其他同学打招呼。落座时不应随便坐其他同学床位，坐在椅子上或你要找的朋友的床位上较为适宜。切忌动用或翻弄别人的东西；交谈时谈话声音应轻，逗留时间不宜太长。**若到异性宿舍串门拜访，则更应特别注意，在该宿舍其他同学方便的情况下才能进入。**

青少年学生应在有同学相邀，或在得到该室其他同学的许可时，方可进行串门，切不可随便乱闯。进寝室后，应主动向其他同学招呼，并只能坐在邀你的同学的铺位上，不能随处乱坐（若邀你的同学睡的是上铺。一定要得到下铺同学的许可后，方可坐其铺位）。未经同意，不能动用别人的茶具、毛巾等物，不可随便移动和翻弄同学的东西。谈话声音要轻，谈话时间要短，不能坐得太久，以免影响同室同学处理生活上的事。

若去异性同学的寝室串门，除了注意上述诸点之外，还必须在该寝室其他同学生活上方便的情况下，才能进入（尤其是夏天），而且谈吐要文雅。逗留时间更要短暂。

7. 不在宿舍里吸烟、酗酒

学校是精神文明和礼仪修养的培育场所之一，是社会文明礼仪的窗口。现在，全世界都在提倡文明禁烟运动，无疑，住校学生也是不该吸烟的。假如学校的宿舍里烟雾腾腾，假如住校学生任意酗酒，这哪里还有什么精神文明和礼仪修养可言呢？再说，在这样成千甚至上万人的大集体里，吸烟酗酒将会对安全带来极大的危害。据知，某大学的学生寝室里曾发生火灾，就是因住校学生吸烟烟头未灭而造成的。还有个别大学生因在校内酗酒，醉后用刀子戳伤了同学。广大群众和报界都指出：此"疾"如不根治，学府将不成其为学府。

还有，**住校学生一般过的是集体生活，无论在寝室或其他场所，一人吸烟，往往是几个甚至一群同学受害**。有些体弱者、有病者、呼吸道有疾病者更是苦不堪言。住校学生吸烟、酗酒，既给同学带来了危害，也糟蹋了自己的健康，这就必然造成影响学习的后果。再说，学生是经济尚未独立的消费者，住校学生吸烟、酗酒，往往还要互相发烟，互相灌酒，这样就会加重自身和同学的经济负担，就可能影响同学之间的正常关系，甚至影响到学生思想品德方面的健康成长。

综上所述，种种理由都说明，住校学生是不应吸烟和酗酒的。

三、学校餐厅就餐的礼仪

学校就餐人数多，就餐时间集中，工作人员往往比较繁忙，作为学生，应注意就餐的礼节。

1. 讲究用餐秩序，文明用餐

◇ 自觉排除

用餐前要自觉排队。

排队是日常生活中常见的、约定俗成的礼仪规则。在各种公共场合中，如乘车、买票、购物、进出场所等，人们能否自觉有序地排队是衡量一个社会文明程度的基本尺度之一，也充分体现了个人的文明素养。

用餐前自觉排队，避免拥挤，避免任何形式的插队，不仅是文明就餐的需要、个人素质的体现，也是快捷、高效的用餐节奏的保证。排队时严禁打闹、起哄和出现其他不文明行为。

◇ 礼貌待人

工作人员繁忙顾不过来时，要耐心等待。不要敲柜台、餐具，或挥舞手臂，也不要"师傅、师傅"地叫个不停，更不能隔柜台伸手拉工作人员的衣袖、衣角。这些做法都是失礼的。轮到自己打饭时，要客气地讲话。打饭后，应礼貌地说声"谢谢"。要尊重食堂工作人员的劳动，不要当着食堂工作人员抱怨饭菜不好，如果有必要的话，可以以婉转的语气提建议，或按照规定到相关部门反映。

礼仪提醒

打好饭菜后，要注意别碰到别人的衣服上，如不小心碰到别人身上，要有礼貌地致歉。就餐时，不要抢占座位，如座位旁边已有人，应先征得对方同意，方可入座。

◇ 文明用餐

不要在用餐过程中大声喧哗，遇见熟人、同学不要用大声叫嚷来打招呼；要在规定的区域内用餐；如果与老师一起就餐，则要请老师先入座。

进餐时应注意节约粮食。例如，馒头不小心掉在地上，应捡起，不要碍于面子而显得过于"大方"、"潇洒"，一脚踢开，以显示自己多么"高贵"。所购买的饭菜，以吃饱为度，不要超量购买，以免吃不完造成浪费。

◇ 注意用餐卫生

进食堂不可随地吐痰，不可向地面泼水，扔杂物，剩余饭菜倒在指定地方。吃东西或喝汤时要小口吞咽，闭嘴咀嚼，尽量不发出响声；骨、刺以及无法吃的东西，不要随便乱吐，可以放到餐具里，不将废弃物遗留在桌面上，不可使餐桌一片狼藉。**用餐完毕要主动带走自己的餐盘，及时将桌面腾出来，让给后面需要就餐的同学。**

2. 保持文雅的吃相

俗话说"民以食为天"，可见饮食在人的日常生活中占据何等重要的地位。我们中华民族的饮食文化源远流长，饮誉世界。其中自然也少不了一套饮食礼仪。一个知书达礼的人，站要有站相，坐要有坐相，同样，吃也要有吃相。**在某种意义上，"吃相"更能反映出人的教养程度。**那么，什么样的"吃相"才算文雅呢？

文雅的吃相具体表现在以下几个方面。

其一，吃饭时，在入座之后，可以一面做好就餐的准备，一面和同席人随意交谈。不要旁若无人，兀然独坐；也不要迫不及待，一副馋相。

其二，食物送入嘴中应该闭口咀嚼，要把咀嚼食物的声音限制在最小的程度之内。当咀嚼较坚硬的食物时，尤其要特别注意，若不闭口就会发出较大的"叭叽叭叽"的咀嚼声，不仅显得吃相不雅，还会影响别人进食的情绪。

其三，用餐的动作要文雅，夹菜时不要碰到邻座，不要把盘里的菜拨到桌上，不要把汤打翻。

其四，喝汤应用汤匙一勺一勺送入口中。端起碗来一口气喝下去。既是不礼貌的也是不文雅的。如果汤菜太热，可以用汤匙在碗里慢慢搅动，但不要用嘴对着汤吹。

其五，用餐过程中，有些东西需要吐出来，如吃鱼吐刺，吃排骨吐骨头渣，还有可能饭菜中有沙子需要吐出，这在正式宴会中也是允许的。问题是吐得一定要合乎规范。一般的食物残渣应用筷子从口中取出，放在自己前面的桌面上或专用的容器里，而不能低下头嘴对着桌子直接吐出。**如果饭菜中有沙子，则应离开餐桌吐到卫生间去，而不应直接吐到餐桌上。**

其六，切忌"狼吞虎咽"。吃量适中是指每次送进口中的食物量要适当。每次送进口中的食物量太少，不仅会影响进食速度，而且会让人觉得造作。相反，每次都将过量的食物填入口中，以致把两腮胀得鼓鼓的，不仅不利于消化，而且显现出的吃相也十分不雅。

用餐的速度不宜过快，狼吞虎咽一口紧接一口，颇有与人抢食之嫌。

此外，进餐时不要打喷嚏、咳嗽，万一不能抑制，必须把头转个方向，以手帕掩住口鼻。餐后不要不加控制地打饱嗝儿。

礼仪提醒 一个人的吃相几乎比任何别的社交礼仪都更能显示出其是否具有良好的教养及风度。所以，吃态如何大有讲究。

3. 注意端好汤盘

在端汤盘时，要格外注意安全，食堂人多，若不小心将汤洒在地上，不但会污染食堂环境，而且还会溅到自己或别的同学身上，烫伤自己或别人，引起意外发生。

◇ 轻托盘的端法与行姿

学生在端汤盘到餐桌用餐时，应左手托盘、左臂弯曲、掌心向上、五指稍曲分开，将盘平托于胸前。略低于胸部，行走时，头应正，肩应平。**上身应直，两眼平视前方，不可眼看盘面，脚步轻捷自如（以汤水不外溢**

为限），在过路和交叉相遇时，应尽可能快地在右侧行走，以免碰撞，发生烫伤人的意外。

◇ 重托盘的端法与行姿

端重托盘行走时，步伐不宜过大，过急。应尽量保持头正、肩平、上身直，随着行走步伐而让盘面上、下微动，切不可使盘面左右或前后晃动，更不能让盘面向外倾斜，以免托盘不协调而掌握不住重心。

◇ 轻轻地放下汤盘

手端汤盘到餐桌后，要轻轻放下，不要使汤溅出，把汤盘放在桌上后再落座，落座时动作要稳、要轻，以免打翻桌上的杯盘。如不小心汤溅到别的同学身上，要礼貌地说声"对不起"；如别的同学不小心将汤溅到自己身上，也不要大动肝火不饶人。

四、在校外饭店就餐的礼仪

1. 注重餐前的礼仪规范

指的是准备用餐、等候用餐时的所作所为。无疑，它是用餐表现的有机组成部分之一。要使餐前表现符合礼仪规范，应要注意以下问题。

◇ 适度修饰

外出用餐，尤其是外出赴宴或聚餐时，应适度地进行个人修饰。总的要求是：整洁，优雅，个性化。倘若不加任何修饰，甚至仪容不洁、着装不雅，则会被视为不尊重主人，不重视此次聚餐或宴请。

◇ 准点到场

应邀赴宴，或参加聚餐时，一定要准点抵达现场。严格地讲，抵达过早或过晚，均为失礼。早到的话，主人往往还未做好准备，因而措手不及。晚到的话，则会令他人望眼欲穿，甚至打乱整个原定的计划。另外，无特殊原因，切勿早退。

◇ 各就各位

在正式一些的用餐活动中，一定要按照指定的桌次，位次就座。倘无明确排定，亦应遵从主人安排，或与其他人彼此谦让。切勿争先恐后，不守座次。一般而言，在入座时，应于主人、主宾之后就座，或与大家一道就座。抢在他人之前就座，显然是不合适的。

2. 正襟危坐，举止高雅

◇ 要正襟危坐

就座时，应从左侧进人，并使身体与餐桌保持两拳左右的距离。在餐桌上保持良好的姿势，上身呈挺拔之态，绝不能像个布娃娃似的东倒西歪、弯腰驼背地瘫在座位上。双手不要支在桌上，也不要同时摆在腿上，但在上菜空当，把一只手或两只手的手肘撑于桌面却无伤大雅，因为这是热烈与人讨论时自然而然的姿势，不过吃东西时，手肘最好还是离开桌面。双腿不要乱伸，因为有可能妨碍他人，另外，姿势也不雅观。

◇ 要举止高雅

正统的礼仪源自古代宫廷，并且相延已久，故其程式化的规定极多。**其中很重要的，尤其是正式宴会，都要求用餐者严格约束个人举止，力求使之高雅动人**。例如，进食噤声：用餐之际，不论有意还是无意，不论吃东西还是喝饮料，都不要搞得进口有声、呼呼作响，那是不懂起码礼数的表现；再者，防止异响：除用餐外，体内的任何声音，不管是咳嗽、打喷嚏，还是腹中咕咕作响，都应离开餐桌，自觉控制，不要当众出丑。另外，在就座用餐时，不要随便挪动桌椅，也不要把餐具搞得铿锵作响。

◇ 适度交谈

就餐期间，同桌的人都应轻松自由彼此交谈，就餐不仅是为了吃，而且是一种重要的交往手段，所以静食不语是不礼貌的。

交谈的对象要尽量广泛，从始至终只与一两位老相识说话，似乎对其他宾客无兴趣是失礼的。

交谈的内容应愉快、健康、有趣，挑剔餐馆的服务和菜饭的质量，明显地表示厌恶某一道菜，或谈论令人厌恶的动物或在感官上让人恶心的东西，以及自己和他人的疾病，取笑他人甚至发生争执等都会影响交谈气氛，是最为失礼的。

交谈的音量要适中，餐桌上高音大嗓地说话是很不文雅的，但也不要太小，近似耳语给人以说悄悄话的感觉，也是不礼貌的，若的确有话不便公开讲，则应另找适宜的场合交谈。

礼仪提醒　与人交谈时应放下手中餐具，暂停进食。挥舞着筷子、刀叉、一边咀嚼食物一边高谈阔论或唾沫四溅地说笑都是不得体的。

3. 正确地使用餐具

中餐餐具，即用中餐时使用的工具，中餐餐具可分为主餐具与辅餐具两类。主餐具是指进餐时主要使用的、往往必不可少的餐具，通常包括筷、匙、碗、盘等。

◇ 筷子

使用筷子取菜时，需要注意下列问题。

①不"品尝"筷子。不论筷子上是否残留着食物，都不要去舔它。而长时间把筷子含在嘴里也不合适。

②不"跨放"筷子。**当暂时不用筷子时，可将它放在筷子架上或放在自己所用的碗、碟边缘上。**不要把它直接放在餐桌上，更不要把它横放在碗、盘，尤其是公用的碗、盘上。掉到地上的筷子不要再用。

③不"插放"筷子。不用筷子时，将其"立正"插放在食物、菜肴之上尤为不可。根据民俗，只有祭祖先时才可以这样做。另外，也不要把筷子当叉子，去叉取食物。

④不"舞动"筷子。与人交谈时，应暂时放下筷子。切不可以其敲击碗、盘，指点对方，或是拿着它停在半空中，好像迫不及待地要去夹菜。

⑤不"滥用"筷子。不要以筷子代劳他事，比如剔牙、挠痒、梳头，或是夹取菜肴、食物之外的东西。

◇ 匙

在一般情况下，尽量不要单用匙去取菜。用匙取食物时，不宜过满，免得溢出来弄脏餐桌或自己的衣服。必要时，可在舀取食物后，在原处"暂停"片刻，待汤汁不再滴流后，再移向自己享用。

使用匙时要注意下列四点事项。

①使用汤勺时要用右手。**右手执筷同时又执汤勺是最忌讳的。**

②用勺子取用食物后，应立即食用，不要把它再次倒回原处。

③若取用的食物过烫，不可用匙将其折来折去，也不要用嘴对它吹来吹去。

④食用匙里盛放的食物时，尽量不要把勺子塞入口中，或反复吮吸它。

◇ 碗

碗在餐里主要是盛放主食、羹汤之用的。在正式场合用餐时，用碗的注意事项主要有四点。

①不要端起碗来进食，尤其是不要双手端起碗来进食。

②食用碗内盛放的食物时，应以筷、匙加以辅助，切勿直接下手取用，或不用任何餐具以嘴吸食。

③碗内若有食物剩余时，不可将其直接倒人口中，也不能用舌头伸进去乱舔。

④暂且不用的碗内不宜乱扔东西。

◇ 盘

盘在中餐中主要用以盛放食物，其使用方面的讲究，与碗大致相同。盘子在餐桌上一般应保持原位，不被挪动，而且不宜多个叠放在一起。

需要着重加以介绍的，是一种用途较为特殊的被称为食碟的盘子。**食碟的主要作用，是用来暂放从公用的菜盘里取来享用的菜肴。**使用食碟时，要注意的问题有。

①取放的菜肴不要过多，看起来既繁乱不堪，又有欲壑难填之嫌；不

要将多种菜肴堆放在一起，弄不好它们会彼此"相克"，相互"串味"，不好看，也不好吃。

②不宜入口的残渣、骨、刺不要吐在地上、桌上，而应将其轻轻取放在食碟前端，必要时再由侍者取走、换新。要注意的是，不要让"废物"与菜肴交错，搞得杯盘狼藉。

辅餐具指的是进餐时可有可无、时有时无的餐具。它们主要是在用餐时发挥辅助作用。最常见的中餐辅餐具有：水杯、湿巾、水盂、牙签等。

◇ 水杯

中餐中所用的水杯，主要供盛放清水、汽水、果汁、可乐等软饮料。需要注意以下几点。

①不要以之去盛酒。

②不要倒扣水杯。

③喝人口中的东西不能再吐回水杯中去。

◇ 湿巾

如果是比较讲究的中餐，会为每位用餐者上一块湿毛巾。湿巾能用来擦手，绝对不可用以擦脸、擦嘴、擦汗。擦手之后，应将其放回盘中，由侍者取回。有时，在正式宴会结束前，会再上一块湿毛巾。**与前者不同的是，这次它只能用来擦嘴，也不宜擦脸、擦汗。**

◇ 水盂

有时，品尝中餐者需要手持食物进食。此刻，往往会在餐桌上摆上一个水盂，也就是盛放清水的水盆。它里面的水并不能喝，而只能用来洗手。在水盂里洗手时，不要乱甩、乱抖。得体的做法是两手轮流沾湿指尖，然后轻轻浸入水中刷洗。洗毕，应将手置于餐桌之下，用纸巾擦干。

◇ 牙签

主要用来剔牙之用。用餐时，尽量不要当众剔牙。非剔不行时，应以另一只手掩住口部进行，切勿大张"血盆大口"。剔牙之后，不要长时间叼着牙签。取用食物时，也不要以牙签扎取。

第 九 章

出行与公共场所礼仪

有"礼"行遍天下，无"礼"寸步难行。交通出行与公共场合，是最需要讲究文明礼仪的社会活动。身为学生，无论是奔走往来于闹市街头，还是出入活动于公共场所，如果衣冠不整，举止粗野，不守公共秩序，不讲社会公德，那么，走到哪里都是不受欢迎的人。而礼让他人，尊老爱幼，文明礼貌，举止端庄的学生，就会受到众人的尊重和夸赞。因此，在出行与公共场合，学生必须注重文明，讲究礼仪。

一、出行与交通礼仪

人们在来去匆匆，争分夺秒的现代生活中，往往需要乘坐各种交通工具，尤其是各种机动车辆，以求方便。

人们在交通出行中，势必会与各种各样的人打交道，这就牵扯到如何以礼待人、如何规范自己的举止、如何遵守交通的礼仪及规则。只有真正了解和遵守交通的礼仪规范，才能更有序、更方便地出行。

1. 行路：遵守通行的规则

对任何一个正常人来说，行路无一例外地都是其活动的基本方式。即使采用其他任何交通工具，例如汽车、火车、地铁、轮船、飞机或者自行车，行路依然必不可少。

根据礼仪要求，**人们在行路时须自尊自爱，以礼待人，遵守普遍通行的礼仪守则和在不同的行路条件下的具体要求。**

◇ 行路的基本要求：始终自律

行路，不管是一个人独行，还是多人同行；不管是行走于偏僻之地，还是奔走于闹市街头，都有一些基本的礼仪要求应当遵守，行路者要严格约束个人行为。具体而言，特别是要做好以下几点。

●不吃零食。在行路时吃喝，不仅不雅，不卫生，不利于身体健康，更重要的是还有可能给其他过往的行人造成不便，有碍于人。

●不抽香烟。行路时抽烟，会污染空气，甚至还有可能烧坏别人的衣物，令人望而生畏。

●不乱扔废物。行路时，若有必要处理个人的废品，应将其投入专用的垃圾箱。不要"天女散花"，随手乱丢，破坏公共场合的环境卫生。

●不随地吐痰。行路时，若需清理嗓子、吐痰。应于旁边无人时，将痰吐在纸巾里包好，然后投入垃圾箱。不要将其"自行消化"，更不要随地吐痰。直接吐入垃圾箱，也不大卫生。

●不过分亲密。恋人或夫妻一齐行路时，不应勾肩搭背、又抱又亲。边走边吻，表现过分亲密。将这类个人隐私当众"公演"，极不自重，而且也会令在旁之人感觉不舒服，不自在。

●不尾随围观。发现街头冲突时，应予以劝阻，切勿围观、起哄、煽风点火。对于不相识的异性，不应浅薄轻浮，频频回首顾盼，更不许尾随其后，充当"马路求爱者"，对其进行骚扰。

●不毁坏公物。对于公共场所的各种设施、物品，要自觉爱护。不要做攀折树木、采折花卉、蹬踏雕塑，在墙壁上信手涂鸦、划痕，践踏绿地、草坪这一类毁坏公物的事情。

●不窥视私宅。对于同自己毫不相干的私人住所，不要贸然上前打扰，更不要趴在其门口、窗口、墙头，偷偷观望，干涉他人的活动自由。

●不违反交通规则。行路时务必要遵守交通规则，过马路要走人行横道、天桥或地下通道，要看红绿灯，听从交警指挥。

◇ 路遇行路人的相关要求

行路时，对于任何人，即使是一位素昧平生的人，都要相互关心、相互帮助、相互照顾、相互体谅、并且友好相待。这主要表现在下列几个方面。

①热情问候。**路遇熟人，通常应当问候一下对方，至少也要以适当的方式与其打个招呼，不应当对其视若不见。**

②帮助老弱病残。遇到老弱病残，或是盲人、孩子有困难时，应主动上前加以关心、帮助，不要视若不见，甚至对其讥讽或呵斥。

③彼此谦让。通过狭窄路段时，应请他人先行，不要争先恐后。在拥挤之处不小心碰到别人，立即说"对不起"。不要若无其事，或是借题发挥，寻衅滋事。

◇ 保持合适的距离行路

行路多在公共场合进行，故在应当注意随时与其他人保持适当的距离。人际距离是一种无声的语言。它反映着彼此之间关系的现状，也体现着其中一方对另一方的态度、看法，因此对此不可马虎大意。人际距离可分以下四种情况。

①私人距离。当两人相距在0.5米之内时，即为私人距离。它又称亲密距离，仅适用于家人、恋人、至交之间。与一般关系者，尤其是陌生人、异性共处时，应避免采用。

②社交距离。**当两人相距在0.5米～1.5米之间时，即为社交距离。这一距离主要适用交际应酬之间。它是人们采用最多的人际距离，故又称常规距离。**

③礼仪距离。当两人相距在1.5米～3米之间时，即为礼仪距离。它有时也称敬人距离。该距离主要适用于向交往对象表示特有的敬重，或用于举行会议、庆典、仪式。

④公众距离。当两人相距在3米开外时，即为公众距离。它又叫大众距离，主要适用于与自己不相识的人共处。在公共场合行路时，与陌生人之间应尽量采取这种距离。

2. 骑自行车：严守交通规则

自行车在中国是一种重要的交通工具，骑车人数之多堪称世界之最。在大街小巷自行车群不论白天黑夜总是滚滚而来，永不止息。在如此拥挤的车流之中，如果不讲究礼仪，问题将接踵而至。那么青少年学生骑自行车要讲究哪些礼仪呢？

◇ 严守交通规则

自行车要靠右行驶在非机动车道上，不要进入机动车道，不要逆向而行；骑行中要双手扶把，不要撑伞或提物，更不要双手离把；要遵守交通信号，不闯红灯；转弯时要打手势，不要强行超车，突然转弯，也不要小转弯；在路上不要并排行驶勾肩搭背，不要互相追逐嬉戏，更不要与汽车抢道；骑车不要带人，带物时不要超长超高。违反上述要求，都是不文明、不礼貌、不安全的。

◇ 礼让行人

骑车时，特别是在人多拥挤的街道上，不要倚仗自己车技高超，在人丛中横冲直撞，高速行驶；不要为显示威风，在行人背后猛然揿铃吓人一跳，更不要恶作剧戏弄行人；车过道口（人行横道）要主动礼让行人，特别是对行动迟缓的老弱病残者，更应给予照顾和体谅，不要厉声呵斥、恶语相加。否则都是极不礼貌的。如果不小心撞了人，应主动下车道歉，如果撞伤了人，要送医院治疗，并通知伤者单位和家属。**不要撞了人反过来还指责对方挡了你的路，更不要伤了人置之不顾，逃离现场，否则都是极不道德的行为。**

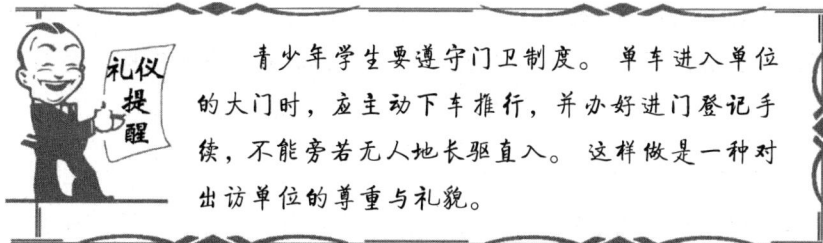

礼仪提醒

青少年学生要遵守门卫制度。单车进入单位的大门时，应主动下车推行，并办好进门登记手续，不能旁若无人地长驱直入。这样做是一种对出访单位的尊重与礼貌。

3. 乘坐轿车：保持必要的风度

乘坐轿车，通常是讲究快节奏、高速度的人士在"行"的问题上的首要选择。乘车之时虽然短暂，但仍有保持风度、以礼待人的必要。不要为了只求快速抵达目的地，而忘乎所以，不计其余。

青少年学生乘坐轿车时，应当牢记的礼仪问题主要涉及座次、举止、上下顺序等三个方面。

◇ 座次

在比较正规的场合，乘坐轿车时一定要分清座次的尊卑，并在自己适得其所之处就座。而在非正式场合，则不必过分拘礼。

轿车上座次的尊卑，在礼仪上来讲，主要取决于下述两个因素。

①轿车的驾驶者。驾驶轿车的司机，一般可分为两种人：一是主人，即轿车的拥有者，二是专职司机。国内目前所见的轿车多为双排座与三排座，以下由主人亲自驾驶轿车时，一般前排为上，后排座为下；以右为尊，以左为卑。**乘坐主人驾驶的轿车时，最重要的是不能令前排座空着，一定要有一个人坐在那里，以示相伴。分清其驾驶者不同时，车上座次尊卑的差异。**

由先生驾驶自己的轿车时，则其夫人一般坐在副驾驶座上。由主人驾车送其友人夫妇回家时，其友人之间的男士，一定要坐在副驾驶座上，与主人相伴，而不宜形影不离地与其夫人坐在后排，那将是失礼之至。由专职司机驾驶轿车时，通常仍讲究右尊左卑，但座次同时变化为后排为上，前排为下。

②轿车的类型。轿车通常是指座位固定、车顶固定的各种专用客车，包括吉普车和其他多排座客车。他们的座次的尊卑各有一些不同。**吉普车上的座次由尊而卑的顺序是：副驾驶座、后排右座、后排左座。**而多排轿车的顺序是，以前排为上，以后排为下；以右为尊，以左为卑。

◇ 举止

与其他人一同乘坐轿车时，即应将轿车视为一处公共场所。在这个移动的公共场所里，同样有必要对个人的行为举止多加约束。具体来说，应当注意以下问题。

● 不要争抢座位，上下轿车时，要井然有序，相互礼让。

● 不要动作不雅。在轿车上应注意举止，不要往车外丢东西、吐痰，也不要在车上脱鞋、脱袜、换衣服。切勿与异性演出"爱情故事"或是东倒西歪。

● 不要不讲卫生。不要在车上吸烟，或是连吃带喝，随手乱扔。

● 不要不顾安全。不要与驾车者交谈，以防其走神。不要让驾车者听移动电话或看书刊。当自己上下车、开关门时，要先看后行，切勿疏忽大意，以防伤人。

◇ 上下车顺序

上下轿车的顺序也有礼可循。其基本要求是：倘若条件允许，须请尊长、女士来宾先上车，后下车。具体而言，可分为多种情况。它们主要包括：

①分坐于前后排。乘坐由专职司机驾驶的轿车时，坐于前排者，大都应后上车，先下车，以便照顾坐于后排者。

②同坐于后一排。乘坐由专职司机驾驶的轿车，并与其他人同坐于后一排时，应请尊长女士来宾从右侧车门先上车，自己再从车后绕到左侧车

门后上车。**下车时，则应自己先从左侧下车，再从车后绕过来帮助对方。**

③乘坐折叠座位的轿车。为了上下车方便，坐在折叠座位上的人，应当最后上车，最先下车。

④乘坐多排座轿车。乘坐多排座轿车时，通常应以距离车门的远近为序。上车时，距车门最远者先上，其他人随后由远而近依次而上。下车时，距车门最近者先下，其他人随后由近而远依次而下。

4. 乘坐公共汽车：以礼貌待人

现代人们的"行"离不开公共车辆。当我们上下班，走亲访友，上街购物或外出游玩，几乎都少不了要乘坐公共车辆。目前，我国公共交通事业还不够发达，车少人多，乘车高峰十分拥挤。在这种情况下，讲究乘车文明，处理好人际关系，对于维护乘车秩序，保证车辆正常运行，改善社会风气都是很必要的。在这里，特别要注意以下四点。

◇ 自觉遵守乘车秩序

文明乘车要自觉遵守乘车秩序，在车站候车时，排队乘车，互相礼让。尤其是青年人不要凭着猛劲，乱挤乱撞抢占座位；见来了一辆车就一哄而上，挤不上就吊在车上，这不仅不安全，不文明，结果只会耽误了自己和全车厢乘客的时间。这样的做法是缺乏修养的，是不文明的粗野的行为。

◇ 乘客间互相照顾

文明乘车，还表现在乘客之间要相互礼让，相互照顾。自己先上了车，应主动往车厢内移动，以免塞住车门，妨碍车下的乘客上车。**有的乘客自己一挤上车，就急于要售票员关门，不愿车下的乘客上来，这是极其自私的行为。**公共车辆，乘客众多，要时时想到别人。如伤风感冒、咳嗽，打喷嚏，要用手帕捂住，防止传染给别人。

◇ 乘客间互相体谅

有时在上下班高峰期，乘公共汽车的人比较多，车上乘客经常有人发生口角，严重的还会破口大骂，甚至大打出手。这是十分不文明、不道德的表现。公共场所人多拥挤，擦肩接踵和踩脚碰头的事是难免的。一旦发生这类事情，双方应互相谅解，不能训斥对方，从而拉开"战幕"。如果在公共场所不能忍让，没有谅解别人的高姿态，斤斤计较个人利益，是会受众人谴责的。

◇ 保持车辆整洁

乘车时，要保持车辆清洁，不要随地吐痰，乱扔果壳、瓜皮，亦不要抽烟。坐着的同志不要把脚搁到前面人的位子上。如果随身带着湿的或者脏的东西，如鲜鱼、海味等有气味、易污染的东西上车的乘客，要妥善放好自己的东西，最好临时包装一下，免得弄脏了其他乘客的衣服。雨天上车后，雨伞的尖顶部分应朝下，防止戳伤别人。穿雨衣时，上车后应迅速脱去，以免雨水沾湿别人。切忌把危险物品带上车，以免危害乘客的生命财产安全。

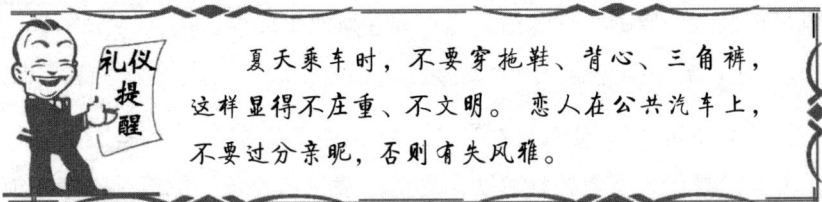

礼仪提醒

夏天乘车时，不要穿拖鞋、背心、三角裤，这样显得不庄重、不文明。恋人在公共汽车上，不要过分亲昵，否则有失风雅。

◇ 尊重司售人员

文明乘车还要求我们尊重售票员、驾驶员的辛勤劳动。在乘车过程中，主动地配合司售人员维护车内外的秩序。上车后应主动买票。如果不买票，被售票员发现后被迫补票或罚款，这样既给售票员添了麻烦，自己面子上也不好看。**在向售票员问路时，口气要温和有礼貌**，如："售票员同志，请问换××路在哪站下？"当售票员回答了你的询问时，要说声："谢谢！"

5. 乘坐出租车：尊重与配合司机

现在很多城市都有出租车。当人们急于赶路又无私车的时候，坐出租车常常成了最佳选择。乘坐出租车时应注意的礼仪主要有如下几个方面。

- 最好在出租车停靠站上下车。不要要求司机在不许停车的地方停车。

- 电话叫车时应约好准确的上车地点。

- 如果你对车价敏感的话，请注意要车，要你能接受的价格的车辆。你可以请你不愿接受的高价车驶离，这不是失礼行为。

- 假如你是为别人叫车，一定问清他坐什么价位的车。

- 上车后不应与司机过分闲聊，尤其不应议论小道消息。

- 如果你不明路线，则应完全信任司机，不应与司机发生路线争执。

- 到达目的地停车后，当你准备推门下车时，往后看一下，注意有无行人或自行车恰好过来。

- 下车时应向司机道谢，并关好车门。

6. 乘坐火车：注重行为举止

在国内，目前人们进行长途旅行的时候，火车仍是第一位的考虑，在此情况下，青少年学生有必要学习有关乘坐火车的礼仪。

◇ 上车

上车这一程序，由下述四个环节构成，对其中每一个步骤，都不应轻视、忽略。

①持票上车。乘坐火车，均应先购票，持票上车。万一来不及买票，应上车时预先声明，并尽快补票。不要逃票或用假票、废票。

②排队上车。**坐火车因为人多，停车时间短，故应提前到站，在候车室等候剪票，剪票时要排队**。进入站台后，待火车停稳，方可在指定车厢排队上车。

③乘坐指定车次。坐火车一定要乘坐车票上所指定的车次，不要不分东西，上错车次，以至"南辕北辙"。

④携物定量。火车对乘客所携带的物品内容、数量均有规定。不应携带违禁物品或过量物品上车。必要时，应办理托运手续。当工作人员检查行李时，应主动予以配合。

◇ 就坐

上火车后，即应立即寻找座位。寻找座位时，须注意以下几点。

①乘坐指定座位。车票因价格不同，而使座位有所差别，如卧铺与坐席、硬座与软座，有无空调，等等。不要为图舒适，而"另攀高枝"，抢别人座位或去卧铺、软座、空调车厢占据不属于自己的座位。

②中途上车找座。**中途上车找座时，应先以礼貌用语向他人询问，不要硬挤、硬抢、硬坐。**

③让出自己座位。若发现老人、孩子、病人、孕妇、残疾人无座时，应尽量挤出地方请其就座，或干脆让出自己座位来，以照顾对方。

④座次亦有尊卑。火车上座位的尊卑，可由下述几点决定。靠窗为上，靠边为下。靠右为尊，靠左为卑。面向前方为佳，背向前方为次。有人同行时，应为其让出上座。若座位不够，则应请其先坐下。与不相识者一同对号就座时，则不必如此讲究。

◇ 休息

坐火车的人大都行程较远，因此在火车上的绝大多数时间都是在休息。在火车上休息，应当切记下列礼仪规范。

①着装文明。在车上休息一般不应宽衣解带。若非在卧铺车上就寝，脱鞋脱袜也不适合。不论天气多么炎热，都不要打赤膊，下装亦不应过于短小。不要当众更换衣服，或当众"袒胸露怀"，撩衣撩裙。

②姿态优雅。**在座席车上休息，不要东倒西歪，卧倒于坐席上、坐席下、茶几上、行李架上或过道上。不要靠在他人身上，或把脚翘在对面的坐席之上。**

◇ 用餐

在火车上用餐，须注意以下几点事项。

①在餐车上用餐。在餐车上用餐，应预约或购票若去时人数过多，应耐心排队等候。在用餐时，应节省时间，用餐完毕，即应离开，不要赖着不走，借以休息、谈天。

②在车厢用餐。若不去餐车，则可在自己的车厢内享受自己所带的食物，或购买服务员送来的盒饭。在一般情况下，不应要他人的东西吃，当

他人请自己尝时，应当婉言谢绝。

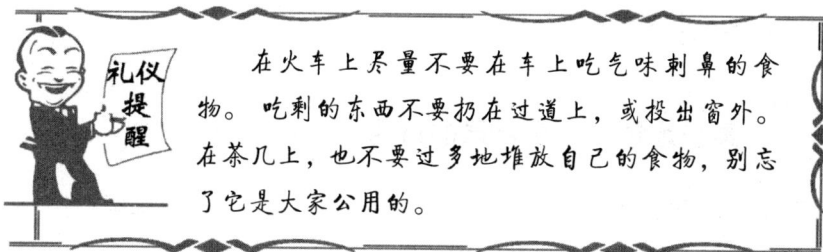

> 在火车上尽量不要在车上吃气味刺鼻的食物。吃剩的东西不要扔在过道上，或投出窗外。在茶几上，也不要过多地堆放自己的食物，别忘了它是大家公用的。

◇ 交际

在火车上旁若无人，不与他人进行任何交往，是不可能的，也不礼貌，与他人交往，有三点要求应予注意。

①主动问候。即应主动向邻座之人打招呼问好。若有必要，还可对自己进行简单介绍。若对方反应一般，向其点点头，微笑一下，也是可以的，不必一厢情愿，说得过多。

②交谈适度。**与邻座的乘客交谈，要注意话题的分寸**。不要瞎吹乱弹，大发牢骚，传播小道消息与政治谣言。当他人兴致不高或打算休息时，应适可而止。有人跟自己交谈，可进行合作，不要置之不理。与异性交谈，则不应多涉及个人情况。

③相互关心。在火车上，大家尽管萍水相逢，也算是有缘千里来相会，因此彼此要相互关心，相互照顾。别人行李拿不动时，应援之以手。有人前去用餐或方便，应为之照顾行李、孩子。有人晕车或病了，应多加体谅。他人帮助了自己，要多加感谢。

◇ 下车

下火车时，有三个细节问题不应忽视。

①提前准备。在到达目的地的前半个小时，即应开始准备下车。不要"临阵磨枪"，手忙脚乱。更不要坐过了车，或是下车少带了行李。

②与人道别。在下车前，应与邻人道别。遇上乘务员，也要主动说一声："再见"。**在一般情况下，与邻座道别时，没有必要主动要求与之交换地址或电话号码**。

③排队下车。下车的人若较多，应当自觉排队等候。不要往前硬挤，

或是踩在坐椅背上抢行李或从车窗上下车。下车时为争一时之早晚，而招来麻烦，是得小失大的。

7. 乘坐地铁：约束自己的行为

地铁是现代化的交通设施，它一般与火车站、机场、繁华地区相连，十分方便。这方面的礼仪主要有以下几点。

◇ 维护地铁安全

按规定不能携带易燃、易爆、有毒等危险品，或有刺激性气味的物品乘车；不能携带枪械弹药和管制刀具乘坐地铁；不要携带动物、家禽乘坐地铁列车。禽畜、宠物（如鸡、鸭、鹅、狗、猫）容易污损、影响列车卫生；不要携带其他可能危及人身安全或影响地铁设施安全的物品（如锄头、扁担、铁锯、铁棒等）乘坐地铁。携带尖锐、易碎裂的物品上车要提醒别人小心。

◇ 维护环境卫生

为了每一位乘客的舒适与方便，不要在地铁车站、地铁车厢内吸烟、吐痰、乱丢杂物。在车上不要高声谈笑，即使你兴致勃勃地要等下车再说；在车上打喷嚏时，要用手帕捂住口鼻，防止唾沫四溅；坐在座位上不要把脚踩到前面乘客的位置上，以免弄脏别人的衣物；若携带散发异味的物品上车，应事先包好，放在妥善的地方。

◇ 年轻乘客应主动让座

碰到他人给自己让座，不能表现出心安理得的样子，而要立即表示感谢。假如自己不打算去坐，则应有礼貌地说明，如"谢谢"、"我马上就要下车了"等。**有涵养的男士在车上会向任何一位陌生女士让座，遇上这种情况，女士应轻轻地道一声"谢谢"。**

◇ 礼貌待人

乘车时要以礼待人。不要把提包行李放到座位上，更不能用提包等东西抢占座位；不要将脚伸到通道上，以免影响他人行走。不小心踩了别人，应及时道歉；被踩的一方也要显示出宽容的态度，不要张口骂人，要有涵养。

夏季乘车，衣着不要过分随便，太短太露，更不能赤膊赤足。

下雨下雪天乘坐公共汽车要将雨伞等雨器收拾好，不要弄湿别人的衣服和物品。

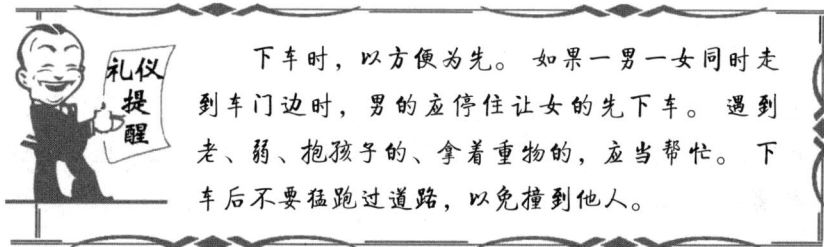

> 礼仪提醒
>
> 下车时，以方便为先。如果一男一女同时走到车门边时，男的应停住让女的先下车。遇到老、弱、抱孩子的、拿着重物的，应当帮忙。下车后不要猛跑过道路，以免撞到他人。

8. 乘坐轮船：与他人和睦相处

船只，是人们用作水上交通的主要工具。在日常生活里，当人们在江河湖海上进行旅行时，大都优先选乘客轮。客轮，指的是专门用以载客的机动船只。较之乘坐火车、飞机或公共汽车而言，乘坐客轮不仅舒服、安全，而且有更大的自由活动的空间，有风景如画的湖光山色可以尽情地观赏，因此乘船一直被许多人看作是一件饶有情趣、富有诗情画意的事情。

在客轮上生活，不像居家，却又胜似居家。然而，要想使自己的乘船旅行一帆风顺，使个人的生活舒畅，使同自己萍水相逢的其他乘客与自己和睦相处，就必须遵守有关的乘船礼仪。

◇ 安全

乘船旅行，安全第一。这一条对于任何乘客都没有例外，因此，青少年学生乘坐客轮时，务必要具有安全意识，遵守安全规则，采用安全措施，尽一切努力，确保旅途平安。

在通常情况下，乘船时必须顾及的安全问题，具体涉及以下几点。

①行李的准备。**为了确保客轮的安全，一般规定：乘船时不得随身携带易燃品、易爆品、易腐蚀物品、枪支弹药、腐烂性物品、家畜动物，以及其他一切违禁品。**为了自己和他人的健康，一定要遵守此类明文规定，

不要擅自偷带此类违禁物品上船，以致危及行船安全。有些时候，登船之前必须接受对人体和行李的安全检查。对此要积极配合，不要加以非议或加以拒绝。另外，所带行李的重量必须符合有关规定，决不要超过标准。

②上船与下船。上下客轮的时候，一定要注意安全问题。不要为了争时间、抢速度，而有碍自己或他人的安全。上船，一定要按先后次顺排队，有可能的话，应早到一些，以便在时间上留有余地。与长者一起上船时，应请其走在前面，或者以手相扶。不要加塞、乱挤，从而使人拥挤不堪，进而产生可能危害安全的诸多问题。下船，要提前做好准备工作，与其他乘客要相互礼让。依次而下。与长辈一起下船时，可以手相扶，或是请其走在自己身后。这样万一对方有个闪失，走在前面的自己还能有个照顾。

③室外的活动。在轮船上进行室外活动时，处处仍须以安全为重，切勿心存侥幸心理，自找麻烦。不要去不宜前去的地方，例如轮机舱、救生艇以及桅杆之上。一些没有扶手的甲板上，也最好敬而远之，切勿逞英雄，充当好汉。**在风浪大作或者夜深人静之时，不要一人在甲板上徘徊，免得被风浪无情地卷入水中。**不要擅自下水游泳。

④紧急的事件。乘船旅行途中，要是发生了难以预料的天灾人祸，例如火灾、沉船撞船、触礁、劫船、台风，等，应当处变不惊，与其他人一道进行自救，共度危难。如果需要离船，应当听从船员的指挥，并乘坐对方安排的交通工具。不要惊慌失措，急不择路，或是夺路而逃，或是跳水逃走。遇到这类事件，不仅要奋起自救，而且要尽心尽力地救助其他人。只有"一人为大家，大家为一人"，才有可能使大家皆保平安。同心同德，在此不仅必要，而且必需。

◇ 休息

从广义上讲，上船之后的主要时间是用作休息的。在休息的整个过程之中，有下列几个十分重要的礼仪问题不应当被忽视。它们主要是：

①寻位。在一般情况下，乘船是要对号入座的。国内客轮的舱位，大体上被分为头等舱、一等舱、二等舱、三等舱、四等舱、五等舱几种。它们大都提前售票，票价各异，对号入座，一人一座或一人一铺。所以，买到有座号、铺号的船票的乘客，所要做的就是要对号入座。**不要争抢、占**

据不属于自己的坐席，也不要随便同不相识者调换座号或铺号。若自己所买的是不对号的散席船票，则上船之后要听从船员的指挥、安排，前往指定之处休息，不要任意挪动或是自己选择地方。

②自娱。在自己所属的船舱之内，可以自行安排自己的一切活动，在可能的情况下，可进行一些具有自娱性质的活动，以便使自己的船上生活过得更加充实有趣。通常，观赏两岸景色，观看电视电影，收听广播、录音机，阅读书报，下棋、打扑克，等等，都是可以自行选择的自娱活动。同行的亲友一起聊天、散步、做游戏，也是可取的。

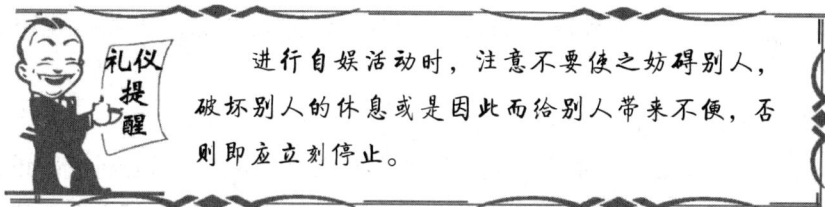

> **礼仪提醒** 进行自娱活动时，注意不要使之妨碍别人，破坏别人的休息或是因此而给别人带来不便，否则即应立刻停止。

③卫生。不管同一客舱里有多少人，不管其他人的表现如何，在乘船的自始至终，都要自觉地维护环境卫生，保持环境整洁。切勿不讲卫生，损害环境。如果因晕船而呕吐，千万不要直接吐在地上，应当去洗手间进行处理，或是吐在呕吐袋里。万一不小心吐到地上，应立即将其打扫干净。对于吃剩的食物、废弃的物品、果皮纸屑等，不可随手乱丢，即使将其扔到甲板上或是水中，也是很不卫生的。

④睡眠。在客舱内需要更衣时，应到洗手间内进行。睡觉前后穿衣服、脱衣服时，也要注意回避他人的注意。**当他人更衣时，应起身回避，或是目视他方，不要紧盯不放**。在铺位上睡觉时，要注意睡姿、睡相，不要衣衫不整，睡相惨不忍睹。与其他人的铺位相对、相邻、相接时，不要让身体闯入对方的范围，不要面对对方。除家人之外，不要注视、打量其他任何酣然入睡的人，对异性尤其不宜如此。

9. 乘坐飞机：维护乘机安全

在所有正规的交通工具之中，飞机最为舒适，其档次也最高。当前，在长途旅行或出国访问时，它通常是人们的优先选择。青少年学生在乘坐飞机时，必须认真遵守乘机礼仪。具体来讲，主要在维护乘机安全、从严要求自己两个方面多加注意。

◇ 维护乘机安全

在维护乘机安全方面，最重要的是要提高对其重要性的正确认识。在下列几点上，每位乘客均须好自为之。

①上机时不得违规携带有碍飞行安全的物品。在乘坐飞机时，通常都规定：任何乘客均不得携带枪支、弹药、刀具以及其他一切武器或凶器，不得携带一切易燃、易爆、剧毒、放射性物质以及其他任何有碍于航空安全的危险物品。在交付托运的行李之中夹带此类物品，一般也是不许可的。

②登机时应当认真配合例行的安全检查。在世界各国，乘机者在办理完毕登机手续之后，还必须接受例行的安全检查，此后方可登机。**在进行安全检查时，每位乘客都要通过安全门，而其随身携带的行李则需要通过监测器。**如有必要，安检人员还有可能对乘客或其随身携带的行李使用探测仪进行检查，或者进行手工检查。在接受此类检查时，不应当拒绝合作，或无端进行指责。

③飞行时务必要遵守有关安全乘机的各项规定。在飞机飞行期间，一定要熟知并遵守各项有关安全乘机的规定。当飞机起飞或降落时，一定要自觉地系好自己的安全带，并且收起自己面前的小桌板，同时将自己的座椅调直。当飞机受到高空气流的影响而发生颠簸、抖动时，也要将安全带系好，切勿自行站立、走动。在飞机飞行期间，严禁使用移动电话、手提电脑、激光唱机、微型电视机、调频收音机、电子式玩具、电子游戏机等等电子设备。

④乘机时需要对安全设备有一定程度的了解。在飞机起飞前，所有的客机均会由客舱乘务员或通过电视录像片，向全体乘客介绍氧气面罩、救生衣的位置及正确的使用方法。此外，还将介绍机上紧急出口所在的位置及疏散、撤离飞机的办法。在每位乘客身前的物品袋内，通常还会备有有关上述内容的图示。对此一定要洗耳恭听，认真阅读，并且牢记在心。

礼仪提醒

乘坐飞机时，切勿乱摸、乱动机上的安全用品。偷拿安全用品或私开安全门，不仅有可能犯法，而且还有可能危及自己和其他机上乘客的生命安全。

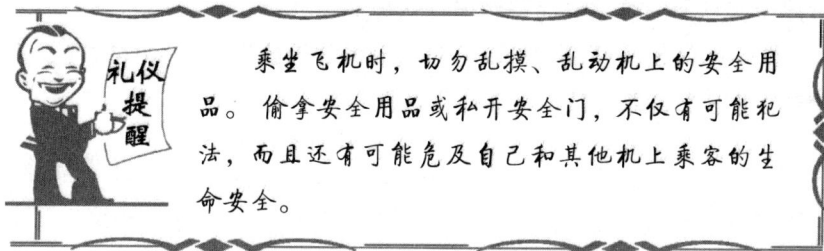

◇ 从严要求自己

作为乘坐飞机的乘客，应从严要求自己，注意处处以礼律己，处处以礼待人。作为档次最高的交通工具，飞机要求它的每一名乘客都要使自己的所作所为与其相称，时时表现得彬彬有礼。上下飞机时，要注意依次而行。在机上转动自己随身携带的行李时，与其他乘客要互谅互让。在自己的座位上就座时，要保持自尊。不要当众脱衣、脱鞋，尤其是不要把腿、脚乱伸乱放。

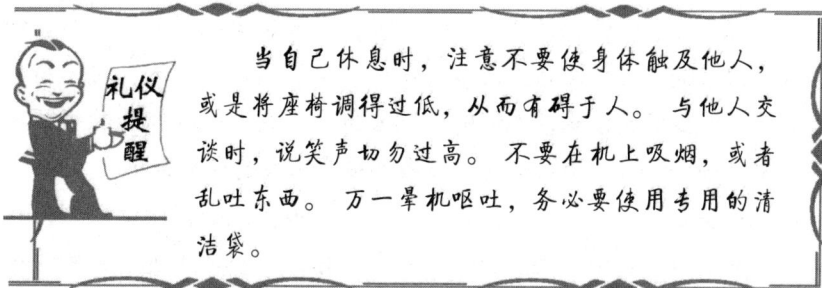

礼仪提醒

当自己休息时，注意不要使身体触及他人，或是将座椅调得过低，从而有碍于人。与他人交谈时，说笑声切勿过高。不要在机上吸烟，或者乱吐东西。万一晕机呕吐，务必要使用专用的清洁袋。

二、公共场所礼仪

1. 遵守公共场所秩序

公共场所是否井然有序也是衡量一个社会文明程度的标准之一。"与他人保持一致"这一礼仪规则，要求人们把自己在公共场所的行为纳入公共秩序中，从而使公共秩序得到很好的维护。

"与他人保持一致"是要求人们在公共场所自觉遵守公共秩序，不做任何让人侧目、鄙视的事。

◇ 公共场所避免不雅着装

如果衣服肮脏不洁，歪戴帽、斜穿衣，敞胸露背，过于暴露，甚至光膀子，这些都是不雅观的着装。

穿衣服虽然是个人的事，没有人能强迫你如何去做，但在服装文化上，是存在高雅和低俗之分的，如果你穿着过分，与场合不符，还是会被划分在低俗之类，也会直接反映出你的个人品位和素质。

我们生活在这个城市里，就是这个城市的一分子，我们的着装不仅会影响到个人的形象，同样的也会影响到整个城市的形象。

◇ 保持公共场所整洁

谈到公共场所的卫生，不得不提到城市的"美容师"，清洁工人们。谈到 10 月 26 日，也许没有几个人会知道，那天是全国环卫工人节。他们做着最脏最累的工作，拿着微薄的工资，如果没有环卫工人，城市将会成为什么样子？**我们应该珍惜他们的劳动成果，公共场所的整洁除了要靠环卫工人的辛勤劳动，更重要的是要靠我们每个市民的自觉维护。**

都说保护环境人人有责，但是，这句话在很多人心目中就仅仅只是一句口号，对于自己身边的环境，他们并不爱惜，所以才出现了乱倒垃圾的情况。

其实我们一个小小的举动，就可以轻松的做件对环境有益的事——垃圾分类。通过垃圾分类，综合处理回收利用，可以减少污染，节省资源。

◇ 在公共场所自觉排队

排队在很多情况下对全体人员来说是效率较高的解决问题的方式之一。任何人没有特权不排队，你唯一要做的就是接在队伍的末端。排队，简单来说，就是人们按照先来后到的顺序一个挨一个的排列成队，以便依次从事某事。在排队时，应当遵守的礼仪规范有以下几点。

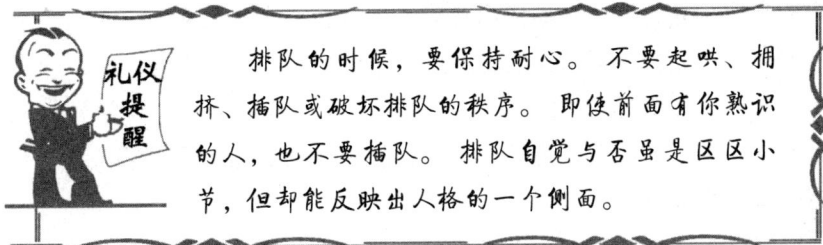

排队的时候，要保持耐心。不要起哄、拥挤、插队或破坏排队的秩序。即使前面有你熟识的人，也不要插队。排队自觉与否虽是区区小节，但却能反映出人格的一个侧面。

◇ 遵守顺序

排队的基本原则是：先来后到、依次而行。**排队时，一定要遵守并维护这一秩序，不仅要自己做到不插队，而且还要做到不让自己的熟人插队。**

◇ 保持适当间隔

排队时，大家均应缓步而行，人与人之间最好保持 0.5 米左右的间隔，至少不能紧贴着前面的人，否则会让人很不舒服，甚至会影响他人。

◇ 不横穿排好的队伍

如果别人排好了队，不要从别人的队伍里横穿过去。不得已的情况下，请先说声"对不起"。

◇ 不同场合的排队礼仪

银行：在银行办理相关业务时，应按照银行划定的区域按顺序排队。前面的人在窗口办理业务时，后者应在 1 米线后等待。窥视、越步上前询问或未等前人办完就争抢办理业务，都是非常不礼貌的行为。

车站：等候公共汽车时应按顺序排队。上车时不要拥挤占座，要有秩序地礼让乘车。在机场、火车站等场所，等候出租车时应该到指定区域排队上车。

餐厅：餐厅或食堂都是公共场所，排队等候需要有一定的耐心，不要敲击碗筷，制造不安的气氛。

2. 在商店购物，体谅营业员

商店是一个城市精神文明的窗口，顾客与营业员互相尊重，互相体谅是双方文明相处的前提。到商店购物，要尊重营业员的劳动，要体谅营业员的辛苦，尽量减少对营业员的麻烦，使用文明礼貌语言。

买东西，先看准样式、颜色、质量、价格等，合适了再请营业员拿来，看不清拿不准的可以先问一下。如果不合适，或者只是想看看，则不必麻烦营业员拿来。

呼唤营业员时，语气要平和，不要用命令式口气高声呼叫。少年儿童对青年以上的营业员可以称阿姨、叔叔。对年龄大的营业员可称师傅。**当营业员正忙于接待别的顾客时，要耐心等待一下，不要急不可待地高声叫喊，指手画脚或手敲柜台。**

挑选商品时，不要过分挑剔，时间过久会影响营业员为别人服务。对易污、易损商品要轻拿轻放，万一污损了，就应当买下来，或者赔偿。挑选后不满意时，可以请营业员把商品取回，要说一声"劳驾了"，挑选多次时，可以说一声"对不起！给你添麻烦了。"

对态度不好的营业员，最好早一点离开，必要时，应当耐心，冷静地讲道理、说情况，实在不行的，可以向其领导反映，请求帮助解决。切不可在这种场合高声争执、吵闹。调换商品，应当斟酌情况，能换则换，不能换的则不可强求。当营业员交货、找钱等发生差错时，要善意提醒，说明情况，实在不行，可找负责人解决。买过商品离开时，不要忘记向为你提供服务的营业员道一声"谢谢"。

3. 在医院就医，遵重医护人员

一个人生了病，都想尽快地恢复健康，最好的办法莫过于请医生看病或到医院诊治。青少年学生就医时也要讲文明，懂礼貌。要注意以下几点。

◇ 要遵守医院的规定

作为病人到医院后要遵守医院看病的规定，首先是挂号，候诊，等待护士叫你的名字或编号。在候诊室等待的时候，应耐心而不急躁，不要大声喧哗，也不可在候诊室及挂号区吸烟，随地吐痰，乱丢纸屑果皮，以保持一个安静、清洁、舒适的诊治环境。

　　当护士还没有叫到你的名字时，不要走动不止，或围在医生身旁，这会影响医生的正常工作。一旦叫到你的名字，应该礼貌地答应一声，随后到指定的位子坐下，不要迟疑拖拉，烦劳医生一再呼叫。在医生没有开口询问病情以前，不要急于陈述，因为医生要先看看病历，或做些诊断前的准备工作。待医生向你问话，你再有条不紊、实事求是地向医生陈述病情。

　　◇ 要尊重医生、信赖医生

　　不要一知半解地对自己的病乱下结论，胃痛就以为是溃疡，胸闷就以为得了心脏病。并努力使自己结论影响医生，这是很危险的。在就诊过程中，要按照医生的提问依次回答，如实提供病情症状，让医生根据科学诊断治疗。

　　医生诊断疾病的第一手资料是病史，作为病人必须严肃认真对待，决不能弄虚作假。

　　◇ 冷静对待不负责任的医生

　　如果偶尔遇到不负责任的医生，敷衍了事，亦不能出口不逊；可向医院的有关领导反映情况，请他们根据医务工作者的工作准则判断是非，做出处理。

　　◇ 支持年轻医生工作

　　人们生了病，都想找个有经验的医生，明确诊断，开出佳方，争取早日痊愈，这是人之常情。**年龄大的医生经验丰富，对疑难病的判断诊治可能较年轻医生高一手，而因此对年轻医生不放心，就不好了。**作为病人对新老医生应同样尊重。要相信年轻医生对病人同样是认真负责的，如果难以确诊，他们会请教老医生的。

　　礼仪提醒　对疾病的诊断，有时会对医生所下的结论心怀疑虑。这时，可有礼貌地向医生述说自己的疑虑，请医生再作考虑，为你释清疑虑。切不可看到诊断结论和自己的预想不符就随意打断医生的话，甚至和医生争执。

4. 在医院探望病人时送去温暖

无论同事、同学、亲朋好友不慎患病，都应前去探望，这是合乎人之常情的交往。但是只有遵从礼仪规范的探视才能达到期望的效果，相反，则可能弄巧成拙，给患者带来不必要的麻烦和负担。

◇ 了解病人情况

在探望病人之前，要先打电话到病人的家属、亲戚或同事那里，询问病人的病情、病人的情绪和病人的治疗情况等，了解病人是否住院，住哪家医院及病房，是否手术，什么时间探视比较合适等。根据了解的情况，可以有针对性地做好探视前的准备工作。

◇ 选好探视时间

探视时间的选择包括三个概念，一是探视的时机；二是探视的时段；三是到家里或医院探视停留的时间。

①探视时机。所谓探视时机是指在什么时间去探视病人比较合适。**选择探视时机的重要依据是探视者与患者的关系以及病人的病情**。关系特别亲密尤其是亲缘关系，一般以尽早为好。一般关系的同学、朋友，特别是工作关系的同事或客户，并非越早越好，应该恰当选择时机。患者病情严重，正在抢救之中不宜前去探视。患者刚做过手术，特别需要静养，也不宜前去探视。产妇刚刚分娩前去探视，对产妇及其家属而言，都是探视与打扰并存。在国外，为了避免打扰病人和产妇的休息和康复，对动大手术或分娩的产妇，一般是在第五天以后才去探视。在不宜探视时，为了表示对患者的关心，可以打电话给患者及家属或到患者家中表示慰问。要使探视时机选择恰当，可以向患者的亲属了解病情征询意见，也可以向医院的医护人员询问。探视病人不可操之过急，但也要防止以为病人一时半会儿好不了，而没有及时去探视，等想起来去探视时，病人已经出院了，这是很失礼的。

②探视的时段。探视的时段即指在一天的什么时间去探视患者较为合适。探视时段选择的基本要求是避开患者休息或治疗、用餐时间。无论患者在家中休养还是在医院治疗，都不宜在清晨、中午、深夜或用餐时间去

探视，此时冒昧探视会影响病人的休息和治疗。较为适宜的时间是上午 10 时 – 11 时，下午 3 时 – 5 时。

③探视的停留时间。探视的停留时间即指到患者家里或医院探视时应该呆多长时间。探视者要明确并不是逗留时间越长越好，表明与患者感情越深。停留时间应考虑到患者的身体状况和精神状态。患者明显疲乏即应缩短停留时间，患者精神好、谈兴高，可以适当多呆一会儿。一般在 15 – 30 分钟左右为宜，如果在医院规定的探视时间里，探视者更不应在病房中停留时间过长，以免影响其他病人休息。

◇　注意仪表举止

①着装得体。探视者着装总的要求是整洁素雅、格调清新。不宜过分华贵新奇，色彩不宜特别鲜艳夺目，探视老年患者或重症病人时更要格外注意，否则有可能造成患者的心理失衡。**不宜衣冠不整，探视者不修边幅或衣着过于随意甚至不洁，是对患者的不敬。**

②表情平静。探视者最适宜的神态是自然、和蔼、可亲，让患者感到一切都与他没生病一样，表情不宜过分严肃和沉重。即使患者身患不治之症，探视者也应自然冷静地出现在患者面前，不要满脸沉重，或流露出忧伤、恐惧和绝望的神情，更不应该在患者面前流泪，甚至哭泣不止。也不宜过分欢乐，在患者面前谈笑风生、喜形于色，即使这样做的目的是为了掩饰内心的忧伤或减轻患者的心理负担，也会让患者感到你对他患病在身不以为然，甚至引起更为糟糕的负面效果。

> **礼仪提醒**
>
> 在病房里切记不要大声喧哗、高声谈笑，这样不仅会影响自己探视的病人，也会给同病房的病人带来一定的影响。

◇　谨慎交谈

探视交谈与其他社交场合交谈的基本礼仪要求不仅完全一致，而且在交谈内容的选择上要特别谨慎。

探视的目的是向患者表达关爱的感情，淡化其因病痛引起的烦恼，强化其战胜疾病的信心和勇气。每个人在生病的时候，都会心事重重，而且情绪波动比较大。这时如果与病人交谈的话，就要理解病人的心情，尽量安慰病人。在与病人谈话时要自然、轻松、和蔼，要让病人感觉和健康时没有区别。可以适当地询问病情，但不要抓住病情死死追问或与别人分析讨论治疗方案、效果如何等，可以向病人介绍一些治疗康复的病例，解除病人的疑虑，让病人相信自己很快就可以恢复健康。还可以适当地讲一些病人关心的事，比如学校里的近况，生动有趣的事情，这都是长时间待在病房的人所渴望知道的。但是一定要注意病人的忌讳，尽量回避与病人的病情有关的话题。在病人尚不知道自己病情严重性的情况下，一定不要走漏病情，就连表情上也不要表露出来。否则，不仅会造成严重的失礼，还很有可能造成无法挽回的严重后果。

◇ 精心送礼

探视病人一般都要带些礼品以示慰问，但是探视病人礼品的选择需要认真思考，仔细斟酌。

在我国探视病人喜欢买些食品，选择的基本原则是服从治疗有利康复，在这个前提下，适当考虑患者的病情、口味、爱好。比如探视糖尿病或水肿病人可以送些肉松、蛋类或奶制品等富含蛋白质的食品、切忌送高含糖食品。探视冠心病、胆囊炎、肾炎、高血压或发高烧的病人，可以送些维生素含量高又清淡的食品，如各种新鲜水果、水果罐头、果汁、果冻等。探视气管炎、肺气肿、肺结核等病人，可送些核桃、蜂蜜、银耳、梨等具有滋养润肺止咳功能的食品。探视胃肠道疾病的病人，可以送些容易消化的食品，如芝麻糊、麦片粉、果汁等。探视产妇或贫血病人，可送些既有营养价值又补血的食品，如红糖、鸡蛋、鲜虾、奶制品或豆制品等。

对有文化又处于康复中的病人，送些书报杂志、精美画册也是十分得体的礼物。

◇ 愉快告辞

看望病人到了差不多的时间就应该起身告辞，不要耽误病人休息。告辞时要多跟病人说些安慰的话，祝病人早日恢复健康。如果是在病房，也应该向病房里的其他病人有礼貌地告辞。

延伸阅读:

探视病人送花有讲究

在西方国家，鲜花是探视病人最适宜的礼品，把鲜花送给患者，能给其带去温暖和温馨的慰藉。现在我国也有越来越多的人接受了这种做法。探视病人送鲜花以选择色泽明艳、香味清淡的为宜，花的品种一般应选择寓意祝愿病人早日康复的兰花、月季、康乃馨、米兰、百合等，也可以根据病人的喜好进行选择，不宜选择白色的月季、菊花、马蹄莲、石竹花等作为礼品带进病房。

5. 在校外公共图书馆，安静阅览

图书馆或阅览室是公共学习场所，为了创造一个良好的学习环境，在看书或查找资料时，都要遵守阅览规则，保持室内安静和整洁。在这里不要大声说话或在座位上交谈，以免影响他人学习和思考。

到图书馆或阅览室看书时，进入阅览室要依次排队，循序进入，不要争先恐后。在阅览室里阅读的人很多，因而早来的人不应该给晚来或有可能不来的人占座位，即使阅览室人很少，也不能利用空座躺卧休息。在阅览室内走动时脚步要轻，以免打扰他人。

爱护书籍是每个求知者所应具有的社会公德。不少人看书时有折角、在书上画重点号或作其他标记的习惯，但对图书馆里的图书不能这样。至于有意把自己需要的资料、图片"开天窗"取走，其性质更为恶劣。这是一种自私自利的行为。一旦发现破坏图书的读者，工作人员就要严肃处理，轻者批评教育，重者加倍赔偿。如果是珍贵书刊字画，还要依法送有关部门处理。现在一般大中型的图书馆都开展复印、照相等业务，为读者提供方便，如果你确实需要某种资料的话，可交一定费用，在图书馆进行复印或照相，决不可为了占有资料而不惜损坏图书。至于有的人为蒙娜丽莎添上胡须，为莎士比亚戴上太阳镜之类的恶作剧更是缺乏社会公德的行为。借阅图书时，要看清注意事项和借书条上的要求，然后填写借书单。

递交借书单后要耐心等一会儿，不要站在出纳台前催促。借阅图书要按时归还。**有个别人借了一本"热门书"总想占为己有，迟迟不还，这也是缺乏社会公德意识的自私表现。**当你借到一本书时，要抓紧时间看，并按时归还。心里应有"还有好多人也想看这本书"的观念，要多为别人着想。

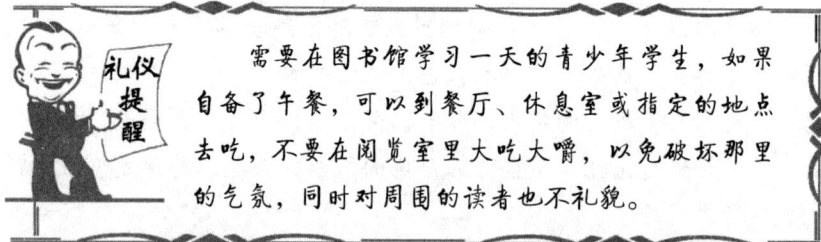

礼仪提醒

需要在图书馆学习一天的青少年学生，如果自备了午餐，可以到餐厅、休息室或指定的地点去吃，不要在阅览室里大吃大嚼，以免破坏那里的气氛，同时对周围的读者也不礼貌。

6. 参观美术馆博物馆，做文明的观众

开馆前大约一小时左右就会停止售票，禁止参观者入场，此时是只准出不准进，所以，要参观美术馆或博物馆，必须早一点到场，以免走马观花，或者吃闭门羹。

大多数馆都是每周休一次，有些非常受欢迎的馆则规定团体必须预约，否则不准入场，以控制每日的入场人数。

在参观美术馆、博物馆时应礼让残疾人士或体弱者先行，不能争抢。

在进入场地时，大的背包、雨伞等物品都应留在馆外，这是怕身上的东西在走动时碰倒展览物品，或是刮伤了艺术品，那就无法补救了。

美术馆、博物馆是高雅的艺术殿堂，肃静的气氛是必不可少的。人们到美术馆、博物馆来，为的是观展而非评展。有再多的感受也要暂时装在肚子里，指指划划，说三道四，既影响其他人的观赏，也显得自己缺乏教养。

一般能在美术馆、博物馆展出的作品，多是出自名家之手，极其珍贵，有的展品更是价值连城，因而人们只需用眼睛观赏，切勿用手触摸。

有的艺术作品是得到专利保护的，不经允许不可私自拍照。有的美术馆、博物馆在个别美术作品旁标有"禁止拍照"的字样，看到这种标志，定要严格遵守，否则会被罚款。

美术馆、博物馆是文明的场所，文明的场所需要文明的观众。要保护美术馆、博物馆整洁的环境，吐痰和吸烟万万不可。

出国人员到国外一些大的美术馆、博物馆里参观，若集体前往，馆里都安排讲解员陪同。讲解员介绍作品的时候，要给她留下一定的空间，不要过紧地簇拥，也不要过于分散。对讲解员提问，要围绕展出作品展开，不要问那些与展出无关的事情。

美术馆、博物馆通常还兼营作品的出售。遇到外宾看中某一件不能售出的作品时，美术馆、博物馆的有关人员应耐心地向外宾讲解我国的有关规定，态度应尽量和缓，切勿生硬。

美术馆、博物馆还有一些辅助性的服务设施，比如有出售纪念品的柜台。如果想买些纪念品作为留念，人们可悉心选择，若是不合心意，可请服务员收回，不要说"太贵"或"不漂亮"之类的言辞，这对美术馆、博物馆方面是很不礼貌的。

7. 在电影院观看电影时，注重文明举止

观看电影是男女老幼都喜爱的消闲方式，而电影院则是重要的公共场所。以下是一些电影院礼节，用以约束人们在电影院里的举止言行。

在售票处购票时，如果排队的人较少，那么购票者的同伴可以在其身旁等候。如果排队的人较多，那么购票者的同伴可以在附近等候，或者看一看影片介绍，不要不跟正在排队的购票者打招呼，一下子就走出老远，那样会害得购票者着急的。

进入电影院时，男士或年轻者，应把入场券举到检票员可以看到的高度，以便使走在前边的一同来的女士或年长者不至于受到阻拦。

进入电影院之后，若无引座员引座，则男士或年轻者应当先行几步，为一同来的女士或年长者引路。女士与年长者此时应听从安排，静随其身后而行，不要自行其事。观众应尽早入座，不必等到最后一遍铃响才急匆匆朝里边赶。一般应当从左侧走向自己的座位。假如自己的座位在中间，应当先有礼貌地向就座者道歉，使其让自己通过。通过就座者的时候，要与之正面相对，不要让人家瞧自己的背影。此时宜请女士或年长者先行，

男士或年轻者步后。后者应坐在前者的左侧。

如果是几位男士与几位女士一同去看电影，那么入座时应由男士开道和殿后，并使女士居中而行。这样做就不会使女士们与陌生人坐在一起了。不论天气多么炎热和电影院里有没有空调，都不准许穿着背心、短裤和光脊梁的人入内，穿拖鞋也是不允许的。

即便再馋，也不能把电影院当做小吃店而大吃大喝，尤其不要吃带壳的食品。吸烟是被禁止的，要是非过过烟瘾不可，那么请去吸烟室。

> **礼仪提醒**
>
> 在电影院中见到了熟人，点头致意即可，不要大喊大叫，也不要主动找上去大声说笑。在观看影片的过程中，决不要自作聪明，反复猜测故事的结局。就是早看过了这部影片，也要缄口不语。自己的观感要留待影片结束之后再谈。

不管影片的质量和放映的水平怎么样，鼓倒掌、吹口哨都是不允许的。

恋人们在电影院里，不要忘了其他人的存在。交头接耳，窃窃私语，过分亲热，既有碍观瞻，又妨碍他人。

影片结束后，观众才可离去，不要早早地就急着往外走。走出电影院的时候，可请一同来的女士或年长者先行，男士或年轻者随后，不要与他人推推搡搡。

国内对个别人在观看电影时不遵守社会公德的行为早有批评，但是仅此而已，缺少"人们应当怎样去做"的正面教育。如果我们能够借鉴一下国外的电影院礼节，无疑是有益的。

三、外出旅游礼仪

旅游是一项文明而健康的活动。随着我国人民生活水平的提高和旅游事业的发展，现在有越来越多的人们参加到这项活动中来，可以到国外去的地方也越来越多。旅游可以给人们带来身心的享受。在旅游活动中，也常常表现出一个人的品格和素质，在社会上造成一定的影响，在国际旅游中还会影响国家的民族的形象。因此，青少年学生参加这项活动，应该讲究旅游礼仪，做一个文明的旅游者。

1. 游览旅游景点的基本礼仪规范

名胜古迹是我国宝贵的文化遗产，也是劳动人民智慧和血汗的结晶。珍惜爱护名胜古迹，是每个公民的责任。因此，青少年学生在旅游中要注意以下事项。

◇ 爱护旅游景点的公共财物、公用设施

大至房屋建筑，小至花草树木，都要珍惜爱护，不得随意损坏。不要在古迹遗址上乱刻乱画什么"××到此一游"之类。不要攀折树枝、采摘花朵，不要用棍棒撩拨动物，也不要用石头杂物掷打动物。

长在黄山玉屏楼前文殊洞上的一棵迎客松，是一株闻名世界的古松，已存活了1200多年。来自五大洲的朋友无不在迎客松前摄影留念。敬爱的周总理生前曾嘱咐说，迎客松是我国第一棵宝树，要好好保护。但有个别的旅游者竟然用刀子在这棵古树上削去长14.5厘米、宽6.5厘米的一块树皮刻字留念。

损坏文物，这简直是一种犯罪行为。

◇ 保护旅游景点的环境卫生，保持安静

进入旅游区，不要大声喧闹，不要随地大小便，不要乱扔果皮纸屑，尤不可将废弃物抛入水池中。在草地、路旁野炊后，要随手将餐具（如一次性饭盒）、剩余食品及其他杂物拾起装进塑料袋中，然后丢到垃圾桶内，以保持清洁。

◇ 注意安全

遵守旅游景点的安全规定，特别是攀山越河，乘坐高空游览车或是危险性大刺激性强的大型电动玩具，一定要量力而行。如有危险，应及时报告，不可仅凭个人兴趣，做一些冒失、危险的事情。进入森林公园，或是封山育林的旅游景区，绝对禁止烟火。不要因小事疏忽而酿成大祸。

◇ 入乡随俗

尊重旅游景点所在区域人民的风俗民情，尊重当地人们的宗教信仰和宗教习惯，爱护宗教器物。进入边疆、少数民族地区，要入乡随俗，尊重他们的民族习惯，哪怕有些不适应，也不能随意违背或是破坏。

◇ 礼貌待人，互相谦让

旅游旺季，游人如织，不要争先恐后，这既是礼貌待人，也是为大家的安全着想。在狭窄、险峻的山道路口，更要互相关照，缓慢而行，一些旅游事故就是常发生在这些拥挤的地段。外出旅游，总要摄影留念，当自己拍照，发现有人走近而妨碍镜头时。应有礼貌地向人打招呼，"对不起，请稍等一下"，或是"麻烦您站过去一点"，不可大声叫嚷、斥责或是上前去推拉，拍照完毕还应向人道谢。当必须穿过别人拍照地点时，应先示意或是等候别人拍照后再通过。

互相谦让，文明旅游，会使得每个人在饱览祖国大好河山的同时，领略人与人之间的美好情意。

◇ 名胜景点拍照要讲究礼仪

如果你想在名胜景点留下一些照片作为纪念，一定要注意不要在固定的某个景点大摆姿势，或者不顾他人，取景时间过长都是对他人的不尊重。**拍照时要排队，尽量不要妨碍到别人拍摄**。若有需要别人帮助拍摄时，要尽可能节省别人的时间，拍完后不忘向别人道一声"谢谢"。如果你要经过别人正在取景拍摄的地方，一定要有所示意，不要贸然成为抢镜头的人。

◇ 旅行团中要尊重集体

很多人在出行的时候会选择加入旅行团，这时候你的安全等很多方面都与这个旅行团有着直接的关系，作为文明的旅行者，不要因为自己而影响了整个团队的行程，自由活动结束后，要在规定的时间准时到达指定的地点，最好不要脱离团队单独行动。

国内外有许多名胜古迹禁止摄影摄像。一般都设有禁止使用闪光灯的标志,对此务必要观察清楚,并严守规定。国外的私宅、军事设施及许多公共场所也禁止外国参观者摄影(摄像),不要进入禁止区域拍摄。对此也要予以配合遵守,以免惹出麻烦。

2. 尊重旅游集体,注意个人形象

青少年如果参加旅行团,在旅游中一定要尊重旅游集体,注意个人的形象。

◇ 旅行团中要尊重集体

很多人在出行的时候会选择加入旅行团,这时候你的安全等很多方面都与这个旅行团有着直接的关系,作为文明的旅行者,不要因为自己而影响了整个团队的行程,自由活动结束后,要在规定的时间准时到达指定的地点,最好不要脱离团队单独行动。

◇ 注意个人形象

一个人在旅行中要着重注意自己的形象,不要认为自己身处异地无人相识就可以毫无顾忌地我行我素。其实,这个时候才最体现一个人、一个民族的真正素质。青少年学生作为新生代,应该从自己做起,做个文明的旅客,如在公众场合不大声喧哗;用餐时交谈的声音要尽量不影响邻桌顾客;在景区休息时不能随意脱掉鞋子,甚至自顾揉脚以缓解疲劳;衣着要整齐,男士不能光着上身……这些细节都能体现出我们个人素质的高低。

◇ 尽量节省个人空间

很多的名胜景点设计得非常人性化,总是会为游客设计一些适合劳累之余休息的场所,譬如一张张的长椅或者一片片的草坪、树荫。可是,我们常常能看到一个人占用了整张长椅或者整片树荫的情况,这其实也是一种不文明的行为。**作为一个有素质的人,首先应该懂得分享与礼让,和别人分享一点空间,也分享一份快乐,将自己的座位让给需要的人,让自己感受给予的快乐。**

> 要提前 10 分钟上车,不要迟到,以免让他人等候、耽误行程;年轻的游客尽量坐到车厢后面,把前几排座位让给老人和妇女儿童;观光车的第一排座一般都是留给领队导游的,游客尽量不要坐;车上的卫生间是供乘客特急需要时使用的,一般不要使用。

3. 入住酒店时遵守规章制度

旅游途中不论是投宿宾馆、饭店还是投宿民宅,都是旅游者的"家外之家",它们提供的一切服务都应该得到旅游者的尊重。尊重是相互的,你尊重了别人,也必然会得到别人的尊重。因此,青少年学生旅游者应该深刻意识到,毕竟不是在自己的家,只有自觉遵守投宿处的规章制度,尊重服务员的劳动,才能成为受欢迎的"房客"。

◇ 讲究礼貌

前台登记应按顺序等候,并与他人保持一定的距离,不能拥挤或态度急躁粗鲁;应具体明确告知店方自己的入住信息和旅游计划,如住店的天数、入住的人数、房间的类型、申请住房人的姓名、到达饭店的大概时间、结付方式及个人特殊的要求(如希望房间有良好的景观视角,或饮食、生活习惯禁忌等),并谈妥房费及优惠折扣。

如果带了大量的行李,会得到宾馆前厅接待员的帮助,你应礼貌致谢,酌情给付小费。在饭店里住宿时,对所遇到的人都要以礼相待。**在走廊、出入电梯以及接受饭店所提供的各类服务时,应先礼让他人;在客房休息时,对所遇到的饭店各类服务人员的劳动要尊重。**

◇ 保持安静

饭店是专供客人休息的地方，保持安静是饭店的基本规矩，也反映着客人的修养。在饭店内部各公共场所里休息、消费，或与人交谈，切记要注意语调和声音，不可大声喧哗。切记走路和摆放东西要轻，不要产生干扰别人的噪音。出入房间不要将房门关得太重，或不关房门，将房间内的活动声音传播出去影响他人。

◇ 讲究卫生

青少年学生入住酒店一定要讲究卫生。

● 入住的客房里不得烧饭、蒸煮食品，或焚毁个人信件等物品。

● 房间用餐完毕，要用餐巾纸将碗、碟擦干净，放在客房外的过道上方便服务人员收拾。

● 在入住的客房里。不要洗涤、晾晒个人衣物，更不要将其悬挂在公用的走廊里，或是临街的窗子外或阳台上。可将你要洗的衣物交给饭店服务人员洗涤。

● 在客房内，不要乱丢乱扔私人物品。在房间里不要将衣物鞋袜乱放，废弃物应投入垃圾桶内，或放在茶几上让服务员打理，切勿丢入抽水马桶。

● 不可将有异味的水果带进房间；不要随地吐痰，或是随意损坏、弄脏公共用品。

● 不要到处乱涂、乱抹、乱画、乱写。

● 不要将盥洗室弄得满地都是水迹。

● 切勿用小毛巾擦鞋。

● 遇到雨雪天气，要收好雨伞。

◇ 严守规则

要对住店规定有所了解并照章办事。客房内不允许随意留宿其他外来人员、会晤来访者，特别是会晤异性来访者。饭店的前厅或咖啡厅是住店客人会客的理想场所。不提倡互不相识的人互相拜访。不允许住店客人身着内衣、睡裙、背心、短裤之类的"卧室装"在饭店里的公共场所活动。不允许将客房或饭店内其他场所的公共用品随意带走。**要尽可能多了解一**

些饭店的特殊规矩。**使用饭店内部设施时，不懂就问，切莫冒充内行，以免出错。**

结账离店是你和饭店的最后一次接触，要给人留下一个完美的最后印象。在准备走之前，可以先给前台打个电话通告一声，如果行李很多，就可以请他们安排一个人来帮你提行李。如果不小心弄坏了饭店的物品，不要隐瞒抵赖，要勇于承担责任予以赔付。结完账，礼貌地致谢，道别。

◇ 注意社会公德

①不要影响到别的客人的休息。房间里电视的音量要适中，不可太早或太晚开电视，他乡遇朋友一定很棒，但与朋友欢喜相聚也应该注意有节制，会客时间一般不要超过23：00，并应该注意交谈的音量，不要影响到别的客人休息。

到别人房间前，应提前预约，轻按门铃或敲门，不可重击房门或大声叫喊，不经允许不可擅自闯入。开关房门声音要轻，不要在房间内大声喧哗或举行吵闹声较大的聚会，晚间不要在房间里打牌。

②爱护宾馆内设施。**使用房间里的设施和所提供的各种物品应注意爱惜，如不慎损坏，应主动道歉并赔偿。切忌故意隐瞒，或贪小便宜，把不属于自己的东西拿走。**

③注意内外有别。在房间内着装可随便，但走出房间，应衣着整齐，不可窥视他人居住的房间。出入房间要随手关门。休息时，在门外挂"请勿打扰"标牌。

④尊重宾馆服务人员的劳动。对服务人员入室服务（送水、送报、送饭、打扫等）要以礼相待。如觉得不方便，可婉言告之推迟服务时间。